Guía y cuaderno de estudio de la Biblia para principiantes

Cómo entender fácilmente cada libro de la Biblia-con lecciones claras y ejercicios prácticos

Índice de contenidos

Primera Parte: Estudio de la Biblia para principiantes

Comprenda lo esencial con explicaciones sencillas para principiantes

Introducción

Muchas personas se acercan a la Biblia en búsqueda de respuestas a varias preguntas, por la sed de conocimiento o simplemente porque se tropiezan con ella por casualidad. Sin embargo, independientemente del motivo inicial, suelen llegar a la misma conclusión: la Biblia es un tesoro escondido. Está llena de sabiduría intemporal, lecciones prácticas e historias perspicaces aplicables a todos los ámbitos de la vida.

Sin embargo, leerla no siempre es fácil y la gente suele darse por vencida al encontrarla demasiado compleja para entenderla. *¿Por dónde empezar?* Es una pregunta habitual. ¿Está usted atascado preguntándose por dónde empezar su exploración de la Biblia sin sentirse abrumado?

Este libro fue escrito para borrar esa preocupación y facilitarle el acceso a los tesoros de la Biblia. *Estudio de la Biblia para principiantes* es más que un libro; es una guía que lo lleva de la mano y le ayuda a navegar por las historias y enseñanzas intemporales de las páginas de la Biblia. Lo guía a través de las revelaciones de los capítulos más importantes: *Génesis, Éxodo, Salmos, Proverbios, Mateo, Romanos, Hebreos,* hasta el *Apocalipsis.* Esta exploración es una maratón, no una carrera de velocidad, por lo que debe disfrutar cada pasaje a su propio ritmo. Por muy profunda que sea la lectura de la Biblia, este libro la hace amena; considérelo una charla informal sobre las Escrituras.

Así que, si quiere explorar la Biblia, pero no sabe por dónde empezar, considere este libro como su compañero y guía. Su viaje por la Biblia será menos complicado y más agradable. Lo esperan descubrimientos que le cambiarán la vida.

Nota: Existen varias versiones de la Biblia escritas en diferentes épocas, pero con el objetivo de mejorar la legibilidad, NO de cambiar su contenido o significado. Este libro utiliza diferentes versiones, incluyendo la Versión King James, la NVI (Nueva Versión Internacional) y la NKJV (Nueva Versión King James).

Capítulo 1: El *Génesis* al descubierto

Se dice que no hay una manera fija de estudiar la Biblia ni un orden para leerla. Esto es cierto, pero una buena sugerencia es empezar por el principio de todo. El *Génesis* es el primer libro de la Biblia, y literalmente significa «principio». También coincide con el título hebreo, acuñado a partir de las tres primeras palabras del *Génesis*, «en el principio», que en hebreo bíblico se traduce como *bereshit*. En las páginas del *Génesis* se encuentra la belleza de la formación y creación del mundo.

El *Génesis* es el primer libro de la Biblia[1]

El libro del *Génesis* forma parte de un volumen de cinco libros conocido como el *Pentateuco* (o la «*Torá*» de los judíos, que significa «ley»). La *Torá* comprende el *Génesis* y otros cuatro libros: *Éxodo*, *Levítico*, *Números* y *Deuteronomio*, que se analizan más adelante. La profunda historia del *Génesis* se entreteje con ricas lecciones aplicables a la vida cotidiana. La acción de los relatos de este libro describe claramente un ciclo del plan de Dios para el hombre, desde el jardín del Edén y la caída del hombre, hasta el pueblo pecador elegido por Dios bajo la esclavitud y la esperanza de liberación.

Las enseñanzas sobre la salvación y el nuevo nacimiento (que a menudo solo se consideran en el *Nuevo Testamento*, cuando Jesús aparece en escena) comenzaron en el *Antiguo Testamento*, desde el *Génesis*. El proceso de salvación, que comprende la creación, la caída y la redención, puede describirse en términos más modernos como generación, degeneración y regeneración, y representa una etapa compleja de la vida que se ve en todos los procesos de la naturaleza, ya sea en plantas, animales e incluso en varios aspectos de la vida del hombre. Hay mucha belleza y conocimiento por asimilar en el libro del *Génesis*, así que prepárese para obtener una comprensión del diseño divino de Dios desde el principio.

La historia de la creación

La historia de la creación lleva a comprender los procesos de pensamiento de Dios y deja una sensación de calidez innegable que proviene del amor del Creador revelado en cada versículo. Este texto ayuda a vislumbrar la respuesta a la mayor pregunta de la vida: «¿Cuál es mi propósito?». Explica la creación bajo una luz completamente nueva, diferente de cómo lo describen otros textos antiguos o fábulas de la historia. Muestra la creación como lo que realmente es: la existencia de algo a partir de la nada.

Dios no se limitó a hacer; *creó*, y esto se deduce del uso de la palabra hebrea «*bara*» en el texto original, que significa crear, no solo hacer o reformar. Crear significa dar vida a algo que nunca ha existido. Este acto es exclusivo de Dios. No nace del aburrimiento, el accidente o la casualidad, sino que es un proceso intencionado que revela y expresa la naturaleza de Dios.

De la nada a la vida - *Génesis* 1:1-31

En el *Génesis* se ve la obra excepcional del poder infinito de Dios. En su creación del mundo, Él habló, trayendo a la existencia la vida y la materia únicamente con las palabras de su boca. El significado de estas palabras se ve más adelante en este capítulo; por ahora, se profundiza en el porqué del orden de la creación de Dios, la sabiduría que se puede extraer de ello y su relevancia en la vida de hoy.

Génesis 1:1

Todo comenzó con la creación de los cielos y la Tierra. El primer versículo introduce el proceso creativo del nacimiento del mundo. Las tres primeras palabras, «En el principio», muestran algo profundo. Aunque la fecha o la hora reales del comienzo no se conocen ni se registran en la Biblia, la atención se centra en la creación y en el creador, subrayando que Dios estaba allí en el momento de la creación y era responsable de ella. Esto ayuda a entender *Jeremías* 10:16, que reconoce a Dios como el creador de todas las cosas. La comprensión de este primer versículo es crucial, ya que sienta las bases para el resto de los acontecimientos bíblicos. Después de afirmar que Dios es el pionero de la vida y de todo lo que existe, se presentan sus primeras creaciones, el cielo y la Tierra.

• *Génesis* 1:2

El siguiente versículo habla del estado del mundo después de que Dios lo creara. Existen muchas teorías sobre el versículo 2 del *Génesis* 1. Algunos teólogos especulan con la posibilidad de que existiera un mundo con forma y estructura antes del versículo 2. Proponen que pudo ocurrir algo, posiblemente caótico, que dejó el mundo en el estado informe y vacío en que se describe en *Génesis* 2.

Los argumentos a favor de esta teoría y en contra de todas las demás se basan en un pasaje de la Biblia, en *Isaías* 45:18, donde la creación del mundo se ve como un lugar formado y establecido para ser habitado. El argumento es que, si Dios crea el mundo en el versículo 1, no puede haber creado un mundo sin forma y vacío, y la escritura en *Isaías* 45 sirve como confirmación de que, efectivamente, el mundo que Dios creó fue formado para ser habitado.

Una mirada más profunda también revela que la palabra hebrea usada para la palabra «vacío» en *Génesis* 1 es la misma que la palabra usada para la frase «en vano» en *Isaías* 45. Esto se ve claramente en *Isaías* 45, donde Dios afirma que su creación no fue hecha en vano.

Un concepto común que se ha extendido a partir de esta idea es la «teoría de la brecha», que sostiene que hay una brecha cronológica no registrada entre el primer versículo del *Génesis* y el segundo. El descubrimiento de fósiles antiguos se utiliza para enfatizar en esta teoría, afirmando que pertenecen a un tiempo no registrado y que algo tuvo que suceder al mundo para dejarlo sin estructura. Sin embargo, esta teoría también puede ser refutada cuando se revisa con cuidado *Romanos* 5:12, que afirma claramente que la muerte llegó con Adán, lo que significa que antes de Adán, no había muerte. La presencia de fósiles, en cambio, implica que algo murió. Esto deja la pregunta de cómo la muerte pudo ser antes de la existencia de Adán, creando vacíos que no pueden ser explicados. Independientemente del mérito que tiene, la teoría de la brecha se intenta sostener, sin éxito, en la existencia de fósiles.

Esta incoherencia pone en duda la teoría. Si la muerte no existía antes de la caída del hombre, y Adán llega solo en el versículo 6, ¿dónde está la historia entre los versículos 1 y 2? Independientemente del sustento de la teoría de la brecha, que es *Isaías* 45:18, los teóricos han sido incapaces de utilizar el descubrimiento de fósiles como prueba adicional.

Al seguir leyendo, la Biblia dice que la faz de las profundidades estaba cubierta de oscuridad. La palabra oscuridad, puede ser vista como una forma de resistencia. Resistencia al movimiento del Espíritu Santo, como se ve en el siguiente versículo. El Espíritu de Dios estaba presente, pero no se movería hasta que la oscuridad fuera removida. Cada vez que se necesita alguna forma de creación o re-creación, el Espíritu Santo la instituye; él comienza todos los trabajos de dar a luz algo nuevo. La transformación del mundo en algo habitable y bello comienza cuando la Biblia dice: «... el Espíritu del Señor se cierne sobre la faz de las aguas» - *Génesis* 1:2. El estado del mundo, en una palabra simple, era «caos», y el Espíritu Santo necesitaba moverse sobre él para sacarlo de ese estado y volverlo amado y apreciado.

● *Génesis* 1:3-5

A diferencia de traducciones posteriores, la versión hebrea hace un trabajo fantástico al declarar lo maravillosa que fue esta creación. Dice: «Luz sea. La luz fue». No hay demora; la creación de la luz fue instantánea. Para que hubiera orden, tuvo que aparecer la luz. La importancia de que la luz viniera primero se ve en *Corintios* 4:3-6. Dios la llamó hablando. Dios la creó con su voz. Esto demuestra que la luz, fuera de su concepto físico, tiene una dimensión espiritual; no es como la hemos llegado a entender. Había luz y tinieblas mucho antes de que se crearan el sol y la luna, que hoy son fuentes primarias de luz. Cuando llegue la nueva Tierra y el nuevo Cielo, solo Dios será la luz y no habrá ninguna distinción en el tiempo, lo que significa que no habrá necesidad del sol ni de la luna. Esto se trata en *Apocalipsis* 22:5.

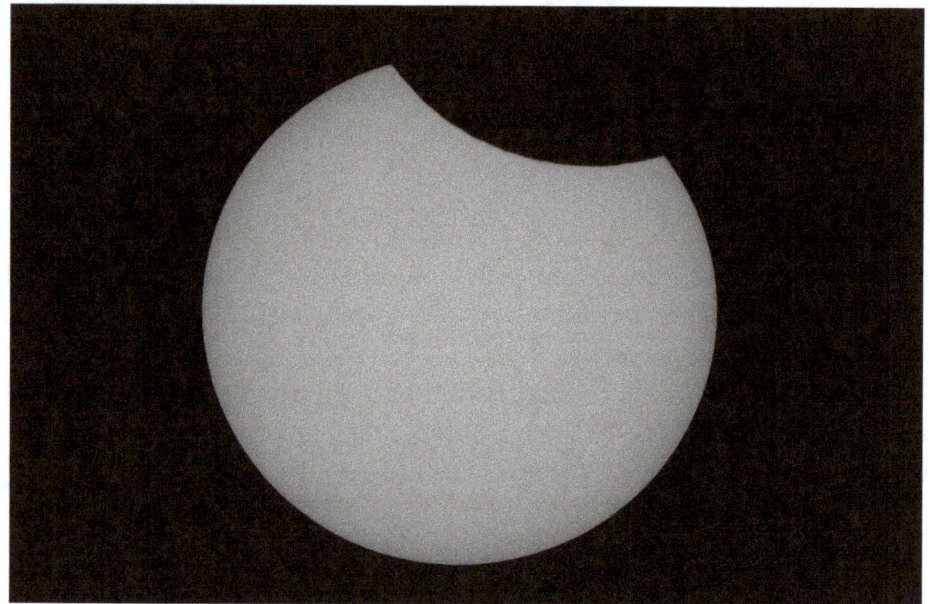

No habrá necesidad del sol ni de la luna en la nueva Tierra y el nuevo Cielo'

• *Génesis* 1: 6-8

Se discute si la creación del mundo fue orquestada en seis días literalmente o si hay un significado más profundo que indica un sistema de tiempo diferente al que se reconoce hoy. Sin una conclusión clara sobre esto, lo más conveniente es seguir con los seis días de tiempo regular.

Tras la creación de la luz, Dios pasa a crear una división atmosférica. Dice: «Que haya un firmamento en medio de las aguas, y que separe las aguas»- *Génesis* 1:6. Así, Dios hizo el firmamento y dividió las aguas que estaban abajo de las que estaban sobre el firmamento, y así fue. El firmamento es visto como un espacio o una extensión, y con su creación, se ven las aguas de arriba separadas de las aguas de abajo. Esto aclara la separación del agua presente en la tierra de la que estaba en forma de vapor en el cielo.

• *Génesis* 1: 9-13

El tercer día muestra la creación de la vegetación, al dividirse la tierra seca de las aguas. Esto demuestra que al principio toda la Tierra estaba cubierta de agua y la separación dio espacio para que creciera la vida. También es interesante saber que la vida comenzó o existía antes de que se formara el supuesto «sustento de la vida». Esto significa que la vegetación no contaba con el sol para su sustento, sino que se nutría de la luz de Dios, creada en el versículo 3. Este versículo también ha suscitado muchas discusiones, ya que se cuestiona la posibilidad de que la vida vegetativa prospere en ausencia de cuerpos celestes. En cambio, otros utilizan esta posibilidad para refutar la afirmación de que el mundo fue creado en eones (un tiempo muy largo o un período indefinido) y no en días.

• *Génesis* 1: 14-19

Todas las creaciones de Dios son hermosas y, para algunos, incluso mágicas. En toda la creación, las más comentadas e investigadas son las creaciones del cuarto día. En el cuarto día, Dios dijo: «Haya lumbreras en el firmamento de los cielos para separar el día de la noche; y sean por señales y estaciones, y por días y años, y sean por cuerpos celestes en el firmamento de los cielos para alumbrar la tierra»; y así fue *Génesis* 1,14-15. Entonces, Dios hizo dos grandes lumbreras: la lumbrera mayor, para regir el día, y la lumbrera menor, para regir la noche. Hizo también las estrellas. Dios las puso en el firmamento para alumbrar la Tierra, para regir el día y la noche, y para separar la luz de las tinieblas, y Dios vio que esto era bueno. Así, el día y la noche fueron el cuarto día.

En la época contemporánea, el simbolismo del sol, la luna y las estrellas tiene significados diversos para distintas personas. Sin embargo, en todos ellos, los cuerpos celestes fueron colocados en el firmamento para servir de señales y estaciones para los cristianos. Desde siempre se ha sabido que la humanidad utiliza el sol, la luna y las estrellas como fuente de orientación y para medir el tiempo.

En algunas culturas, el sol simboliza la vitalidad, la iluminación e incluso la esperanza. En otras, la luna simboliza el misterio, los ciclos de la vida y la tranquilidad, pero nunca la paz, porque en *Juan* 14:27 se dice que Dios es el dador de la verdadera paz. Hoy en día, existen múltiples simbolismos de las estrellas para representar esta guía.

Los cuerpos celestes siguen siendo un tema muy amplio hoy en día, ya que no solo influyen en los sistemas de creencias, las reflexiones diarias o las expresiones artísticas de las personas, sino que influyen en una escala mucho mayor. Se dice que el gobierno estadounidense invirtió 100 millones de dólares en el estudio de la vida extraterrestre. Más allá del significado para el mundo sensible, los astros muestran la excelencia del poder de Dios. Si el Sol se hubiera situado algunos kilómetros más cerca de la Tierra, habría sido catastrófico. Lo mismo si hubiera estado más lejos. Pero Dios, en su infinita sabiduría, conocía el lugar perfecto. Al final de esta creación, se ve al propio creador, Dios, reconocer que era bueno. Esto rebate el argumento de la Tierra espontánea, ya que nada dejado al azar es perfecto.

● *Génesis* 1:20-23

La creación de las aves del cielo y las criaturas del mar muestra la artesanía de un Dios detallista, preciso y resuelto. Si se observan detenidamente las especies de criaturas del aire y, sobre todo, del mar, algunas de las cuales aún se están por descubrir, se ve la profundidad de la artesanía de Dios. Esto también revela el interés de Dios por los pequeños detalles de la vida. Su obra siempre es minuciosa y meticulosa; piense en las distintas razas que existen dentro de una misma especie. Un *beagle* nunca se parecerá a un *golden retriever*, ni un *huskey* siberiano a un *bulldog*, aunque todos son perros.

La creación de las aves del cielo y de las criaturas del mar muestra la artesanía de un Dios detallista, preciso y resuelto'

● *Génesis* 1: Versículos 24-25

Una mirada al quinto día y a la primera parte del sexto día de creación deja atónito y asombrado a todo aquel que se acerca. Se preguntará por qué; bueno, pues piense en la jirafa y en el ornitorrinco. Dios sabe cómo divertirse con la diversidad. El ornitorrinco es una criatura acuática que pone huevos, tiene patas de nutria, cola de castor y pico de pato, y suele encontrarse en las aguas de Australia. También se sabe que el macho de la especie es venenoso y es uno de los pocos mamíferos con veneno. Se trata de un animal con rasgos de ave, reptil y mamífero.

Hay otros animales como el ornitorrinco, pero una moraleja fundamental de la historia, como se ve en el quinto día de la creación, es que cada animal perteneces a su especie. La reiteración constante de este mandamiento a lo largo del tiempo muestra la importancia de la singularidad para Dios. Aunque haya variaciones dentro de una misma especie, siguen manteniéndose algunas características. Aún no ha sucedido que un perro se convierta en un león, ¡y probablemente nunca suceda!

En el mundo actual, hay pocas historias de éxito de cruces entre especies, y todo ello no hace sino reforzar el mandamiento de Dios. Esto se ve en el caso de un caballo y un burro, que crean un híbrido llamado «mula»; o el de un león y un tigre, que da lugar a híbridos llamados «ligre» y «tigrón». La aparición de estos híbridos tiene limitaciones: una de las principales características de los seres vivos es la capacidad de reproducirse y procrear, pero estos híbridos carecen de esta importante función, ya que son infértiles o incapaces de aparearse, lo que pone fin a la continuación de estas especies.

Este entendimiento le dice que sea usted en todo momento y solo aspire a encarnar las características únicas que Dios pensó para usted.

● *Génesis* 1:26

Aunque la creación del hombre también tuvo lugar el sexto día, debe considerarse por separado, ya que la creación de la humanidad y las instrucciones que le dio Dios se aplican directamente a usted. Vale la pena centrarse en la declaración inicial de Dios, de crear al hombre a su imagen y semejanza, ya que simplifica una pregunta que está en boca de muchos, pero en el corazón de todos, que es «¿Cuál es mi propósito?» o «¿Por qué estoy aquí?». Una comprensión sólida del versículo 26 proporciona esa respuesta. El versículo 26 dice que la humanidad fue creada a imagen y semejanza de Dios y, en todo momento, Él se refiere a sí mismo en plural, explicando el concepto de la Trinidad, que es Dios Padre, Dios Hijo y Dios Espíritu Santo. Esto se sabe desde el momento de la creación.

Para entender quién es realmente y por qué está aquí, primero debe saber quién lo creó. Conocer a Dios es conocerse a usted mismo. La vida encuentra sentido y propósito cuando sabe quién lo creó y por qué razón. Es como mirarse en un arroyo claro o en un espejo; usted es Su réplica, así que cuando se ve a usted mismo, lo ve a Él. La humanidad tiene un orden diferente al de cualquier otro ser, ya que es la única que posee personalidad, espiritualidad y conciencia, que es la moralidad. Más allá de esto, Dios dio a la humanidad la instrucción y el poder de dominar. Esto no es casualidad; es consecuencia de haber sido formados a Su imagen y semejanza. Esta semejanza también se aplica a usted.

Las lecciones de la historia de la creación aún no se agotan, ya que cada día se obtienen nuevos conocimientos. Una mirada continua a este capítulo de la Biblia le abre las puertas a nuevas revelaciones que influyen en su visión de la vida y en sus experiencias cotidianas.

El jardín del Edén: Adán y Eva

El jardín del Edén tiene mucha importancia, ya que sienta las bases de los acontecimientos posteriores. Piense en los lugares más bellos del mundo actual: Machu Picchu, las islas del Caribe, Gobekli Tepe, etc. Por hermosos que sean, no son nada comparados con la grandeza del jardín del Edén. El jardín del Edén es mucho más que un oasis; es una representación simbólica de la perfecta armonía y belleza que debe existir entre Dios y la humanidad. Es una representación física de nuestra relación con Dios, una relación de paz, amor, alegría y felicidad sin fin.

Adán y Eva en el jardín del Edén'

Momento de reflexión

1. ¿Qué significa para usted la historia de la creación?

2. ¿Qué opina sobre el orden de la creación de Dios?

3. ¿Qué aspectos del proceso creativo de Dios resuenan con sus creencias o valores personales?

4. ¿Cómo influye en usted saber que fue creado a imagen y semejanza de un Dios supremo?

5. ¿Cómo ve la naturaleza y otras formas de vida a su alrededor a la luz de la historia de la creación?

6. Después de estudiar la vida de Adán y Eva, ¿diría que se parece a ellos en algunos aspectos?

7. Cuando piensa en lo que simboliza el jardín del Edén, ¿cómo lo relaciona con lo que usted entiende que es la perfección o el paraíso?

8. Respecto a temas como las decisiones, la tentación y las consecuencias, ¿qué lecciones y conocimientos le revela la historia de Adán y Eva?

9. ¿Cree que usted habría comido el fruto si fuera Eva? En caso afirmativo, ¿por qué? Si la respuesta es negativa, ¿por qué?

Según la Biblia, los primeros humanos de la historia, Adán y Eva, fueron creados el sexto día de la creación y colocados en el jardín para cuidarlo. Desde el relato de la creación, sobre la humanidad recaía la capacidad de dominar la Tierra. Al principio, siguieron esta instrucción sin comprenderla. Sin embargo, en el momento de la tentación, cedieron por falta de comprensión, lo que revela que el engaño solo es posible ante la ignorancia. Aunque hay otros factores, fue la llegada de la serpiente para tentar a Eva lo que provocó la caída del ser humano.

Capítulo 2: Éxodo y liberación: el viaje con los israelitas

Recorriendo la genealogía de los israelitas y cómo llegaron a Egipto, se encuentran historias de Adán y Eva, Caín y Abel, Noé, Abraham y Sara, Isaac y Jacob, y José. Las vidas de estos personajes notables del *Génesis* conforman el marco de la siguiente parte de la aventura bíblica. El estudio de estas vidas revela la intención de Dios al llevar a su pueblo elegido a una tierra que Él ha preparado. El estudio de la vida de cada una de las personas mencionadas también ayuda a comprender la Biblia a medida que avanza y la forma de Dios para tratar con su pueblo.

El libro del *Éxodo*

La historia de los hijos de Israel en cautiverio bajo el dominio de los egipcios, su liberación y su viaje a la tierra prometida propuesta es de gran importancia. Un análisis de las diferentes líneas temporales de la Biblia estaría incompleto sin una narración detallada del viaje de los israelitas. El cumplimiento de la profecía, el tiempo excedido, el grito de auxilio, el levantamiento de un salvador para liberarlos, los procesos de partida y el viaje en sí mismo se puede relacionar con la vida de todas las personas, incluso en el presente. Aquí aprenderá lecciones que revolucionarán sus pensamientos.

El asentamiento

Después de la muerte de José en Egipto, a los israelitas les parecía que sus mejores días habían quedado atrás. Sin embargo, del capítulo anterior se puede deducir fácilmente que Dios hace todo con absoluta conciencia y tiene un plan y un tiempo establecido para todo. El sufrimiento y la esclavitud de los israelitas en Egipto ya habían sido anunciados mucho antes de ocurrir.

En los tiempos de Abraham, cuando todavía se llamaba *Abram*, en *Génesis* 15, Dios le reveló que sus descendientes serían esclavizados en una tierra extranjera durante cuatrocientos años. Aunque la profecía decía cuatrocientos años, permanecieron en cautiverio 430. Hay muchas teorías sobre por qué en *Génesis* 15 dice cuatrocientos años y en *Éxodo* se registraron 430. Una de estas teorías lo atribuye a la voluntad de Moisés de actuar antes del tiempo establecido, al matar al primer egipcio. Moisés mató a los egipcios en el año 390, cuando quedaban diez años para la liberación. Se dice que ese acto, que Moisés vio como una forma de ayudar a Dios o de acelerar las cosas, provocó el retraso de treinta años.

Sus acciones lo llevaron a huir de Egipto hacia el desierto, donde permaneció cuarenta años hasta que Dios volvió a visitarlo. En la modernidad, ocurre lo mismo con la mayoría de la gente; después de tener una idea de la voluntad de Dios, se apresuran tanto a verla cumplida que no esperan a averiguar el método y el tiempo de Dios, estropeándola o retrasándola en el proceso. Confiar en Dios de todo corazón para ver cumplida Su voluntad es clave para hacer crecer su relación con Él. En *Filipenses* 1:6, se recuerda y se asegura que lo que Él comienza, puede completarlo y perfeccionarlo en su vida.

El comienzo de la liberación

El encuentro de Dios con Moisés en el desierto mientras este cuidaba las ovejas de su suegro puede considerarse el inicio de la liberación de los israelitas. Moisés fue testigo de una zarza que ardía, pero no se consumía y este incidente marcó el resto de su vida, ya que fue la señal de que más tarde liberaría a los hijos de Israel.

Moisés es llamado por Dios ante la zarza ardiente[6]

En la presencia de Dios ante la zarza ardiente, ocurrió algo significativo que mucha gente pasa por alto. Dios no empezó a hablar a Moisés en cuanto la zarza empezó a arder; esperó hasta que Moisés mostrara interés por la visión que tenía ante él. Moisés dijo: «Ahora me apartaré y veré este gran espectáculo, ¿por qué no arde la zarza?» *Éxodo* 3:3. Definitivamente, Moisés no era ajeno al fuego, ya que entendió el concepto de fuego sobre un material consumible como la zarza, pero su primera reacción no fue de temor o duda; sino de interés. Esta singularidad indicó a Dios que debía hablarle. No es seguro si las palabras de Moisés fueron dichas en voz alta o en su corazón; lo importante es que Dios lo reconoció, y después, le dio su tarea y las instrucciones para llevarla a cabo.

Otros momentos dignos de mención en la escena de la zarza ardiente son:

1. **La llamada de Moisés por su nombre:** Lo llamó por su nombre dos veces. Dios quería establecer que lo conocía, así como lo conoce a usted y todo lo que le concierne.

2. **La tierra santa:** Dios ordenó a Moisés que no se acercara hasta que se hubiera quitado los zapatos. Esto muestra que Dios es santo y no se asocia con ninguna forma de suciedad. Esto significa que debe acercarse a Él de esta manera, no necesariamente quitándose los zapatos, sino con la conciencia de que se está acercando a un Dios santo. También muestra cómo debe verse a usted mismo. Sabiendo que fue creado a su imagen y semejanza, no debe asociarse con nada que sea considerado como inmundicia por su padre celestial.

3. **La presentación de Dios:** Esto es crucial cada vez que Dios habla. Él no deja que el receptor deduzca o decida quién es. Él declara que puede ser conocido. Aquí, Él se presenta como el Dios de sus padres, lo que también muestra una relación y un pacto que se remonta mucho antes de Moisés.

El mensaje: Moisés no partió hacia Egipto vacío; partió con una palabra. Dios le dijo que les dijera: «YO SOY». El conocimiento de sus afiliaciones y asociaciones siempre influyó en su forma de afrontar la nueva tarea. Saber que no tenía que hacer las cosas solo le brindó confianza. Además, trabajaba con alguien digno de confianza, poderoso e influyente. Este fue el mensaje para los hijos de Israel en *Éxodo* 3:15-17:

«Además, Dios dijo a Moisés: "Así dirás a los hijos de Israel: Jehová, el Dios de sus padres, el Dios de Abraham, el Dios de Isaac y el Dios de Jacob, me envió a ustedes. Este es mi nombre para siempre, y este es mi memorial por todas las generaciones'. Ve y reúne a los ancianos de Israel y diles: 'El SEÑOR Dios de vuestros padres, el Dios de Abraham, de Isaac y de Jacob, se me apareció diciendo: 'Ciertamente los he visitado y he visto lo que se les hizo en Egipto; y los haré subir de la aflicción de Egipto a la tierra de los cananeos y de los heteos y de los amorreos y de los ferezeos y de los heveos y de los jebuseos, a una tierra que mana leche y miel'"».

Las diez plagas

Al llegar a Egipto, Aarón habló a los ancianos de Israel en nombre de Moisés. Entonces Moisés realizó las señales que Dios le había ordenado hacer y esto hizo que el pueblo creyera. Con Dios, se debe creer por fe y no por vista, pero los humanos dependen de sus sentidos. A menudo deben ver, sentir y oler antes de creer, y Dios lo sabía, por eso permitió a Moisés realizar las señales. Esto demuestra que los resultados no se obtienen solo con palabras y debe esforzarse por tener resultados en todo lo que hace.

Con los hijos de Israel en orden, Moisés y Aarón se dirigieron al palacio para hablar con el faraón. Moisés ya estaba informado por Dios de que incluso con las señales, Él endurecería el corazón del faraón para que no liberara a los israelitas, y sucedió tal como Dios había dicho. Endureció el corazón del Faraón para poder enviar las diez plagas y mostrar tanto a los israelitas como a los egipcios que Él era el único Dios verdadero.

Con el endurecimiento del corazón del faraón vino una reacción contra los israelitas, ya que su trabajo se hizo más intenso y extenuante. Esto sembró la duda en el corazón de los hijos de Israel, que se preguntaban si el Dios de sus padres había enviado realmente a Moisés. Es común que la gente abrace las dudas y se cuestione cada creencia cuando las cosas no van como las imaginaron.

La primera plaga: El agua se convierte en sangre

A pesar de los débiles intentos del faraón y sus magos por refutar y rebatir las señales de Dios, la excelencia y majestad de Dios brillaron con luz propia. En lugar de cambiar de opinión, el faraón se endureció aún más, tal como Dios había dicho que haría. Esto demuestra que solo el Espíritu Santo puede llevar a alguien a la iluminación y la claridad espiritual. Las plagas fueron un espectáculo de Dios para ridiculizar la supuesta prominencia de las deidades egipcias. La primera plaga fue para burlarse del dios egipcio Hapi. Este era el dios egipcio del río Nilo, que era adorado por su supuesto don de fertilidad natural. A partir del versículo 14, Dios, obrando a través de Aarón, convirtió el río Nilo en sangre, por lo que los egipcios tuvieron que cavar para abastecerse de agua dulce. Dios no había terminado, así que en un punto dejó que los magos del faraón revirtieran ese acto, endureciendo aún más su corazón.

Dios convirtió el río Nilo en sangre para burlarse del dios del Nilo de los antiguos egipcios, Hapi[7]

La segunda plaga: Multiplicación de ranas

La siguiente plaga fue un juicio contra la diosa egipcia del nacimiento, Heqet, que tenía cabeza de rana. En el antiguo Egipto, las ranas eran veneradas y consideradas sagradas. Representaban símbolos de generación y fertilidad. Esta diosa y sus supuestos poderes se convirtieron en una burla pública cuando Dios hizo que el Nilo produjera ranas que invadieron todos los rincones de Egipto, aparte de la morada de los israelitas. Entraron en los hogares egipcios y ocuparon todo su espacio. Cuando las ranas murieron, sus cuerpos hediondos fueron amontonados en enormes pilas por toda la nación. Es emocionante leerlo tal y como lo plantea la Biblia. El autor del *Éxodo* no se anduvo con rodeos. Nadie debía quedar al margen en Egipto, desde los altos funcionarios hasta los sirvientes más humildes; ¡las ranas invadieron el espacio personal de todos hasta hacerlos perder la cabeza!

La tercera plaga: Mosquitos

Dios subió el nivel en la tercera plaga, ya que los magos de Egipto no pudieron combatirla y declararon abiertamente al faraón: «Esta es la mano de Dios». *Éxodo* 8:9. La tercera plaga fue un juicio contra la deidad Set, que es el dios egipcio del desierto. Dios soltó insectos en toda la tierra, mostrando su soberanía sobre la hechicería y la magia. El texto hebreo original no decía si estos insectos eran mosquitos, pero la Biblia lo interpretó como mosquitos, piojos o algún otro tipo de insecto, ya que la palabra utilizada en el texto original significa insecto pequeño. El reconocimiento de los magos demostró que sabían que no se trataba de un fenómeno natural, sino de la acción de un poder superior. Sin embargo, el corazón del faraón seguía endurecido.

La cuarta plaga: Enjambre de moscas

Luego vinieron las moscas, con una clara distinción entre la tierra donde vivían los israelitas, Gosén, y las tierras habitadas por los egipcios. La Biblia describe la plaga como un grave enjambre de moscas, que aterrorizaron sin cesar a los egipcios hasta el punto de que el faraón pidió ayuda a Moisés con la promesa de dejar marchar a los hijos de Israel. Sin embargo, a medida que lea los próximos capítulos de la Biblia, se dará cuenta de que el faraón no cumplió su promesa. Esta plaga fue un juicio a Uatchit, el dios de las moscas. Dios hizo llover juicio sobre los supuestos dioses egipcios para mostrar al faraón y a su pueblo que solo hay un Dios vivo y verdadero.

La quinta plaga: Muerte del ganado

Al terminar la cuarta plaga, el faraón se retractó de su promesa de dejar ir a los hijos de Israel. La quinta plaga llegó contra dos dioses egipcios, que eran representados como ganado, el dios Apis y la diosa Hathor. Dios, a través de Moisés y Aarón, causó la muerte de todo el ganado perteneciente a los egipcios, sin causar ningún daño al de los hijos de Israel. Esto muestra la firme mano protectora de Dios sobre aquellos que deciden obedecerle. No se trata solo de protección, sino de una provisión total para sus hijos. *Mateo 5:45* habla de Dios haciendo que la lluvia caiga y el sol brille sobre justos e injustos, pero es mejor con aquellos que eligen reconocerlo como Padre y Señor.

La sexta plaga: Forúnculos

Los furúnculos de la sexta plaga eran intensos. Está registrado en las Escrituras que los magos de Egipto no pudieron ir donde el faraón porque ellos sufrían la misma aflicción que todos los otros egipcios. Esto mostró significativamente que la ayuda de los magos que los egipcios pensaban que tenían estaba fracasando. Esto también se aplica a la vida diaria. No está mal confiar en otros, pero hay un límite en la ayuda que pueden ofrecer. Cuando se trabaja con Dios, no hay temor a quedarse solo porque Él siempre cumple.

Los dioses egipcios Sunu, Sekhmet e Isis fueron el centro del sexto juicio. Estos dioses representaban la salud, el bienestar y la enfermedad, por lo Dios provocó forúnculos para burlarse de su supuesto poder.

La séptima plaga: Granizo

Dios envió un mensaje al faraón de antemano para prepararlo para esta plaga. Aun así, su corazón permaneció endurecido, tal como Dios había dicho. Dios hizo saber que Él era Dios, y que no había nadie como Él en toda la tierra. Dios también informó al faraón que su presencia en el trono se debía a Él, aunque él no lo supiera. El granizo fue el juicio sobre Osiris, Set y Nut, los dioses de la fertilidad de las cosechas, la tormenta y el cielo, respectivamente. Tan desastroso fue el granizo, que vino acompañado de fuego, destruyendo todo lo que dejaba a su paso. Dios advirtió al faraón que reuniera y guardara todo lo que estuviera vivo, pues el granizo acabaría con todo. En ese momento, surgió la división entre los egipcios. Algunos, atemorizados, hicieron caso a las palabras de Dios a través de Moisés y reunieron a sus siervos, cosechas y ganado, mientras que otros se negaron. El granizo llegó y consumió todo lo que había a la intemperie.

La octava plaga: Langostas

Las langostas se lanzaron sobre los egipcios y todos los cultivos de temporada tardía, como el trigo y la espelta, que quedaban tras la cosecha de cebada, fueron devorados por las langostas. Sus dioses, Osiris y Nut, fueron ridiculizados y juzgados, mostrando el poder de Dios. Tal como Él le había dicho a Moisés, sus hijos podrían contarles a sus hijos del poder que presenciaron y las señales que vieron.

La plaga de langostas'

La novena plaga: Oscuridad

La oscuridad de la novena plaga era tan intensa que se podía sentir. Era un juicio contra el dios de la luz o dios del sol, Ra o Amón-Ra. El faraón mismo era el símbolo de este dios. Para los egipcios, la salida y la puesta del sol significaban la vida y la muerte. Es decir, cuando el sol salía por la mañana, significaba la vida para los antiguos egipcios; y cuando se ponía, significaba la muerte. Al igual que la tercera y la sexta plaga, esta llegó sin previo aviso, aislando a los egipcios no solo de los israelitas, sino también entre sí. La escritura dice que nadie podía moverse del punto en el que estaba debido a la severidad de esta plaga.

Cuando Dios tomó el control y trajo la oscuridad a la tierra, estaba declarando su supremacía definitiva sobre cualquier otro dios, enjuiciando al dios egipcio supremo y confinándolo al reino de la muerte. Solo entendiendo esto tiene sentido que la siguiente plaga sea la de la muerte.

La décima plaga: La muerte de los primogénitos

La muerte de los primogénitos significaba y representaba mucho. En primer lugar, los primogénitos son conocidos por representar nuevos comienzos, orgullo, esperanza y alegría; la muerte de los primogénitos muestra cómo les fue quitado esto a los egipcios. Tal y como lo describe la Biblia, «...se oirían grandes lamentos por parte de ellos» (*Éxodo* 11:6) en el momento en que llegara la plaga. Aquí viene el contraste: en la ciudad de Gosén, la morada de los israelitas, había total serenidad y tranquilidad; como dijo Dios, ni siquiera ladraba un perro.

También hay un significado más profundo en la utilización del perro, ya que esta plaga final también era el juicio del dios egipcio de los muertos o el dios embalsamador, Anubis, representado como un perro. Esto revela la liberación y la salvación de Dios, que trae una paz que nadie puede entender, como se ve más adelante en el *Nuevo Testamento*, en *Filipenses* 4:7. La muerte de los primogénitos empujó al faraón a dejar marchar a los hijos de Israel, tal como Dios había dicho. Los israelitas siguieron todas las instrucciones que Dios les dio al salir de Egipto, mostrándose favorables con los egipcios y saqueando la tierra para llevarse un gran botín.

La plaga final también fue el juicio sobre el dios egipcio de los muertos, Anubis.'

Camino a la libertad

Hubo una inmensa alegría y emoción en los israelitas cuando comenzaron su viaje por el desierto, pero esta alegría duró poco, ya que, después de un tiempo de viaje, los egipcios fueron tras ellos. El corazón del faraón y el de sus siervos se endureció hacia los hijos de Israel, se arrepintieron de haberlos dejado ir y los persiguieron con la esperanza de esclavizarlos nuevamente. Sin embargo, Dios se manifestó de nuevo a favor de su pueblo; ahogó a los egipcios cuando partió el Mar Rojo por medio de la vara de su siervo Moisés. Este acto singular tiene mucho significado hoy en día para los creyentes, ya que indica la salvación completa y la liberación total de cualquier opresor. Dios no dejó nada al azar, sino que resolvió el asunto de una vez por todas, declarando la libertad total de su pueblo.

Momento de reflexión

1. ¿Cuál de las diez plagas lo impresionó más y por qué?

2. Los hijos de Israel reaccionaron ante el aumento del trabajo después del primer encuentro de Moisés con el faraón. ¿Cuál es su primera disposición hacia Dios cuando se enfrenta a desafíos? En función de su anterior respuesta, ¿cómo definiría su fe en Dios?

3. Basándose en los tratos de Dios a los israelitas y los egipcios, ¿cómo percibe la naturaleza de Dios?

4. Escriba dos características de Dios que Él haya mostrado en el libro del *Éxodo* y piense en cómo estas características pueden afectar su vida.

Dios es muy preciso y su intención está clara en todo lo que hace. Esto se ve en la forma meticulosa en que dispuso y ordenó las diez plagas. Cuando Dios obra, lo hace en todos los frentes, sin dejar nada al azar. ¡Todas las victorias de Dios son victorias totales!

Capítulo 3: La sabiduría de *Salmos* y *Proverbios*: guía para la vida diaria

El «temor del Señor» es el concepto central de la Biblia y todas las enseñanzas y exhortaciones que se encuentran se centran en él. Este concepto se enfatiza mucho en los libros de *Salmos* y *Proverbios*, que se enfoca en el tema de la «sabiduría» y la «adoración» más que cualquier otro libro. La vida como cristiano debe vivirse en total adoración a Dios a través de Su sabiduría, lo que hace que estos libros sean tan fascinantes. El estudio del libro de los *Salmos* permite completo asombro y reverencia hacia Dios. Pone su corazón en una postura de gratitud y adoración por el papel de Dios como Creador, Padre, ayudador, y mucho más. Al mismo tiempo, el libro de *Proverbios* le enseña a vivir una vida que agrade a Dios. Aborda áreas clave de su vida y le brinda la sabiduría necesaria para llevarlas a cabo. Aparte del libro de *Génesis*, otro buen lugar para comenzar el estudio de la Biblia son los libros de *Salmos* y *Proverbios*.

El libro de los *Salmos*[10]

Son los dos únicos libros que se sabe que tuvieron varios autores. Las ricas experiencias de distintos autores hacen que los capítulos de estos libros se superpongan de forma asombrosa. Sin embargo, de entre todos estos autores, destacan dos: El rey David, del libro de los *Salmos*; y el rey Salomón, hijo del rey David, del libro de los *Proverbios*.

Ante la duda, la alegría, el miedo, la excitación, el dolor, el amor, la angustia, la desesperación, la fe, etc., estos libros ayudan a guiar su corazón. Siempre hay un pasaje que aborda sus necesidades actuales, le da una visión y eleva su espíritu. En ellos se abordan todas las emociones y se dan instrucciones para vivir con rectitud. A continuación, encontrará varias ideas y temas clave de este libro.

Salmos: Una armonía de corazones e himnos

El libro de los *Salmos* es la expresión del corazón de un hombre. En cualquier momento de su vida, muestra su conexión con una fuente: Dios. Este libro es una recopilación de cantos; cada poema lírico es una revelación del corazón humano en adoración a Dios. Algunos de los autores de las canciones de los *Salmos* se mencionan al principio de cada capítulo, mientras que los autores de otras no. Algunos de los autores incluyen al rey David, quien escribió la mayor cantidad al ser autor de setenta y tres (73) capítulos, Moisés, Asaf, los descendientes de Coré, el Rey Salomón, Hemán el ezraíta y Etán.

El libro es plenamente como su nombre lo indica, *Salmos*, que significa «alabanza» o «cantos de alabanza». Su nombre original, que es la palabra hebrea «*Tehillim*», significa «cantos de alabanza». Se compone de reflexiones, meditaciones, instrucciones, oraciones de ayuda, cantos de acción de gracias, himnos, oraciones de ayuda, etc. Independientemente de los otros géneros que se ven en los *Salmos*, su enfoque central es la alabanza y la adoración a Dios.

El libro de los *Salmos* abarca casi mil años, desde la época de Moisés hasta la época postexílica en Babilonia. Además de ser el libro más extenso de la Biblia y de abarcar temas tan diversos como la creación, la salvación de Dios, el juicio, el reino de Dios, la historia de Israel, la ley de la vida, el misterio de las condiciones humanas y muchos otros, es también el libro más leído del *Antiguo Testamento*. Contiene un total de 150 composiciones líricas que exploran la relación del hombre con Dios, ya sea mediante una celebración de la victoria, un grito de ayuda, una búsqueda de consuelo en las pruebas o un derramamiento del alma en las oraciones.

En *Mateo* 22: 37, la enseñanza de Jesús dice a todos que el mayor mandamiento es amar al Señor Dios con todo el corazón, con toda el alma y con toda la mente. Un cristiano que busca realmente cumplir este mandamiento acude al libro de los *Salmos*, pues en él se muestra cómo amar a Dios con todo el valor, la conciencia y el intelecto.

Proverbios: Instantáneas de sabiduría

En ligero contraste, el libro de los *Proverbios*, atribuido en gran parte al rey Salomón, más allá de sus sabios dichos, proporciona una visión de cómo vivir. Aunque hay otros autores implicados en la compilación de este libro, el rey Salomón es el principal. Es famoso por su sabiduría y escribió más de 3.000 proverbios y más de 1.005 canciones. Fue el tercer rey de Israel después de la época de los jueces, cuando los israelitas se habían asentado en Canaán. Ascendió al trono a una edad temprana tras la muerte de su padre, el rey David. A pesar de su juventud e inexperiencia, hizo algo extremadamente sabio, por lo que fue recompensado con creces por Dios.

En un intento de buscar ayuda sobre cómo liderar al pueblo de Dios, Salomón ofreció un enorme sacrificio a Dios, lo que llevó a que Dios le otorgara lo que quisiera. Salomón pidió sabiduría para gobernar y dirigir de la mejor manera al pueblo de Dios. Esta singular petición complació a Dios, que le concedió el deseo de su corazón, que incluía todo lo demás: riqueza, fama y paz con sus enemigos. Esta acción dio a Israel su reinado de paz más largo, que fue de cuarenta años sin conflictos ni luchas con otras naciones.

Salomón volcó esta sabiduría en el libro de los *Proverbios*. Este libro se caracteriza por sus consejos prácticos sobre cómo vivir una vida recta y plena. Es tan grande que sus enseñanzas no se limitan a las personas de un determinado grupo demográfico, raza, etnia, origen o clase social, sino que son tan útiles para la vida, que resuenan en todos los que las encuentran.

Proverbios abarca una amplia gama de temas vitales para la vida cotidiana, como la importancia y el poder de las palabras, el valor de buscar el conocimiento y la comprensión, por qué es importante comportarse éticamente, cómo tomar decisiones acertadas, cómo fomentar buenas relaciones, dejar malos hábitos, aprender buenos hábitos, comprender los principios que definen una vida dispuesta en total reverencia a Dios, etc. Siempre se puede encontrar algo útil en los proverbios y sus ideas se presentan en cápsulas, breves y memorables, para facilitar su asimilación y recuerdo.

En la medida en que este libro muestra la sabiduría durante la época del rey Salomón, su valor no se ha depreciado en absoluto; sigue siendo muy aplicable en la vida cotidiana de hoy. El propósito principal del libro de *Proverbios* es mostrar el camino hacia la sabiduría, que es a través del temor al Señor. Esto se confirma en el uso constante de la expresión «el temor de Dios» en sus páginas, más que en ningún otro libro de la Biblia.

Una característica asombrosa que se nota al estudiar el libro de *Proverbios* es su belleza para comunicar la sabiduría a los lectores mediante el uso del discurso y la personificación. Revela un equilibrio entre las elecciones del hombre y las leyes de Dios, mostrando cómo la soberanía de Dios armoniza con el libre albedrío del hombre. Una conclusión del estudio de este libro es que el ser humano solo puede alcanzar la verdadera sabiduría cuando está bien con Dios. Desde la perspectiva de *Proverbios*, un hombre entendido, listo e inteligente, sin Dios, carece de sabiduría.

El libro de *Proverbios*[11]

Salmos y *Proverbios*: La interrelación

Estos dos libros, aunque distintos, ofrecen puntos de vista o perspectivas complementarias sobre temas clave de la vida, la fe y la sabiduría. Los *Salmos* consisten principalmente en expresiones poéticas de alabanza, lamento y adoración, mientras que los *Proverbios* se ajustan más a la sabiduría práctica. Estos diferentes estilos de escritura comunican mensajes similares. Las ideas que se destacan repetidamente en estos libros son vitales para la vida cotidiana y resuenan con los retos a los que se enfrenta el mundo actual.

Una mirada al contexto histórico y cultural de los *Salmos* y los *Proverbios* revela su perdurable atractivo. El libro de los *Salmos*, escrito hace siglos, abre la evolución de los cambios sociales y religiosos del antiguo Israel. Capítulo a capítulo, verá cómo comprende con éxito los triunfos, las tragedias y los anhelos espirituales de la nación de Israel. Esto sirve como testimonio de la eterna búsqueda del hombre de la conexión con lo divino. En comparación, *Proverbios*, que suele atribuirse a la época del reinado del rey Salomón, se sumerge en la sabiduría de las antiguas tradiciones del Oriente Próximo. Los aforismos de *Proverbios* y su énfasis en la sabiduría práctica son breves y directos, a diferencia del estilo expresivo de *Salmos*. Culturalmente, la influencia de las enseñanzas de *Salmos* y *Proverbios* trasciende las fronteras de la religión. Abarca una miríada de otros campos, como la literatura, la filosofía, el arte, la música, etc., en diversas culturas. El carácter universal y perdurable de sus temas ha servido como fuente de inspiración a innumerables filósofos, escritores, literatos, artistas, etc., a lo largo de la historia de la humanidad. La forma en que se exploran las emociones en estos dos libros, especialmente en *Salmos* y en la pragmática dispensación de percepciones en *Proverbios*, resuena universalmente, sirviendo de puente para las brechas que existen entre personas de variados orígenes, demostrando su relevancia en los diferentes paisajes culturales y religiosos.

Más allá del impacto artístico y cultural de *Salmos* y *Proverbios*, se han convertido en temas de profunda investigación para muchos estudiosos. Personalidades de la teología, la investigación de la Biblia y la crítica literaria han examinado estos textos de forma exhaustiva, abordándolos desde diversas perspectivas para desvelar sus diferentes dimensiones, tanto históricas como literarias y teológicas. Este enfoque interdisciplinar no solo profundiza en la comprensión de *Salmos* y *Proverbios*, sino que también ilumina su significado contextual. Las interpretaciones eruditas van mucho más allá de los confines de la academia, proporcionando ideas que hacen que estos textos antiguos no solo sean accesibles, sino también profundamente relevantes para las cuestiones y preocupaciones contemporáneas. Como resultado, *Salmos* y *Proverbios* siguen sirviendo como faros de sabiduría, guiando al público moderno como usted a través del intrincado terreno de la vida con una aplicabilidad atemporal y universal.

Mirada temática de *Salmos* y *Proverbios*

Mucho se ha dicho sobre el inmenso impacto de los libros de *Salmos* y *Proverbios* en la vida actual. En esta sección, se examinan algunos de los temas clave que forman parte de la vida cotidiana.

Sabiduría en la adversidad

La adversidad en la vida no es un concepto nuevo. Así como hay días de prosperidad, los días de adversidad son muy frecuentes. Esto no es un ataque al pesimismo; así funciona el mundo. Está expresado en la historia de los siete años de abundancia y escasez durante la época de José en *Génesis* 41. Cada cierto tiempo está destinado a suceder. En cualquier momento de la vida de un hombre ocurren cosas buenas y malas. La pregunta es, ¿qué dice la palabra de Dios acerca de sus hijos en los días de adversidad, y qué sabiduría se puede recoger de estos libros para tales tiempos?

Usted experimentará adversidad, pero nunca debe tener miedo[12]

La Biblia deja claro que, como cristiano, experimentará adversidades, pero no debe preocuparse, tener miedo o ser cobarde; más bien, debe ser valiente, porque Cristo Jesús, su Señor, venció en el mundo. Con este entendimiento se obtiene la victoria. Esto se ve en *Juan* 16:33, y *Proverbios* instruye a los creyentes sobre qué hacer en la adversidad. En el versículo 10 del capítulo 24 de *Proverbios*, se anima a perseverar siempre y a ser fuerte en la adversidad, lo que significa que esta vendrá, pero la manera de enfrentarla determina cómo salir de ella: victorioso o derrotado. Este versículo enseña a ser resistente y decidido a la hora de enfrentar retos.

Esta idea se amplía en los *Salmos*. Por ejemplo, varios pasajes como *Salmos* 34:17-18, muestran una profunda respuesta emocional ante la adversidad, pero sin desanimarse. En lugar de inquietarse ante la adversidad, el clamor se dirige hacia Dios. Él escucha y proporciona consuelo ante los problemas. La belleza de los *Salmos* es que no rehúyen el dolor que se experimenta en los momentos difíciles, pero tampoco se detienen en él. Por el contrario, transmiten la lucha y la confianza en un poder superior, Dios, para obtener fuerza y liberación.

Este enfoque de la adversidad es igual de eficaz hoy en día. En lugar de revolcarse en el miedo y la duda, que alimentan la depresión ante los desafíos, debe extraer la sabiduría de los *Salmos* y los *Proverbios*, acudiendo a Dios en busca de la fuerza que le ayude a navegar con alegría. Es como la historia bíblica de un hombre llamado Job, a quien Satanás atormentó con un gran adversario para conseguir que se alejara de Dios y perdiera la fe. Sin embargo, Job reaccionó de una de las maneras más impresionantes posibles: cuando perdió todo lo que tenía, dijo: «...el Señor da, y el Señor quita. Bendito sea el nombre del Señor - *Job* 1:21». Así que, como ve, es posible estar alegre incluso en medio de la angustia. Fíjese en la palabra alegre y no feliz: la felicidad es el resultado de las cosas físicamente placenteras que lo rodean, mientras que la alegría proviene de la paz interior de Dios, que no está influenciada por el entorno o las circunstancias.

Los desafíos difieren de persona a persona, pero el método primario de superarlos es el mismo para todos: dirigirse a Dios, sacar fuerzas, afrontar el desafío con fe y con alegría, y disfrutar de la victoria. *Salmos* 34:19 y *Proverbios* 3:5-6 arrojan más luz sobre la idea cristiana de la adversidad: «El justo puede tener muchas angustias, pero el SEÑOR lo libra de todas ellas»; y «Confía en el SEÑOR con todo tu corazón y no te apoyes en tu entendimiento; en todos tus caminos sométete a él, y él enderezará tus sendas». Juntos, estos libros ofrecen una visión integral de cómo afrontar la adversidad con una combinación de la sabiduría práctica de *Proverbios* y la perspectiva emocional y espiritual que se encuentra en *Salmos*. Se trata de un enfoque holístico que fomenta la fortaleza mental y la confianza espiritual en los momentos difíciles.

El poder de las palabras

Proverbios 18:21 dice: «La vida y la muerte están en poder de la lengua». Este versículo resume todo lo que leerá en esta sección. Destaca el impacto que las palabras pueden tener en la vida. Las palabras pueden llegar muy lejos y tocar todos los recovecos de la vida. Este versículo también subraya las responsabilidades que conlleva tener la capacidad de comunicación, instando a ser cuidadoso en el uso de las palabras.

En los *Salmos*, en su forma poética habitual, se encuentra un análisis del poder de las palabras. En *Salmos* 141:3, se hace una súplica a Dios, pidiéndole que ponga guardia sobre su boca y vigile sus labios. Aunque en un estilo diferente al de *Proverbios*, tiene un mensaje similar. Se puede sentir la desesperación de las palabras al leer, lo que demuestra la comprensión del poder de las palabras.

Proverbios 16:24 dice: «Las palabras amables son como un panal de miel, dulces para el alma y sanadoras para los huesos»; en *Proverbios*

15:4, «La lengua consoladora es un árbol de vida, pero la lengua perversa aplasta el espíritu». Esta imagen contrasta vívidamente el poder de las palabras suaves y reconfortantes con la fuerza destructiva de las palabras ásperas e hirientes. La lectura de los *Salmos* y los *Proverbios* pone de relieve la profunda influencia de las palabras en todos los aspectos de la vida. Se insta a usar las palabras con cuidado, sabiendo el peso que tienen. Cuando las palabras se utilizan para dar vida, se complace a Dios y se obra a partir del temor a él.

En el libro de *Proverbios*, las palabras amables se comparan con la dulzura de un panal de miel[18]

Búsqueda de la justicia

La búsqueda de la rectitud es sinónimo de una vida honorable y floreciente. Sin embargo, fuera de sus numerosos beneficios, es un llamado a todos los cristianos. *Proverbios* 21:21 dice que «Quien persigue la rectitud y el amor no solo hallará vida, sino prosperidad y honor». El libro de los *Salmos* no solo aborda el tema de la justicia en múltiples ocasiones, sino que este discurso marca el tono del libro en general. Los tres primeros versículos de *Salmos* hablan del estilo de vida de un hombre que vive en la justicia y no persigue la impiedad.

Salmos 1:1-3 dice,

«Bienaventurado el hombre que no sigue los consejos de los impíos, ni se detiene en el camino de los pecadores, ni se sienta en la silla de los escarnecedores. Sino que en la ley del Señor está su delicia, y en su ley medita de día y de noche. Y será como árbol plantado junto a corrientes de aguas, que da su fruto en su tiempo; su hoja no se marchitará, y todo lo que hace prosperará».

En estos versículos, el concepto de rectitud está conectado a una vida profundamente arraigada en la palabra de Dios; tal vida siempre resulta en productividad, estabilidad y prosperidad. Elegir ser honorable es vital para la vida de un creyente que camina con Dios. Puede parecer más fácil alterar los números en el trabajo, hacer trampa en un examen, decir una mentira, o hablar mal de un amigo, pero estas cosas no se alinean con los principios de un creyente, así que no deberían encontrarse en usted o a su alrededor.

Además, *Proverbios* 11:19 ofrece un contraste entre los resultados de la rectitud y la maldad: «Verdaderamente el justo alcanza la vida, pero quien persigue el mal encuentra la muerte». Esta estrecha comparación señala el impacto transformador de elegir el camino de la rectitud. En comparación, *Salmos* 34:15 hace eco de este sentimiento cuando dice: «Los ojos del Señor están sobre los justos, y sus oídos atentos a su clamor». Se recibe esta seguridad que refleja la conexión divina de Dios con quien persigue fervientemente la justicia.

Profundizando en la búsqueda de la rectitud, *Proverbios* 21:3 afirma: «Hacer lo recto y lo justo es más agradable al Señor que el sacrificio». Este versículo enfatiza el valor intrínseco de las acciones justas por encima de los rituales externos. Nunca se trata realmente de las cosas bonitas que se dicen; la postura del corazón le importa más a Dios, como puede ver en este versículo. Esto también se relaciona con un apartado de los *Salmos* que plantea la pregunta: «¿Quién es digno de consultar a Dios y quién es digno de vivir en su monte santo?» (*Salmo* 15:1). A continuación, la respuesta describe las características de un hombre justo.

La justicia es un camino que conduce a la vida. A medida que estudie los libros de *Salmos* y *Proverbios*, descubrirá más versículos que tocan este tema, dándole una mejor comprensión de la rectitud. Esta búsqueda es un viaje activo e intencional hacia lo correcto y justo a los ojos de Dios. *Salmos* 119:1-2 dice: «Bienaventurados los de caminos intachables, los que andan conforme a la ley de Jehová. Bienaventurados los que guardan sus principios y lo buscan de todo corazón».

Momento de reflexión

1. Si le pidieran mencionar lo que más desea ahora, al igual que a Salomón, ¿qué sería?

2. Los *Salmos* exploran una gama de emociones, desde la alegría hasta la tristeza. ¿Qué *Salmo* se relaciona más con sus sentimientos actuales o con su situación vital? ¿Por qué?

3. Reflexione sobre un error o una lección aprendida en su vida. ¿De qué manera el concepto de aprender de los errores, enfatizado en *Proverbios*, resuena con sus experiencias?

4. Los *Proverbios* ofrecen sabiduría práctica para la vida diaria. ¿Qué consejo proverbial le parece especialmente relevante para una situación o decisión actual que esté afrontando? ¿Cómo puede influir en sus decisiones la aplicación de esta sabiduría?

Una cosa está garantizada: el estudio de los libros de *Salmos* y *Proverbios* lo dejará mejor de lo que lo encontró. Con seguridad, tendrá una forma de pensar renovada. Puede comenzar a tomar medidas prácticas a partir de las lecciones de estos libros para remodelar sus elecciones y hábitos.

Capítulo 4: La vida y las enseñanzas de Jesús

Aprender sobre la vida de Jesús y sus enseñanzas va más allá de adquirir conocimientos. Guía su comprensión de Dios y le revela el propósito de la vida, lo que a su vez provoca una transformación total en su corazón. Estas historias y enseñanzas no están limitadas por el tiempo, ya que sus lecciones siguen siendo muy relevantes en el mundo contemporáneo. No importa si está

El nacimiento de Jesús[14]

comenzando su viaje bíblico; una mirada a la vida y las enseñanzas de Jesús le dará una nueva perspectiva de la vida, llenará su corazón de audacia para enfrentar pruebas y desafíos, y lo preparará con fe y expectativa para el final prometido para todos los hijos de Dios. Prepárese para anhelar una relación más profunda con Dios al adentrarse en las páginas de este capítulo.

El nacimiento de Jesús

El nacimiento de Jesús es tan significativo que todos los acontecimientos, historias y enseñanzas desde el *Génesis* hasta el *Nuevo Testamento*, pasando por los libros del *Antiguo Testamento*, fueron preparativos para la venida del Mesías, Jesús. Las profecías de su nacimiento y de su vida fueron relatadas siglos antes de su llegada. La manifestación de su nacimiento es una colisión de lo sobrenatural y lo natural, un acontecimiento divinamente orquestado por Dios. Todo comenzó con María, una joven virgen prometida a un hombre en la pequeña ciudad de Nazaret, que encontró gracia ante los ojos de Dios y recibió la visita de un ángel. El ángel vino con la noticia de que ella había sido elegida para dar a luz al salvador de todo el mundo, el hijo de Dios. ¿Puede imaginar los posibles pensamientos y reacciones de María ante semejante noticia?

Otra persona muy importante era su prometido, José, y Dios hizo posible que permaneciera a su lado mientras se desarrollaba este milagro. A él también lo visitó un ángel y Dios le ordenó que no se apartara de María, sino que se quedara con ella, porque el niño venía del Espíritu Santo.

En el primer capítulo de *Lucas*, María, que aún no había asimilado esta revelación divina, visitó a su pariente Isabel, que estaba embarazada. Esta visita es más significativa que la simple reunión de dos parientes. El bebé que estaba en el vientre de Isabel, luego conocido como Juan el Bautista, lleno del espíritu de Dios desde el vientre, reconoció al instante la presencia de su Señor, Jesús, en el vientre de María, y saltó de alegría. Al comprender la señal, Isabel reconoció la importancia del papel de María en el gran esquema del plan divino de Dios.

Alrededor de la época de la concepción de Jesús, en el capítulo 2 de *Mateo*, la Biblia habla de tres sabios que hoy se pueden considerar eruditos o astrónomos. Se dice que estos sabios, que venían de Oriente, recibieron la señal de una estrella y decidieron seguirla para llegar a Judea. Llegaron desde muy lejos, atravesando vastos paisajes, en busca del Rey, cuya estrella vieron aparecer una noche, y que los condujo hasta Jesús.

El nacimiento de Jesús en un pesebre va más allá del resultado de una actividad terrenal; no fue solo producto de una posada abarrotada durante un censo fiscal. La sencillez de los establos fue un indicio de la humildad de Dios, al asumir la forma de hombre y de su voluntad de hacerse humano para ayudar a los hombres a corregir sus errores. El nacimiento de Jesús no fue un mero acontecimiento histórico; las lecciones del valor de María, el viaje de los sabios, las turbulencias políticas y la fe de José resumen la realidad de lo sobrenatural.

Mientras tanto, en el escenario político, Herodes, el gobernante de Judea, se enteró del nacimiento de un rey a través de los sabios y sintió una amenaza a su posición. En *Mateo* 2, Herodes promulgó un decreto por el que todos los niños varones menores de dos años nacidos en Belén debían ser asesinados debido a la amenaza que suponía el nacimiento de Jesús.

Los milagros de Jesús

Tras el nacimiento de Jesús, José, advertido por un ángel en sueños, huyó con María y Jesús a Egipto hasta la muerte del rey Herodes. Sin embargo, por miedo a que el hijo de Herodes siguiera los pasos de su padre, José no regresó a Judea, sino que se trasladó a la tierra de Galilea, a la pequeña ciudad de Nazaret, donde Jesús creció hasta el inicio de su ministerio, a la edad de treinta años. Su concepción en un humilde establo, sus estudios en el templo con los eruditos cuando tenía doce años y su bautismo por Juan a la edad de treinta años, la Biblia registró que Jesús creció en sabiduría y favor. Cuando le llegó el momento de pasar al primer plano de la vida pública, en cumplimiento de la voluntad de Dios, comenzó a hacer cosas notables. Jesús realizó diversos milagros, algunos de los cuales se discuten aquí y otros que conocerá a medida que profundice en el estudio de la Palabra de Dios.

Debe comprender lo extraordinarias que fueron estas señales en una época de dolencias físicas, turbulencias políticas y desafíos económicos. El Mesías venidero era el único faro de esperanza. Al igual que Herodes, todos pensaban que el Mesías prometido, Jesús, venía a liberarlos del dominio romano y a gobernarlos como un rey, pero Jesús tenía planes mucho mejores. Su presencia era para ofrecer esperanza, mucho más allá de las luchas actuales, y una vida de libertad, entonces y después, a todos los que lo aceptaran.

A lo largo de los cuatro evangelios, Jesús cura a los enfermos, ya que muchos acudían a Él en busca de curación. Este acto no era solo una demostración de poder, sino más bien la respuesta sincera de Jesús a los clamores de su pueblo, que necesitaba desesperadamente ser restaurado, ya que se encontraba en una situación terrible con los romanos. Jesús caminaba entre la gente convirtiendo el agua en vino, multiplicando los panes y los peces, e incluso resucitando a los muertos, y cada uno de sus actos tenía un gran significado. No se trataba solo de la magnificencia de los milagros, sino de los receptores de los mismos. Cada persona en cada milagro era un individuo normal que iba por su vida, con sus luchas diarias, esperando una liberación. Jesús llegó en el momento justo, cuando necesitaban desesperadamente un milagro.

Alimentar a la multitud

Una de las hazañas extraordinarias realizadas por Jesús fue la alimentación de los cinco mil y cuatro mil. Este relato de la multiplicación de los peces y los panes quedó registrado en cuatro libros de la Biblia: *Mateo, Marcos, Lucas* y *Juan*. En esta experiencia en particular, Jesús, mientras enseñaba, se compadeció de la multitud que había estado con Él durante tres días en el desierto, sin nada que comer. No queriendo enviarlos a casa con el estómago vacío, Jesús decidió darles de comer. Sin embargo, sus discípulos le informaron que solo disponían de cinco panes y dos peces. Jesús no se inmutó por la insignificante cantidad de comida en comparación con el número de personas presentes. Pidió a los discípulos que hicieran sentarse a la gente en un orden determinado, tomó el pan y los peces y dio gracias a Dios. Cuando hubo terminado, devolvió el alimento a sus discípulos para que lo distribuyeran entre la gente y hubo más que suficiente para todos. Los cinco panes y los dos peces se distribuyeron con éxito entre cinco mil personas, que comieron hasta saciarse, y sobraron doce cestos de comida.

Jesús alimentando a cinco mil personas[16]

Este milagro reveló que Jesús no solo estaba interesado en el crecimiento espiritual de su pueblo, como lo había demostrado durante los últimos tres días. También estaba interesado en sus necesidades físicas. Además, mostró su poder divino sobre la escasez como símbolo de la abundancia sobrenatural de Dios.

Convertir el agua en vino

Otro milagro asombroso fue en una boda, donde Jesús convirtió el agua en vino. Jesús estaba presente en una boda en Caná, y el vino para los invitados se agotó mientras la celebración aún estaba en pleno apogeo. Esto llevó a los presentes a pedir ayuda a María, la madre de Jesús. Sabiendo quién era su hijo, María se lo planteó, aunque Jesús había dicho que no era el momento de realizar tales manifestaciones. Sin embargo, movido a compasión, ordenó a los sirvientes que llenaran de agua seis tinajas de piedra vacías y las sirvieran a los invitados. Hicieron caso de las instrucciones de Jesús, y el agua de las tinajas se convirtió en vino. Los invitados reconocieron que el vino era mejor que la primera tanda y preguntaron: «¿Por qué has dejado lo mejor para el final?». (Era costumbre servir primero el mejor vino en cualquier reunión, de modo que cuando los invitados se emborracharan con el vino bueno, no pudieran notar la diferencia).

Jesús convirtió el agua en vino[16]

Este acontecimiento fue el primer milagro público de Jesús y simboliza su autoridad divina, incluso sobre los elementos de la naturaleza. La abundancia y la calidad del vino producido en este milagro también muestran la capacidad de Jesús para provocar alegría y riqueza, incluso en las situaciones más inesperadas.

La mujer con hemorragia de sangre

La Biblia revela la lucha de una mujer que había vivido con una enfermedad particular durante doce años y que había gastado todo su dinero en visitas no provechosas a médicos, pero seguía empeorando. En medio de su dolor por la hemorragia, oyó hablar de Jesús y, con fe, acudió a Él para curarse. Lo hermoso de este milagro es que Jesús no la tocó con sus manos, sino que se curó por su fe, que se manifestó claramente en sus acciones. Ella creía que todo lo que tenía que hacer para sanarse era tocar el manto de Jesús. Sin importarle la presión de la multitud que rodeaba a Jesús, apretó hasta tocar el borde del manto. La hemorragia se secó al instante y consta que Jesús supo inmediatamente que la virtud había salido de Él. Cuando Jesús la encontró entre la multitud, quedó impresionado por su nivel de fe y le dijo que su fe la había curado, en *Marcos* 5:34: «Hija, tu fe te ha curado; vete en paz y queda curada de tu enfermedad».

Este milagro ilustra la compasión de Jesús hacia los enfermos, su disposición a responder a la fe y su poder para curar. También subraya la importancia de la fe y la persistencia en la búsqueda de un milagro.

Estos milagros y muchos más contribuyeron a difundir su fama por todo el país: historias de un hombre que desafiaba las leyes de la naturaleza, que aliviaba a los enfermos y que desafiaba el orden social. No se trataba solo de una serie de acontecimientos, sino que se desarrollaron en respuesta a las necesidades y los retos de la época en la antigua Judea.

El ministerio y las enseñanzas de Jesús

Los milagros no son lo único destacable de la vida de Jesús. Sus enseñanzas formaron una parte esencial del cristianismo actual y sería incompleto analizar la vida de Jesús sin considerar las lecciones que enseñó. No había límites en los temas tratados en las enseñanzas de Jesús. Abarcó todos los ámbitos de la vida: la salvación, el reino de Dios, la fe, las oraciones, la humildad, el dinero, las posesiones, el amor y la compasión, el arrepentimiento, el perdón, el juicio, el fin de los tiempos, etc. Ya fuera directamente o mediante el uso de parábolas, Jesús siempre daba lecciones vitales. Vino a mostrar a los hombres cómo vivir con propósito y sin esfuerzo. Los árboles de la tierra, los peces del mar y los pájaros del cielo no luchan por prosperar en su hábitat natural, y eso fue lo que Jesús vino a mostrar, cómo vivir una vida de adoración total a Dios sin esfuerzo.

He aquí algunas de las enseñanzas de Jesús, expresadas en parábolas, y las ideas que se pueden extraer de ellas.

La parábola del buen samaritano

En esta parábola, Jesús cuenta la historia de un hombre que fue atacado por ladrones en su camino de Jerusalén a Jericó y pidió ayuda a los transeúntes, pero solo uno quiso ayudarle. La única persona que se ofreció a ayudar fue un samaritano, mientras que los otros que no se detuvieron a ayudar eran un levita y un sacerdote judío. Esta afirmación por sí sola tiene un gran significado tribal, pues en aquellos tiempos, los judíos y los samaritanos eran enemigos. El samaritano lo recostó en su caballo, lo llevó a una posada y pagó sus gastos médicos. Las lecciones son claras: la compasión no conoce fronteras, independientemente de la tribu, la raza, la etnia, la nacionalidad, etc. El amor siempre debe ser lo primero. Hoy, esta parábola desafía a extender la bondad y el cuidado a todos, independientemente de las divisiones o diferencias sociales.

La parábola del hijo pródigo

Jesús cuenta la historia de un hijo descarriado que es acogido en casa por un padre amoroso. Un hombre tenía dos hijos, y el segundo le pidió su herencia, a lo que él accedió. Su hijo se marchó, despilfarró su parte de la herencia y se quedó sin nada, hasta el punto de estar dispuesto a comer con los cerdos. En ese estado de sobriedad, arrepentimiento y reflexión, el hijo volvió a casa de su padre. Suplicó que lo volvieran a acoger, aunque fuera como siervo. El padre lo acogió y celebró una fiesta en su honor.

La parábola subraya el amor incondicional y el perdón de Dios como padre. Hoy recuerda que, sea cual sea el pasado de alguien, siempre puede volver a los brazos abiertos de un Dios compasivo y misericordioso que está dispuesto a recibirlo.

La parábola del grano de mostaza

En esta parábola, Jesús utiliza la analogía de un grano de mostaza para explicar la importancia y el significado de los comienzos humildes o pequeños. El grano de mostaza, cuando se siembra, es considerablemente pequeño. Sin embargo, si se le da tiempo, crece hasta convertirse en una gran planta que contribuye a su entorno. Jesús habla del Reino de Dios, que empezó siendo pequeño, pero floreció de forma extraordinaria. El significado actual reside en el poder transformador de los pequeños actos y los comienzos humildes. Sirve como recordatorio de que incluso los esfuerzos más pequeños pueden tener un impacto profundo.

La parábola de la oveja perdida

En esta parábola, Jesús habla de un pastor que tenía cien ovejas y perdió una. Por amor a ella, dejó a las noventa y nueve restantes y se fue a buscarla. Algunos podrían considerarlo una tontería, pero demuestra un gran amor, sobre todo si se ve a sí mismo como la oveja solitaria. Transmite la búsqueda incesante de Dios por cada individuo. Hoy en día, sirve como estímulo para amar y valorar a todos. Recuerde que nadie está más allá de la redención ni es indigno del amor de Dios.

La parábola del sembrador

En esta parábola, un sembrador fue a sembrar un día determinado. Mientras sembraba, Jesús le explicó que las semillas caían en terrenos diferentes, junto al camino, entre espinos, en terrenos pedregosos y en tierra buena y fértil. Debido a las diferentes bases de las semillas, todas surgieron de forma diferente. Los pájaros se comieron las que estaban junto al camino. Las semillas entre los espinos brotaron, pero las espinas las ahogaron. Las semillas que crecían en suelo pedregoso crecían rápido, pero el sol las quemaba porque la profundidad del suelo no era suficiente para que tuvieran una buena raíz. Finalmente, las que cayeron en tierra buena y fértil prosperaron y produjeron una cosecha treinta, sesenta y cien veces mayor.

Jesús utilizó esta metáfora de los suelos para explicar cómo los cristianos reciben la palabra de Dios en diferentes momentos. Esta parábola enseña la importancia de cultivar un corazón receptivo a la palabra de Dios. Debería servir como desafío para esforzarse siempre por tener un corazón que dé frutos duraderos.

La crucifixión y la resurrección

La crucifixión y resurrección de Jesús marcaron para siempre el curso de la historia. En una época en la que los romanos gobernaban a los judíos, había muchas complejidades en torno a la religión, las exigencias sociales y las expectativas. El uso de la crucifixión como forma de castigo estaba reservado a los criminales más atroces por lo brutal que era. Tras el peso del ministerio de Jesús, era inevitable que surgieran algunos enemigos, especialmente entre quienes no estaban conformes con sus métodos y enseñanzas. Conspiraron e hicieron que lo arrestaran basándose en acusaciones falsas. Jesús, siendo inocente, se enfrentó a la agonía de la cruz. A pesar de ser el hijo de Dios, la Biblia revela que no era inmune al dolor y la vergüenza de la cruz. Esto se demuestra cuando se registra a Jesús orando para no enfrentar el juicio de la cruz en el libro de *Mateo* 26:39; «Padre, si es posible, pase de mí esta copa; pero no sea como yo quiero, sino como tú». Sin embargo, Su crucifixión no fue simplemente un cruel acontecimiento de injusticia entre los hombres y un desafío a las normas sociales y las expectativas religiosas de la época. Fue también una convergencia de su sacrificio divino. Más allá de su significado espiritual, muestra las duras realidades de la opresión romana y lo lejos que estaban dispuestos a llegar los líderes espirituales de la antigüedad para preservar sus creencias.

La crucifixión de Jesús muestra su amor por la humanidad[17]

Tras enfrentarse a la vergüenza y la ira de la crucifixión, Jesús fue enterrado. Sin embargo, tal y como revelaban las profecías de antaño en *Salmos* 16:10: «Porque no abandonarás mi alma en el Seol, ni permitirás que tu Santo vea corrupción», Jesús resucitó. Esto también confirma sus palabras a los discípulos cuando les dijo en *Marcos* 9:31: «El Hijo del Hombre va a ser entregado en manos de hombres. Lo matarán, y a los tres días resucitará». Jesús resucitó de la tumba al tercer día, desafiando a la muerte e inaugurando una nueva vida para todos los creyentes. Su triunfo sobre la tumba y la muerte trajo esperanza y una alegría indecible a todos los que creían en Él.

La crucifixión y la resurrección de Jesús muestran en primer lugar su amor sacrificial. Como dijo en *Juan* 15:13: «No hay amor más grande que este: que uno dé su vida por sus amigos». Esto muestra un amor que va más allá de la cultura y del tiempo. La brutalidad de la crucifixión muestra el peso de los pecados y lo lejos que Cristo estaba dispuesto a llegar para permitir la reconciliación de Dios con la humanidad. La comprensión de este sacrificio arroja más luz sobre la esperanza de un cristiano, más allá de los desafíos de la vida, sobre una vida eterna después de la muerte. Esta es una de las piedras angulares de la fe cristiana.

Momento de reflexión

1. La parábola del hijo pródigo es una poderosa historia de perdón y redención. ¿Hay algún aspecto de su vida que lo haga sentir inadecuado, imperfecto y alejado de Dios, igual que el hijo pródigo? ¿Qué pasos debe dar siguiendo esta parábola?

2. A partir de la parábola del buen samaritano, ¿quién considera que es su prójimo?, ¿hay alguien que necesite una mano de compasión?

3. ¿Cree que la vida, la muerte y la resurrección de Jesús fueron por usted? ¿Cómo puede afectar esta realidad a su relación con Él?

4. Jesús subraya a menudo la importancia de la fe. ¿Está confiando en Dios para algo en su vida ahora mismo? ¿Qué acciones está dispuesto a emprender para demostrar su fe?

Agotar las lecciones de la vida de Jesús en unas pocas páginas es imposible. Para descubrir las muchas lecciones y reflexiones de la vida de Jesús, su nacimiento, milagros, enseñanzas, pruebas, traición, cruz, muerte, sepultura y resurrección, lo animamos a que realice un estudio personal en profundidad. Tómese su tiempo para estudiar los relatos y descubrir las verdades y lecciones que encierran para su vida. No se trata de un relato histórico, sino de una invitación a lo que hay entre los versículos de la Biblia: la oportunidad de experimentar una vida de amor sin fin y una victoria total al lado de Cristo.

Capítulo 5: Los *Hechos* de los apóstoles: la Iglesia primitiva en acción

La historia de los apóstoles en el libro de *Hechos* sigue la vida de personas corrientes que se dedican a sus actividades cotidianas, pero que de alguna manera se encuentran con una experiencia transformadora que provoca un cambio notable en sus vidas y en el mundo. No eran superhéroes ni seres místicos, sino hombres que vivían la vida: pescadores, carpinteros, recaudadores de impuestos, fabricantes, etc. El cambio que experimentaron se debió al encuentro que tuvieron con Jesucristo tras su resurrección. Su llegada supuso para ellos una nueva vida que dio la vuelta al mundo. Eran hombres como usted, que partieron de la incertidumbre y optaron por dejarse guiar por una fe

El cambio que experimentaron los apóstoles se debió al encuentro que tuvieron con Jesucristo[18]

inquebrantable en aquel que los llamó y en quien creyeron.

En este libro se revela un espectro de expresiones y emociones humanas, ya que se trazan los acontecimientos clave de la vida de los apóstoles: de la fe al miedo y de nuevo a la fe, alegría, esperanza e incluso momentos de codicia e ira. En esencia, eran seres humanos con emociones normales, pero tocados por la mano de Dios. La belleza de este libro reside en la capacidad sin fisuras de Dios para hacer algo grande de la nada. Este capítulo muestra la esperanza que hay en entregarse por completo a Dios y anima a permanecer firme en el camino mientras se proclaman las buenas noticias recibidas.

Introducción al libro de los *Hechos*

El libro de los *Hechos* se atribuye al estimado apóstol Lucas, autor también de un *Evangelio* que lleva su nombre. Se reconoce como una continuación ininterrumpida de su detallada narración de la vida de Cristo. San Lucas Evangelista escribió en griego los *Hechos* de los apóstoles, que comienzan con el nacimiento de Cristo y se extienden hasta los primeros días de la Iglesia. Se sabe que este libro fue compuesto entre los años 70 y 90 de la era cristiana y que constituye un relato exhaustivo de los acontecimientos que se desarrollaron en el seno de la floreciente comunidad cristiana.

El estilo y la forma de escribir que se observan en el libro de los *Hechos* se deben a la profesión del escritor. Su cuidado por las cosas más insignificantes y su atención al detalle trascendían su oficio de médico. Se aprecia en la minuciosidad con que relata los inicios de la Iglesia: la recepción del Espíritu Santo, la difusión del *Evangelio,* la conversión de Pablo, etc. Era un erudito, y esa ventaja añadida le ayudó, por inspiración del Espíritu Santo, a encapsular incluso las experiencias de otros cuando él no estaba presente en los acontecimientos. Se cree que Lucas era de ascendencia griega, y algunos historiadores sugieren la posibilidad de que fuera originario de Antioquía de Siria, una provincia sometida a Roma. Sin embargo, ambas afirmaciones siguen sin estar claras. Lo que sigue siendo inequívoco es que la presencia de Lucas en Antioquía se tradujo en un estrecho compañerismo con Pablo a lo largo de sus extensos viajes misioneros. En una de las cartas de Pablo, que se encuentra en el libro de los *Colosenses,* se dirige cariñosamente a Lucas como «el médico amado». Aunque Lucas no menciona explícitamente a Pablo por su nombre, el uso del «nosotros» en ciertas secciones del libro de los *Hechos* implica claramente su participación directa en varios acontecimientos cruciales junto a Pablo. Terminar lo que había empezado era importante para él, como se ve en *Hechos* 1:1-2, donde le dice claramente al destinatario del libro de los *Hechos*, un hombre llamado Teófilo, que lo correcto era que, después de hablar de la vida de Jesús, desde su nacimiento hasta el día de su resurrección, hablara también de la vida y el papel de los primeros apóstoles en la difusión del *Evangelio*. Lo consiguió en gran medida, ya que proporcionó un registro bien documentado de los acontecimientos que rodearon el crecimiento de la primitiva comunidad cristiana.

La presencia de los *Hechos* de los apóstoles en el *Nuevo Testamento* es vital para la plena comprensión del mensaje que transmite, que en esencia es la transición desde la venida de Cristo y cómo la asumieron sus discípulos. Muestra la serie de acontecimientos desde la ascensión de Cristo hasta la venida del Espíritu Santo en el aposento alto; cómo las personas que quedaron sumidas en la duda, la preocupación y el miedo tras la muerte de Cristo, se llenaron de audacia y poder con la venida del Espíritu Santo. No tener esto como parte del compendio del *Nuevo Testamento* habría hecho todo el libro imposible de entender.

Pentecostés: La venida del fuego y del poder

El Pentecostés era inicialmente una celebración de los judíos; era un tiempo en el que se esperaba que se reunieran con sus familias y se regocijaran ante Jehová, su Dios. Debían observar esta celebración con una ofrenda voluntaria a Jehová. Era una fiesta de un día, que tenía lugar cincuenta días después de la Pascua. Pentecostés tiene su origen en la palabra griega «quincuagésimo», tradicionalmente referida como la fiesta de la cosecha o la fiesta de las semanas, y adquirió un nuevo significado para los creyentes en el capítulo 2 de los *Hechos*. Más allá de su significado original, ahora se considera el cumpleaños de la Iglesia cristiana, que marca la llegada transformadora del Espíritu Santo.

«Cuando llegó el día de Pentecostés, estaban todos reunidos en un mismo lugar. De repente, vino del cielo un estruendo como de un viento impetuoso, que llenó toda la casa donde estaban sentados. También recibieron lenguas repartidas, como si se les apareciera fuego y se posara sobre cada uno de ellos. Y todos fueron llenos del Espíritu Santo y comenzaron a hablar en otras lenguas, según el Espíritu les decía que hablasen». (Hechos 2:1-4)

Este acontecimiento, como se registra en *Hechos* 2, fue un cumplimiento de la profecía dada al profeta Joel en *Joel* 2:28-32 sobre

Pentecostés. Este cumplimiento de la profecía se convierte en una de las razones por las que Jesús les pidió que esperaran un tiempo en Jerusalén antes de salir a proclamar el *Evangelio*.

«Y sucederá después que derramaré mi Espíritu sobre toda carne; sus hijos y sus hijas profetizarán, sus ancianos soñarán y sus jóvenes verán visiones. Incluso sobre los siervos y las siervas de aquellos días derramaré mi Espíritu. El sol se convertirá en tinieblas, y la luna en sangre, antes que venga el día grande y temible del SEÑOR. Y sucederá que todo el que invoque el nombre de SEÑOR se salvará. Porque en el monte Sion y en Jerusalén habrá quienes escapen, como ha dicho SEÑOR, y entre los supervivientes estarán los que SEÑOR llame». (Joel 2:28-32)

El acontecimiento distingue al cristianismo y es un estilo de culto único y hermoso. Se considera superior a otras religiones debido a una promesa cumplida: la presencia del Espíritu Santo entre los creyentes.

Después de la resurrección de Jesús, Él no ascendió inmediatamente. Se quedó un tiempo, hablando con sus discípulos y fortaleciendo su fe. En medio de eso, sus corazones se agitaron para salir a predicar el *Evangelio*, pero aún no tenían el poder y la audacia que necesitaban para declarar con confianza la buena nueva, y este poder fue la promesa que Jesús les hizo, que solo recibirían si esperaban en Jerusalén. Hasta ahora, desde el *Antiguo Testamento* hasta los primeros cuatro libros del *Nuevo Testamento*, solo se ha mencionado que el Espíritu de Dios reposaba sobre los hombres en los que encontraba favor y no dentro de ellos. Sin embargo, este método de recibir el Espíritu Santo cambió totalmente. Los discípulos, siguiendo las instrucciones de Jesús, esperaron en Jerusalén durante diez días, un testimonio de su fuerte fe a pesar de la ausencia de Jesús. Esto fue notable, teniendo en cuenta el miedo que debieron sentir tras la brutal muerte de su líder. En lugar de huir, una opción lógica en aquel momento, se quedaron y esperaron. El resultado fue la efusión del Espíritu de Dios sobre todos los presentes en el aposento alto.

En los cuatro primeros libros del *Nuevo Testamento*, solo se menciona que el Espíritu de Dios se posa sobre los hombres en los que encuentra favor, no dentro de ellos[19]

El día de la ceremonia de Pentecostés, los apóstoles estaban todos juntos orando. La Biblia describe la venida del Espíritu Santo como un sonido proveniente del cielo, como el de un viento impetuoso que se precipitaba en una dirección y llenaba el espacio en el que se encontraban, seguido de la aparición de lo que se describió como «Lenguas de fuego repartidas» que se posaron sobre cada uno de los presentes. Algo aún más extraño y magnífico fue lo que siguió al sonido y al fuego. Los discípulos, con la ayuda del Espíritu Santo, hablaron en las lenguas de las diferentes personas presentes durante la fiesta de la cosecha como confirmación de su presencia en ellos. Lo que añade grandeza es que durante el Pentecostés se reunieron peregrinos de diversas lenguas. A pesar de esta diversidad, los discípulos fueron escuchados por todos en sus respectivas lenguas. Algunos de los presentes pensaron que los discípulos estaban borrachos, pero Pedro, el discípulo de Jesús, que antes era tímido, ahora lleno de tanta confianza, refutó audazmente su afirmación y con confianza comenzó a predicar a todos los presentes. Habló de cómo Jesús de Nazaret, a quien habían crucificado, era su Mesías anunciado y el Cristo vivo, el que había vencido al pecado y a la muerte y ahora estaba sentado victoriosamente a la derecha de Dios.

La gente se arrepintió de sus actos pasados y preguntó a Pedro qué debían hacer. Pedro los condujo al pleno arrepentimiento diciéndoles cómo debían apartarse de sus malos caminos, arrepentirse de todo corazón, creer y recibir a Jesucristo como su Señor y salvador personal. Aquel día, cerca de tres mil personas fueron salvadas y pasaron a formar parte del cuerpo de Cristo por el poder del Espíritu Santo. La enseñanza de Pedro aquel día es uno de los sermones más importantes y poderosos de todo el *Nuevo Testamento*. Aquel momento encendió un fuego que dio lugar a la difusión del *Evangelio* entre los judíos y entre los gentiles.

El estudio del acontecimiento de Pentecostés encierra un gran significado, desde el fuerte sonido que se oyó en cielo hasta el fuego llameante y su forma de lengua, hasta la declaración que recibieron los apóstoles. Sin embargo, hay dos significados clave que deben destacarse: el cumplimiento de la promesa de Dios, que demostró que siempre cumple su palabra, y que no importa el tiempo que tarde, anima a esperar porque cumple, como se ve en *Habacuc* 2:3. El segundo es la importancia de la venida del Espíritu Santo. Dios no envió Su Espíritu para que usted se quede sentado; Él imbuye a los hombres con el poder de su Espíritu para hacer su voluntad sin problemas. Esto es evidente con el apóstol Pedro y los otros apóstoles, quienes se acobardaron habiendo recibido al Espíritu Santo y luego se volvieron lo suficientemente audaces para guiar a tres mil almas a la salvación en un día. Después de la efusión del Espíritu de Dios, los apóstoles y todos los demás seguidores de Jesús continuaron activamente en la propagación y proclamación de la buena nueva, que es el amor de Dios por el mundo.

La propagación del *Evangelio* entre los apóstoles

El acontecimiento de Pentecostés dio lugar a una nueva expresión del reino de Dios, tan profunda que hizo que la mayoría de los judíos de antaño estuvieran completamente rendidos al *Evangelio*. Es frecuente que, al estudiar la Biblia, se pasen por alto palabras y frases clave, por lo que se debe prestar mucha atención a cada palabra. Esto ayuda a comprender de forma equilibrada lo que el Espíritu Santo trata de enseñar en ese versículo. Al comienzo de *Hechos* 3, se usa intencionalmente una palabra, «Ahora» en ciertas traducciones y «Un día» en otras. Esta palabra o frase mostraba una transición, un cambio, un punto culminante o un marcador, que indicaba que algo diferente estaba a punto de suceder o había sucedido. Esto es digno de mención porque muestra a hombres que habitualmente eran pescadores y tenderos haciendo cosas que dejan a los demás admirados de Dios.

Esto ayuda a comprender de forma equilibrada lo que el Espíritu Santo trata de enseñar en ese versículo[30]

Cuenta la historia que Pedro y Juan, de camino al templo como en otras ocasiones, se encontraron con un hombre cojo de nacimiento que pedía limosna en la puerta del templo (conocida como «la Puerta Hermosa»). Aunque no era la primera vez que veían a este hombre, su encuentro con el Espíritu Santo hizo que todas sus experiencias en adelante fueran novedosas y únicas. Levantando las manos, les pidió limosna, pero esta vez, Pedro tenía una ayuda mejor para ofrecer al cojo: Jesús. Pedro dijo claramente que no llevaba ni plata ni oro, pero que le daría lo que tenía, e invocando el nombre de Jesús, ordenó al cojo que se levantara y caminara. Ese mismo día, el cojo recibió curación espiritual y física. Hay mucho que aprender de esta singular historia, que se aplica a la vida actual. A menudo, los deseos que anhela desesperadamente pueden convertirse en una espesa nube que lo ciega del poder omnímodo de Dios. El cojo solo tenía la vista puesta en el oro que podía recibir y casi pierde la posibilidad de recibir la liberación espiritual y física.

A partir de ese «Ahora» del primer versículo de *Hechos* 3, la difusión del *Evangelio* se desató, llevándose por delante todo lo que encontraba a su paso. La Biblia registra que más y más personas creyeron, y múltiples señales fueron dadas por Dios a través de las manos de los apóstoles en *Hechos* 5.

«Los apóstoles realizaban muchos signos y prodigios entre la gente. Y todos los creyentes solían reunirse en la columnata de Salomón. Nadie más se atrevía a unirse a los apóstoles, aunque gozaban de gran prestigio entre la gente. Sin embargo, a medida que pasaba el tiempo, más y más hombres y mujeres creían en el Señor y se añadían a su número. Como consecuencia, la gente sacaba a los enfermos a la calle y los tendía sobre lechos y esteras para que al menos la sombra de Pedro cayera sobre alguno de ellos al pasar. También de las ciudades vecinas a Jerusalén acudían multitudes con sus enfermos y atormentados por espíritus impuros, y todos quedaban curados». Hechos 5:12-16 (Nueva Versión Internacional).

La persecución de la Iglesia primitiva y sus desafíos

Con el surgimiento y la difusión del *Evangelio* llegaron profundos desafíos. En *Hechos* 8, se presenta la gran persecución contra los creyentes de Jerusalén. Estaban a punto de tener pruebas y tribulaciones, tal y como Jesús les había informado de antemano. Desde los tiempos de Jesús, las autoridades religiosas de antaño, los fariseos y los saduceos, habían planteado una fuerte oposición a la difusión del *Evangelio*. Viendo a Jesús y a sus seguidores como una amenaza a su autoridad y liderazgo, lucharon fuertemente contra el avance del *Evangelio*.

Antes de que llegaran los asesinatos, la oposición comenzó con amenazas, que llevaron a varios encarcelamientos. Antes de que Pedro y Juan fueran encarcelados, las autoridades les habían advertido que no predicaran el *Evangelio* ni hablaran o enseñaran en el nombre de Jesús, lo que les animó a difundir a Cristo con más valentía. Con el Espíritu Santo dentro de ellos, no se acobardaron, y Dios realizó algo maravilloso para ellos en la prisión. Un ángel vino esa noche, los liberó y los animó a ir al templo y predicar el *Evangelio* con valentía, lo que asombró a la secta de los saduceos. La persecución se intensificó rápidamente con el arresto de Esteban, uno de los siete elegidos para el ministerio. Fue acusado de blasfemia y apedreado hasta la muerte, convirtiéndose en el primer mártir de la Iglesia primitiva. Esteban, que fue apedreado por las cosas que había dicho y se convirtió en el precursor de futuras persecuciones. Aunque el arresto de Pedro y Juan después de la curación del cojo es el primer registro de la oposición a la que se enfrentó la Iglesia, esta situación no se agrava hasta los capítulos 7 y 8. La persecución a la que se enfrentaron y la forma en que lo hicieron se describe en el capítulo 7.

La forma de reaccionar a la persecución subraya aún más la importancia de que los apóstoles esperaran la efusión del Espíritu Santo. En lugar de ser un obstáculo, la persecución se convirtió en un catalizador que impulsó la difusión del *Evangelio* por toda Judea y partes de Roma.

La persecución y el asesinato de Esteban fueron dirigidos por un hombre llamado Saulo de Tarso, a quien más tarde se conoce como el apóstol Pablo. Su transformación de ávido perseguidor a seguidor activo de Cristo es digna de mención. Siguiendo su liderazgo en la persecución de Esteban, Saulo comenzó una campaña contra cualquiera que fuera seguidor de Jesús, dejando a los creyentes arrastrándose a su paso mientras entraba en sus casas y los llevaba a la cárcel. Se estaba convirtiendo rápidamente en una piedra en el zapato de la Iglesia, pero no tenía ni idea de lo grandes que eran los planes que Dios tenía para él. De camino a Damasco, tras recibir información de que había creyentes reunidos allí, tuvo un encuentro que cambió su vida para siempre.

Mientras iba de camino con otros dos compañeros, una luz brillante los iluminó y se encontraron con Jesús, lo que marcó el punto de inflexión para que este personaje se convirtiera en uno de los apóstoles más venerados de la Iglesia primitiva y hasta la fecha. Hay mucho que aprender de la experiencia de Pablo; el cambio drástico no debió de ser fácil para él. Al principio de su trabajo con Dios, debió de sentirse solo, porque la mayoría de los creyentes aún no confiaban en él. Sin embargo, al cambiar completamente, aprovechó la oportunidad de tener una relación con su antiguo grupo. Aparte de eso, superar la culpa de las atrocidades que cometió en su época de ignorancia no fue fácil.

Incluso con la conversión de Pablo, los desafíos continuaron, pero por cada desafío, la difusión del *Evangelio* se disparaba más alto. La oposición provenía tanto de las comunidades judías como de las gentiles, lo que suscitó problemas internos entre los creyentes judíos y los conversos gentiles. Los creyentes judíos consideraban errónea la prédica del

Evangelio a los gentiles. No querían asociarse con ellos, y algunos de los apóstoles, como Pedro, también sostenían esta creencia. Se necesitó una visión de Dios para cambiar su punto de vista al respecto. Pedro creía que antes de que la redención se extendiera en la comunidad gentil, primero tenían que convertirse y hacerse judíos. Dios le reveló en una visión que ninguna de las cosas creadas por Él puede ser considerada impura. En la visión, Dios ordenó a Pedro que matara y comiera diversas bestias, y Pedro no quiso hacerlo porque las consideraba inmundas. Tuvo la misma visión tres veces antes de comprender lo que significaba: que Dios aceptaba a todo hombre que temiera a Dios y obrara en justicia, y que tal hombre debía ser aceptado también por sus seguidores. Fue después de esto que Pablo fue a buscar a Pedro y este pudo aceptarlo, en *Hechos* 10.

La lección de este episodio es no juzgar, sino amar y recibir todo y a todos con el amor de Dios. Esta nueva comprensión ayudó a acortar las distancias y contribuyó a la propagación del *Evangelio* por todo el mundo.

Es fácil perderse en alabanzas a Pablo y no verlo como un simple ser humano, ayudado por Dios. Tuvo muchas luchas, pero pudo superarlas todas gracias al poder de Dios que actuaba en él. Cuando se enfrente a retos en la vida, debe saber que su situación no es única y, lo más importante, que el poder de Dios está disponible para ayudarle a superarlos y salir fortalecido. Recuerde que, al igual que el apóstol Pablo, no está solo.

El bautizo de San Pablo[21]

Momento de reflexión

1. El día de Pentecostés es un momento crucial en los *Hechos,* marcado por la efusión del Espíritu Santo. ¿Qué piensa del papel del Espíritu Santo en su vida actual?

2. El libro de los *Hechos* describe a la primitiva comunidad cristiana compartiendo todo en común. Reflexione sobre el concepto de vida comunitaria y la generosidad. ¿Cómo puede aplicarse este principio a su alrededor?

3. La conversión de Saulo (más tarde Pablo) es un punto de inflexión importante en los *Hechos.* ¿Ha experimentado alguna vez un momento de transformación de sus creencias o valores? ¿Cómo influyó en su perspectiva y sus acciones?

4. Los viajes misioneros de Pablo y otros apóstoles ponen de relieve la expansión del cristianismo a diversas culturas. ¿Cómo se siente compartiendo su fe con los demás?

5. Los *Hechos* relatan varios casos de curaciones milagrosas. Si pudiera realizar un milagro de curación, ¿qué dolencia o afección elegiría tratar, y por qué?

6. Reflexione sobre el concepto de resiliencia ante la persecución, como se ve en la vida de los primeros cristianos en los *Hechos.* ¿Cómo pueden esas experiencias inspirar su perseverancia en circunstancias difíciles?

7. La visión de Pedro responde a sus preguntas sobre la inclusión de los gentiles en la fe cristiana. Reflexione sobre momentos de su vida en los que haya tenido que sortear y conciliar diferencias de creencias o prácticas con otras personas.

La historia de la Iglesia primitiva muestra una unión de intervención divina y determinación humana, que dio lugar a resultados increíbles. Mírese a usted mismo a través de la lente de la Iglesia primitiva y de cada uno de los apóstoles de los que se habla en el libro de los *Hechos.* No hay límites si elige caminar y trabajar mano a mano con el Espíritu Santo; los resultados van más allá de lo que puede imaginar. El significado del libro de los *Hechos* enfatiza la paz, el gozo y la confianza que trae *Mateo* 19:26 cuando dice: «...¡Con Dios, todo es posible!».

Capítulo 6: Las cartas de Pablo: fundamentos de la doctrina cristiana

Algunos se referían a Pablo como el apóstol del progreso; su vida fue verdaderamente progresista en el sentido en que se ve hoy en día. Como muchos, no acertó en el primer intento, pero al final lo hizo. Pablo progresó en formas que asombraron y todavía asombran a muchos. Muy pocos de los doce apóstoles de Jesús pudieron igualar el impacto que tuvo Pablo. No se trata de restar importancia a sus funciones y esfuerzos en el establecimiento y el avance de la Iglesia primitiva; realizaron una labor muy importante. Sin embargo, Pablo regaló a los cristianos sus epístolas, sobre las que se asientan los cimientos de la Iglesia primitiva y moderna. Estos cimientos siguen firmes hoy en día gracias a los sacrificios de un hombre que hizo todo lo posible para asegurar la difusión del cristianismo más allá de las fronteras de Judea.

San Pablo[22]

¿Quién es Pablo y qué hace tan profunda la vida de este mensajero de la gracia? Este capítulo está dedicado exclusivamente a sus antecedentes, ocupación, servicio, conversión, pruebas, viajes misioneros, enseñanzas, cartas y ministerio en general.

Los primeros años del apóstol Pablo

Con el tiempo, Pablo fue conocido como muchas cosas: Apóstol, pionero espiritual, pensador crítico, San Pablo, maestro de los gentiles, etc. Sin embargo, antes de que existieran estos nombres, era simplemente *Saulo de Tarso*, fabricante de tiendas de campaña, fariseo por educación y celoso perseguidor de los primeros cristianos.

Saulo nació en Tarso, una vibrante ciudad al este de Cilicia. Al igual que con otras figuras prominentes de la antigüedad, existen discrepancias sobre el lugar exacto de su nacimiento. Otros creen que nació en una ciudad de Galilea llamada Giscala y que se trasladó a Tarso con sus padres en los primeros años de su vida. No ha sido posible determinar la fecha exacta de su nacimiento, pero se han hecho intentos basados en la información recopilada. Dado que en el libro de los *Hechos* se le menciona como un joven durante la persecución de Esteban y que estuvo activo en sus viajes misioneros durante los años 40 y 50, se dedujo que debió de nacer alrededor de la época de Jesús, es decir, en el año 4 a. C., o un poco más tarde. Se calcula que murió entre los años 62 y 64 d. C.

Crecer en Tarso tuvo mucha importancia en los últimos años de Pablo, ya que era una ciudad prominente y una provincia gobernada por los romanos, lo que dio lugar a una rica diversidad cultural. Los antecedentes de Pablo como ciudadano romano y fabricante de tiendas moldearon su capacidad para adaptarse a múltiples culturas y le proporcionaron una sólida formación educativa. Esto le ayudó a tender puentes entre judíos y gentiles por el bien del *Evangelio* durante el cumplimiento de su ministerio. Su educación judía transcurrió bajo la tutela de Gamaliel, un fariseo y rabino judío muy estimado en su época. También adquirió destreza en otras áreas esenciales, como ser bilingüe y aprender el oficio de la fabricación de tiendas, que le proporcionaron habilidades prácticas y esenciales en aquella época, así como apoyo financiero durante sus numerosos viajes misioneros.

La conversión de Pablo: De adversario a aliado

La conversión de Pablo de fariseo a gran antagonista de las enseñanzas del fariseísmo, de joven de una ciudad fuertemente pagana a gran crítico de todas sus prácticas, y de hebreo de nacimiento a fuerte contendiente contra el exclusivismo judaico, fue un milagro.

Pablo creció y se volvió muy riguroso, rigor que utilizó en su persecución de la Iglesia primitiva. Esto se debió a su educación por parte de un maestro judío de renombre, que estaba en perfecta consonancia con las leyes de sus padres. Debido a su rigurosa adhesión a las leyes mosaicas, los judíos son conocidos como una de las sectas más estrictas. Conocido todavía como Saulo de Tarso en los primeros capítulos de los *Hechos*, la devoción de Pablo al fariseísmo se apreció en su celo por la persecución de la Iglesia primitiva. Se oponía fervientemente a lo que consideraba una desviación del judaísmo. En los capítulos octavo y noveno se revela hasta dónde estaba dispuesto a llegar para defender sus creencias. En *Hechos* 8:1-3 y *Hechos* 9:1-2, el papel de Pablo fue significativo en el castigo impuesto a todos los que decidieron seguir a Jesús, consintiendo la lapidación de Esteban, el primer mártir cristiano. Más tarde, en *Timoteo* 1:13, se describe a sí mismo en esta época de su vida como perseguidor, blasfemo e insolente. Sin embargo, todas estas versiones de él estaban a punto de cambiar.

En *Timoteo* 1:13, se describe a sí mismo como perseguidor, blasfemo e insolente[28]

Su victoria en la conquista y persecución de la Iglesia alimentó sus ambiciones. Subió la apuesta y comenzó a perseguir a los cristianos de otros pueblos y ciudades. Esto lo empujó a viajar a Damasco desde Jerusalén con la esperanza de encontrar allí seguidores de Cristo. Fue precisamente en este viaje cuando tuvo lugar su conversión; se dice que fue «arrestado por Dios». Mientras Saulo viajaba con sus compañeros, habiendo recibido una carta del Sumo Sacerdote que le permitía perseguir a los cristianos de la sinagoga de Damasco, experimentó el momento más transformador de su vida. Durante el encuentro, una luz brillante descendió del cielo sobre él y oyó una voz, como se ve en *Hechos* 9:4-6

Cayó en tierra y oyó una voz que le decía: «Saulo, Saulo, ¿por qué me persigues? Y él respondió: "¿Quién eres, Señor?" Y el Señor dijo: "Yo soy Jesús, a quien tú persigues; duro te es dar coces contra el aguijón". Y él, temblando y asombrado, dijo: "Señor, ¿qué quieres que haga?". Y el Señor le dijo: "Levántate y entra en la ciudad, y se te dirá lo que debes hacer"».

La intensidad de este encuentro lo cegó y tuvo que ser sostenido durante el resto del viaje hasta Damasco. Mientras estuvo allí, permaneció ciego durante tres días y no comió ni bebió. En ese momento, Dios estaba dando instrucciones a uno de sus siervos, Ananías, para que fuera a verlo y le ayudara a recuperar la vista. Ananías, conociendo la reputación de Pablo, dudaba. Sin embargo, fue en plena obediencia a las instrucciones de Dios. Al entrar en casa de Pablo, lo curó, lo bautizó y lo llenó del Espíritu Santo, lo que marcó su nacimiento en la fe cristiana. Tras su conversión, Pablo no tardó; inmediatamente se le vio predicando sobre Jesús en la sinagoga. A muchos les costaba creer que el principal responsable de la persecución de la Iglesia, que había ido a Damasco precisamente para eso, abogara ahora por la causa contra la que había luchado.

Aunque muchos quedaron asombrados, a otros, como a los dirigentes judíos, no les hizo ninguna gracia y trataron de matarlo. Consciente de la amenaza que pesaba sobre su vida, escapó en una cesta a través de una abertura en la muralla de la ciudad, con la ayuda de los discípulos presentes. A partir de entonces, entró en un nuevo capítulo de su vida, completamente dedicado a la prédica del *Evangelio* y bajo el nombre de Pablo. Esta nueva etapa de la vida de Pablo contrasta con la del Saulo antes de su conversión, lo que muestra el profundo impacto de su encuentro con Cristo resucitado en el camino de Damasco. Esta transición de perseguidor a apóstol pone de relieve el poder transformador de la gracia y la redención de Dios en el camino de Pablo.

Las epístolas de Pablo

En las numerosas epístolas escritas por el apóstol Pablo se percibe su destreza literaria. Sin embargo, esta destreza se atribuyó menos a su pericia en la escritura y más a la obra divina del Espíritu Santo actuando a través de él. Las epístolas de Pablo, al ser fundacionales del *Nuevo Testamento*, dieron forma a la teología cristiana.

He aquí un resumen detallado de estas cartas y su propósito;

Romanos: Desvelar los fundamentos de la fe

El libro de *Romanos* fue escrito originalmente para la Iglesia cristiana de Roma y, por extensión, también para los cristianos de hoy en día. Su poderoso mensaje y su estilo claro, comprensible, conciso y sistémico de presentación de la doctrina cristiana lo convirtieron rápidamente en uno de los favoritos de los cristianos jóvenes o nuevos. *Romanos* siempre figura en la lista de primeras lecturas del estudio bíblico de un nuevo cristiano

El apóstol Pablo escribió la *Epístola a los romanos* para abordar varias preocupaciones teológicas y pastorales clave dentro de la comunidad cristiana de Roma. Abordó temas que van desde la redención de los creyentes por medio de la fe y la justicia de Dios, hasta la necesidad de salvación del mundo. La riqueza teológica que posee *Romanos* la convierte en piedra angular de la doctrina cristiana. En la época en que el apóstol Pablo escribió esta epístola a la Iglesia romana, la comunidad cristiana de Roma estaba formada tanto por judíos como por gentiles. No es noticia que hubiera discriminación hacia los gentiles por parte de los cristianos judíos. En su carta, subraya la importancia de la unidad y la comprensión mutua entre ellos, al tiempo que destaca su salvación compartida mediante la fe en Cristo Jesús en *Romanos* 15:5-7. Es muy fácil que surjan conflictos en las relaciones cuando no se está atento, incluso por las razones más insignificantes. Puede pasarle con su cónyuge, un hermano, un amigo, un hijo, un compañero de trabajo, etc., pero Pablo le anima a recordar siempre que debe recibir a todas las personas de la misma manera que Cristo lo recibió a usted.

1ª y *2ª Corintios*: Sabiduría y orientación para la Iglesia

Así como *Romanos* aboga por la unidad, el libro de *Corintios* se dirige a la Iglesia de Corinto, una gran ciudad de Grecia. Es uno de los libros clave del *Nuevo Testamento* y se centra en la unión dentro del cuerpo de Dios. Corinto, al ser un centro de la cultura griega, era una ciudad comercial repleta de gente de todo el mundo, y esto se reflejaba en la población total de la Iglesia. La naturaleza diversa de la Iglesia significaba que los desacuerdos eran casi inevitables. El amor y la armonía eran los temas más discutidos, después de la inmoralidad, entre los cristianos de Corinto.

El tema de la moralidad era también uno de los principales para la Iglesia de Corinto, y lucharon mucho con él. Criados en el corazón de Grecia, con costumbres paganas en las que los ritos sexuales eran habituales en fiestas y ceremonias, y palabras como castidad y monogamia eran novedosas, a estos nuevos cristianos les resultaba difícil defender la moralidad. Por eso, el apóstol Pablo vio la necesidad de poner más empeño en abordarla. Además de abordar estos dos temas, Pablo también habla de otras cosas, como el mal uso de los dones espirituales. En la primera parte de *Corintios* da orientaciones sobre temas como el matrimonio y la cena del Señor. La segunda parte de este libro se ocupa de la defensa que Pablo hace de su apostolado, discutiendo cómo debe ser la verdadera naturaleza de un ministerio cristiano y animando a sus seguidores a vivir a la luz de la nueva alianza. En general, el tema central de ambos libros es el equilibrio entre la gracia y la disciplina en una comunidad cristiana diversa.

Gálatas: La libertad en la gracia de Cristo

El apóstol Pablo conduce a la Iglesia de Gálatas a través de una serie de enseñanzas y exhortaciones en la carta que les dirige. Dirigida a ellos en Galacia, su carta se centraba en el tema de la gracia, oponiéndose vehementemente a cualquier forma de enseñanza legalista que se abriera paso en la Iglesia. En esta carta, mostraba la completa suficiencia de la fe en Cristo para obtener la salvación, despejando cualquier duda y aclarando que no necesitaban la ley, es decir, los principios judíos, para garantizar su redención en Cristo.

Los temas clave de *Gálatas* son la redención por medio de la fe, la libertad en Cristo y la crucifixión con Cristo. En *Gálatas* 6:14, Pablo informa a la Iglesia de Galacia: «Pero lejos esté de mí gloriarme, sino en la cruz de nuestro Señor Jesucristo, por quien el mundo es crucificado ante mí, y yo ante el mundo». Aquí les habla de identificarse con la muerte y resurrección de Cristo y de cómo esta unión con Cristo transforma la vida cristiana. Otra escritura profunda sobre el tema de la redención por medio de la fe es *Gálatas* 2:16:

«Pero sabemos que el hombre no se redime por las obras de la ley, sino por la fe en Jesucristo, así también nosotros hemos creído en Cristo Jesús, para ser redimidos por medio de la fe en Cristo y no por las obras de la ley, porque por las obras de la ley nadie será redimido».

Esta escritura enseña que la redención solo puede venir a través de una fuente, que es la fe en Cristo; cualquier otro esfuerzo resulta inútil. Tratar de ganar la salvación en sus propios términos y por su esfuerzo muestra que está socavando la obra terminada de Cristo. Esto se dice sin menoscabar el lugar de la disciplina espiritual.

Efesios: La unidad del cuerpo en Cristo

Mientras realizaba su tercer viaje misionero, el apóstol Pablo estuvo en la ciudad de Éfeso durante más de dos años, donde predicó. Siendo una ciudad que albergaba el templo de la diosa griega Artemisa, muchos se opusieron a su ministerio por diferentes razones. Sin embargo, muchos también se convirtieron a la fe. Tras su marcha, fue encarcelado por primera vez, y se cree que fue allí donde escribió la *Epístola a los efesios* junto con otras cartas como *Filipenses, Colosenses* y *Filemón*. El libro de *Efesios* adoptó un enfoque más formal. No se sabe si se debe a su importancia o a su menor conocimiento de la Iglesia de Éfeso.

En esta carta, Pablo habla de temas que constituyen el núcleo de la fe y la práctica cristiana. Aborda temas como el misterio de la voluntad de Dios, la unidad en Cristo y la guerra espiritual. En los tres primeros capítulos de la carta, Pablo habla de cómo Dios, mediante el don de la gracia en la muerte y resurrección de Jesucristo, creó una comunidad especial y santa. En esta comunidad, Él escogió especialmente a individuos y los adoptó como sus hijos e hijas a través de los logros de Cristo. Independientemente de que fueran judíos o gentiles, todos los partícipes de esta gracia habían estado muertos espiritualmente debido a sus malas acciones, pero fueron traídos a la vida a través de las obras de Cristo.

No pretendía abordar un problema concreto de moral o teología, sino que se centraba en evitar problemas futuros haciendo que los seguidores de la Iglesia de Éfeso crecieran en su fe y se convirtieran en cristianos maduros. Después de desarrollar estas profundas verdades teológicas en la primera mitad del libro, Pablo expresó sin rodeos sus expectativas: esperaba que esta comunidad de cristianos encarnara su vocación celestial. Así, al dividir la carta en segmentos, aunque no intencionadamente, la primera parte muestra la verdad, que al aplicarse hace posible el estilo de vida del que habla la segunda parte. Versículos bíblicos como *Efesios* 1:9-10, *Efesios 4*, *Efesios 6*, etc., abordan estos temas directamente y permiten una mejor comprensión.

Filipenses: Gozo en la unidad y semejanza a Cristo

El libro de *Filipenses* es uno de los libros del *Nuevo Testamento* que se ha convertido en un gran éxito entre los cristianos de hoy en día debido a sus versículos interesantes y fáciles de leer. Todos los libros de la Biblia tienen algunos versículos populares, pero *Filipenses* tiene una gran cantidad de ellos. Un versículo como *Filipenses* 1:6, que dice: «*El que comenzó en ustedes la buena obra, la perfeccionará hasta el día de Cristo*», transmite una hermosa esperanza; sirve para tranquilizar a quien se siente abrumado o está a punto de rendirse.

Otro de esos grandes versículos que despiertan la fe es *Filipenses* 4:13, que dice: «**Todo lo puedo en Cristo, que me fortalece**». Este versículo proporciona la audacia y la confianza para atravesar los retos más difíciles. No es una confianza en las propias capacidades, sino en el excelente poder de Dios. Una tercera es: «*Para mí vivir es Cristo y morir es ganancia*», *Filipenses* 1:21. Esta declaración de Pablo muestra la insignificancia de este mundo sin Cristo y la recompensa de una vida mejor, que viene después de este mundo.

Estos versículos, escritos originalmente a la Iglesia de Filipos mientras Pablo estaba en prisión, son amados y apreciados por la Iglesia y fueron escritos para abordar temas clave, como la alegría en todas las circunstancias, la unidad y la humildad, enfatizando en la semejanza con Cristo y el valor superlativo de conocerlo. Irradia alegría en medio de circunstancias difíciles. Desde la cárcel, expresa su gratitud por la colaboración de la Iglesia en el *Evangelio* y comparte profundas ideas sobre la vida cristiana.

Colosenses: Abrazar la plenitud de la supremacía de Cristo

La *Epístola a los colosenses*, escrita por Pablo durante su encarcelamiento en Roma (hacia el 60-62 d. C.), desvela las profundas enseñanzas relativas a la supremacía de Cristo. Esta carta, dirigida a la Iglesia de Colosas, es una poderosa exposición sobre la suficiencia total de Cristo en materia de fe y salvación. Se cree que la iglesia de Colosas fue establecida durante su tercer viaje misionero por uno de sus conversos, Epafrás, un colosense que visitaba Éfeso. En respuesta a las buenas nuevas que había escuchado de Pablo, regresó a su ciudad para compartirlas con todos. Este escenario era como la historia de la mujer samaritana que entró en contacto con Jesús en *Juan* 4:5-30 y tuvo el mismo resultado.

Este escenario fue como la historia de la mujer samaritana que entró en contacto con Jesús en *Juan 4:5-30* y tuvo el mismo resultado[24]

La primera reacción después de escuchar la prédica del *Evangelio* siempre es compartirlo. Como cristiano, la prueba de que la palabra de Dios está implantada en un corazón es el deseo y celo por compartirla con los demás. Aunque Pablo nunca tuvo la oportunidad de visitar la Iglesia colosense, a través de su relación con Epafrás, se enteró de las luchas que enfrentaba la Iglesia y no perdió tiempo en abordarlas de frente. Escribió la *Epístola a los colosenses* tras comprobar que la supremacía del reinado de Cristo como cabeza de la Iglesia e hijo de Dios estaba siendo degradada por algunos falsos maestros.

La Iglesia de Colosas estaba siendo atacada por falsos maestros que denigraban la deidad de Jesús; enseñaban que, en realidad, no era Dios. Pablo abordó estas cuestiones haciendo hincapié en la preeminencia de Cristo en la creación, la redención y la reconciliación de todas las cosas, instando a los cristianos a reconocer y abrazar su supremacía integral, como se puede ver en *Colosenses* 1:15-20, «*Él es la imagen del Dios invisible, el primogénito de toda la creación.... Porque en él se complació en habitar toda la plenitud de Dios*».

También trató otros temas, como encontrar la plenitud total en Dios y vivir la vida totalmente en Él. Advierte que no se deben considerar otras ideas, como filosofías engañosas y tradiciones humanas, y que se deben abrazar virtudes como la compasión, la bondad, la humildad, la paciencia y la mansedumbre en Cristo.

1ª y *2ª Tesalonicenses:* Abrazar la esperanza, la vida santa y la expectativa del fin de los tiempos

Las cartas a los tesalonicenses, probablemente escritas por Pablo a principios de los años 50 d. C., se centraban en la anticipación del regreso de Cristo, la importancia de llevar una vida santa y la orientación sobre qué esperar de los últimos tiempos. Destinadas a los cristianos de Tesalónica, estas epístolas ofrecen ánimo, consejos prácticos y perspectivas sobre lo que cabe esperar en el futuro. Su mensaje central versa sobre la expectación y la esperanza que debe tener un cristiano respecto a la segunda venida de Cristo. Aborda las preocupaciones de la gente por la suerte de un cristiano difunto, enseñándoles en profundidad los acontecimientos que rodean la segunda venida de Cristo y la vida práctica de un cristiano santo, una vida tranquila, sobresalir en el amor y trabajar con diligencia.

Una escritura que rápidamente puede entrar en su lista de favoritos es *Tesalonicenses* 5:16-18. Allí, Pablo afirma: «Alégrense siempre, oren sin cesar, den gracias en toda circunstancia; porque esta es la voluntad de Dios para con ustedes en Cristo Jesús». Es un mandato tranquilizador y alentador, que brinda paz y sosiego a quien se aferra a él de todo corazón.

Otras epístolas: Navegar por la sabiduría paulina y el consejo pastoral

El resto de la colección de libros de las *Epístolas paulinas*, que comprende *Timoteo*, *Tito*, *Filemón* y *Hebreos*, añade la delicadeza adicional que necesitan los cristianos para comprender bien el modo de vida de la nueva era del cristianismo. Puede que algunas de estas cartas no hayan sido escritas directamente por Pablo, pero están en consonancia con sus enseñanzas. Abordan múltiples temas, desde asuntos sobre liderazgo y conducta cristiana hasta la relación con Dios y la supremacía de Cristo. Aunque algunos de estos temas se tratan en los libros anteriores, estas últimas epístolas vuelven a hacer hincapié en ellos. Por ejemplo, el libro de *Hebreos* dedica amplios capítulos a hablar de la supremacía de Cristo, aportando ideas cruciales sobre el tema de la nueva alianza y el significado de la fe.

Momento de reflexión

1. La enseñanza del apóstol Pablo sobre la redención por medio de la fe, ¿cambió su visión sobre la salvación?

2. ¿Cómo puede contribuir a fomentar la unidad en su comunidad cristiana local?

3. Reflexione sobre la metáfora paulina del cuerpo. ¿Cómo configura su visión de la diversidad dentro de la Iglesia?

4. ¿Qué dones espirituales cree que Dios le dio y cómo puede utilizarlos para servir a los demás?

5. ¿Cómo inspira sus relaciones con los demás la descripción del amor que hace Pablo en *Corintios* 13?

6. Reflexione sobre un momento en el que haya experimentado el consuelo de Dios. ¿Qué impacto tuvo en su fe?

7. ¿En qué áreas de su vida necesita buscar la reconciliación, siguiendo las enseñanzas de Pablo?

8. ¿Cómo influye el reconocimiento de la supremacía de Cristo en su perspectiva de los desafíos de la vida?

9. Al reflexionar sobre su identidad en Cristo, ¿cómo determina su autoestima y su propósito?

10. ¿Cómo puede mantener un espíritu alegre en la adversidad, como recomienda Pablo?

11. Reflexione sobre el papel de la gratitud en su vida y su relación con la alegría.

¿De qué manera puede cultivar la humildad en sus interacciones con los demás? ¿De qué manera el modelo de liderazgo de servicio de Pablo desafía sus percepciones comunes sobre el liderazgo?

La vida del apóstol Pablo es un testimonio del poder transformador de la gracia de Dios. Su viaje de perseguidor celoso a devoto seguidor de Cristo refleja el profundo impacto del encuentro con Jesucristo. Las epístolas de Pablo, llenas de profundidad teológica y sabiduría práctica, siguen guiando e inspirando a los cristianos de hoy. Al navegar por las páginas de sus cartas, encontrará una hoja de ruta para vivir la fe cristiana con autenticidad, amor y una esperanza firme en las promesas de Cristo.

El legado perdurable de Pablo se extiende más allá de las iglesias del siglo I y resuena entre los creyentes de todas las épocas, invitándolos a abrazar la gracia que transforma sus vidas y a caminar a la luz del amor redentor de Cristo.

Capítulo 7: *Apocalipsis*

Muchos sienten curiosidad por el futuro y harían cualquier cosa por vislumbrarlo. Este deseo no es exactamente erróneo, pues forma parte de la constitución general del ser humano. Dios no quiere que nadie sea ignorante acerca de las cosas que Él quiere que haga, y si alguien no se encuentra en el plan de Dios, es porque no está alineado completamente con Él. Esto puede ser verificado a través de toda la Biblia, donde se ve a Dios revelar su voluntad y planes a sus siervos, que están en total servicio a Él. Algunas de estas cosas todavía no han sucedido, pero Él las hizo públicas para cualquiera que se preocupe o esté interesado

Dios revela sus planes en el libro del Apocalipsis[25]

en saber lo que sucederá en el futuro. En libros como *Daniel, Ezequiel, Isaías, Joel, Zacarías*, y el mayor dedicado a esta causa, *Apocalipsis*, hay profecías sobre lo que vendrá en el fin del mundo y el destino de los seguidores de Cristo.

Dios reveló sus planes a sus siervos fieles para que los compartieran con sus hijos. Aunque la relevancia o importancia de este libro no se limita solo a eso, tampoco trata principalmente del futuro. Hay mucho más que puede ser aprovechado del libro de *Apocalipsis*, y una buena comprensión de él le ayudará a crecer y mejorar su conocimiento de Dios y su voluntad para usted.

Introducción al *Apocalipsis*

El libro de *Apocalipsis* se deriva de la palabra griega «*apokalypsis*», que significa «develación» o «revelación». A diferencia del *Antiguo Testamento*, que tiene varios ejemplos, el libro de *Apocalipsis* es el único libro apocalíptico en el *Nuevo Testamento*. Este libro es uno de los más desafiantes para los cristianos debido a las vívidas imágenes y al simbolismo que contiene. Muchos prefieren leer cualquier otro libro de la Biblia antes que el *Apocalipsis*. Tener una comprensión de este libro a través de una visión general ayuda a ver el peso del mensaje que contiene y a captar cada lección que se desprende de la lectura del libro. Un reto mayor que comprender estas enseñanzas es aplicarlas. Tiene que estar dispuesto a hacer ajustes en las áreas señaladas por el texto. Sin embargo, vale la pena señalar que este gran desafío viene con grandes bendiciones.

En el pasado, el libro de *Apocalipsis* fue generalmente atribuido al gran apóstol Juan, quien también escribió el *Evangelio de Juan* y el *1º, 2º* y *3º Libro de Juan*, lo que significa que no era nuevo en escribir experiencias y compartir su conocimiento sobre caminar con Dios. Se deduce que su papel como apóstol de la Iglesia primitiva, en la que tenía mucha influencia, fue la razón por la que no vio la necesidad de aclarar su autoría, ya que la gente a la que escribía lo conocía bien y su solo nombre era suficiente introducción. Esta fue la base por la que los primeros eruditos aceptaron al apóstol Juan, popularmente conocido como «Juan el Amado», como autor de este libro.

En los últimos tiempos, ha habido una gran variación de pensamientos e ideas sobre la autoría del *Apocalipsis*. Los eruditos y teólogos modernos afirman que el solo nombre que está en este libro no basta para certificar que Juan el Amado lo escribiera realmente, y que todo lo que se sabe del autor es que era un profeta cristiano. Afirman que pudo haber sido cualquier Juan que ministró en aquel entonces. También afirman que hay una diferencia en los estilos de escritura utilizados en el *Evangelio de Juan* y los otros libros (*1º, 2º* y *3º Libro de Juan*) y el del libro del *Apocalipsis*. Otros eruditos que creen que Juan el Amado escribió el *Apocalipsis* han rebatido este argumento, afirmando que los géneros de ambos libros son diferentes y que esto afecta el estilo de escritura utilizado. También afirman que cualquier persona en el estado en que se encontraba cuando se escribió el libro, en la isla egea de Patmos, situada frente a la costa occidental de Asia Menor, escribiría de forma diferente, ya que carecía de los elementos eruditos utilizados para escribir en aquella época, porque no era posible que hubiera tenido acceso a ellos en esa isla.

Los eruditos modernos aún se mantienen firmes en la creencia de que podría ser cualquier Juan, y sostienen que la evidencia proporcionada para el caso del apóstol Juan no es suficientemente sólida como para decir definitivamente que él es el autor. Con este entendimiento, se ha resuelto referirse siempre al autor del *Apocalipsis* simplemente como «Juan de Patmos» o «Juan el Viejo» para lograr un término común.

Contexto histórico

El *Apocalipsis* fue escrito en el año 96 d. C., una época en la que los romanos gobernaban gran parte de los principales continentes, como África, Europa y Asia, donde estaban situadas las iglesias a las que se dirigía Juan. Este factor tuvo una gran importancia en el discurso de Juan. En una época en que la mayoría de los asiáticos se mostraban apáticos hacia las doctrinas cristianas, algunos permanecieron firmes en la doctrina de los apóstoles. Esto no sentó bien al emperador romano de entonces, Nerón, que ordenó la ejecución de todos los cristianos. Es probable que este decreto fuera emulado por el emperador Domiciano, que también se inclinaba por la persecución de la

El emperador Nerón ordenó la ejecución de todos los cristianos[96]

Iglesia, ya que no lo adoraban como todos los demás. Este fue un momento crucial para los cristianos, ya que el culto al emperador iba en aumento. Este mismo factor fue la razón por la que Juan estaba en la isla de Patmos, a la que fue desterrado por predicar el *Evangelio* y declarar a Jesús como Señor.

El género apocalíptico del *Apocalipsis*

El libro de *Apocalipsis* adoptó un estilo de escritura único llamado género apocalíptico, que se encuentra comúnmente en los textos judíos y cristianos. Al igual que las profecías, la literatura apocalíptica comunica revelaciones a partir de visiones y sueños. A menudo es una combinación de elementos de realidad y fantasía. Otros libros, como *Daniel*, también tienen temas y recursos literarios similares. Descifrar el mensaje central era probablemente más fácil para los receptores de aquella época que para los lectores de hoy, que no están familiarizados con este estilo literario. Los individuos de esa época estaban acostumbrados a este estilo de escritura, porque era el predominante. El lector moderno, en cambio, debe adoptar una perspectiva de «ojos antiguos», lo que implica comprender las convenciones literarias de la época y los acontecimientos históricos que motivaron la utilización de un estilo tan distintivo. Es decir, la única manera de comprender en profundidad un libro apocalíptico es verlo a través de una lente que refleje la mentalidad de sus lectores originales.

Las cartas a las siete iglesias: Desvelar ideas divinas

En el libro del *Apocalipsis*, se dirigieron cartas a las siete iglesias, y cada carta combina un lenguaje simbólico con imágenes vívidas para proporcionar un significado atemporal con gran relevancia en el mundo actual. Este libro, aunque escrito por Juan, se realizó en plena obediencia a las instrucciones de Jesucristo, que le encargó escribir a las siete iglesias asiáticas, a saber, Éfeso, Esmirna, Pérgamo, Tiatira, Sardis, Filadelfia y Laodicea, para advertirlas y animarlas en diferentes luchas, tanto problemas internos, como la laxitud y la moralidad, como desafíos externos, como la persecución y las ejecuciones por parte del Imperio romano. Tras la introducción y las instrucciones, está el discurso de Juan a estas siete Iglesias, en los capítulos 2 y 3. Cada iglesia recibe un mensaje con su propia carta, que aborda luchas únicas y la manera de hacer ajustes.

Al comienzo de la primera visión, en *Apocalipsis* 1:20, Juan ve siete candelabros, como el que vio Zacarías en *Zacarías* 4:2. Los candelabros representan las siete iglesias a las que se dirige. Un candelabro es una buena representación de la Iglesia, que debe representar la luz en el mundo oscuro, y muestra su papel de ayudar a otros a recibir la luz. Las siete luces del candelabro representaban a los ángeles, que eran los líderes de la Iglesia en aquel entonces. El modelo de las cartas para las siete iglesias es el mismo, pero el contenido difiere. Siempre empiezan con elogios a la iglesia particular, seguidos de palabras de aliento, luego de reprensión, y terminan con consejos sobre cómo revertir sus errores. Finalmente, una promesa de esperanza sobre lo que podían ganar siendo fieles. Los mensajes a las iglesias no iban dirigidos solo a ellas, sino a todos los que luchaban y luchan por mantenerse firmes en su elección al servicio de Dios.

La Iglesia sin amor: Carta a la Iglesia de Éfeso

La Iglesia de Éfeso es una historia de retorno al primer amor. En la carta, Jesús les insta a recordar, arrepentirse y volver al camino correcto. Se trata de un proceso completo, el mismo que se espera de todo cristiano hoy en día. La carta a la Iglesia de Éfeso fue escrita en la época de la Iglesia primitiva, cuando los apóstoles aún vivían y la ciudad estaba en su apogeo. El hecho de ser una metrópoli vibrante la convertía en el centro del comercio y de la actividad espiritual griega, ya que era una ciudad dedicada a la diosa griega Artemisa.

Juan comienza la carta a los efesios alabando su celo incansable y su dedicación incesante al crecimiento y la difusión del *Evangelio*. Vale la pena señalar que Jesús, en la visión a Juan, no solo comenzaba con la reprensión, sino que elogiaba su buen trabajo. Esto demuestra que el servicio total a Dios no solo es encomiable, sino que vale la pena emularlo. Servir a Dios y verlo cambiar la vida de los demás a través de usted es profundamente satisfactorio. Su rechazo y aversión a las enseñanzas y acciones de algunos grupos de entonces (a los que no les importaba participar en actos inmorales mientras no perjudicaran a nadie) era otra virtud de la Iglesia de Éfeso (y también fue elogiada por ella). Este grupo, llamado los «nicolaítas» no creían necesario poner un alto a los deseos de la carne. Pensaban que estaba bien actuar a su antojo, dedicándose a los placeres de la carne, mientras afirmaban estar al servicio de Dios. Intentaron compartir esta opinión con el resto del cuerpo de la Iglesia, pero los efesios no cedieron. Así, quedaron atrapados en su deseo de servir a Dios, y perdieron de vista sus corazones, hasta que dejaron de estar impulsados por su amor a Jesús.

Esto plantea la pregunta, ¿cómo se puede mantener alguien al servicio de Jesús sin amarlo? Bueno, esto fue lo que vieron en la Iglesia en Éfeso. La Biblia no dice cuál era su motivación; pueden haber sido muchas, pero una posibilidad es la religiosidad, lo que significa servir a Jesús sin ninguna razón. Esto demuestra que es posible no amar a Dios y servir en su casa, pero es imposible amar a Dios y no servir en su casa. Esta es una reevaluación crucial que todos los cristianos deberían hacer regularmente. Pregúntese: «¿Está mi corazón bien con Dios? ¿Hago las cosas que hago por amor a Él, o por religión?». El problema de los efesios no eran sus acciones; Jesús se centraba más en su motivación. ¿Qué alimentaba las cosas que hacían?

La Iglesia de Éfeso se había enfriado de corazón, y su servicio a Dios se había vuelto ritualista. En este punto, Jesús los aconseja. Les dice que deben recordar cómo era cuando acababan de encontrarlo y cuán vibrantes, ardientes y vivos eran sus corazones para Él, y luego los insta a arrepentirse. Una cosa es darse cuenta de las faltas y los errores, pero otra muy distinta es estar dispuesto a cambiar y a trazar un nuevo rumbo, independientemente de lo lejos que se haya llegado. Aparte de la represión y el consejo, también les hace saber que siempre hay una repercusión por sus acciones y lo que sucedería si no se apresuraban a cambiar. Sin embargo, no los dejó temerosos ante las consecuencias de sus actos, sino que también les ofreció esperanza, a través de una promesa. Les aseguró que había un árbol de la vida del que comerían y que les esperaba un paraíso eterno; esto los mantendría animados mientras se esforzaban por cambiar.

Algo hermoso que vale la pena destacar del método de Dios es que, después de señalar pacientemente el problema, no deja solo a nadie para que descubra cómo solucionarlo. Él da pasos adicionales explicando las posibles consecuencias y cómo pueden afectar, y luego deja que sus fieles tomen decisiones informadas sin presiones, porque Él otorgó la capacidad del libre albedrío.

La Iglesia perseguida: Carta a la Iglesia de Esmirna

La Iglesia de Esmirna, también llamada la Iglesia sufriente, es un ejemplo perfecto de la belleza que surge de las cenizas. Se enfrentó a la más dura de las persecuciones y, en lugar de ser aplastada por ella, le sirvió de trampolín para catapultarse y mostrar la gloria de Dios. Esta carta a Esmirna brinda consuelo y seguridad a quienes pasaban por tiempos difíciles. Jesús comienza diciendo: «Yo sé». Les asegura que no están solos, que Él ve sus luchas y que, a su debido tiempo, los haría más fuertes y mejores. Para la Iglesia de Esmirna, a diferencia de las demás, no hubo represión; eso no era lo que necesitaban; más bien, las palabras que se les dirigieron fueron de aliento.

El líder que presidía la Iglesia era un hombre llamado Policarpo, quien fue quemado en la hoguera en el apogeo del culto romano por negarse a jurar lealtad al emperador Romano ofreciéndole incienso. Pero los conflictos no pararon ahí; emperadores como Marco Aurelio, Vespasiano y Domiciano, en su implacable persecución, hicieron que los metieran en cárceles horribles, los arrastraran a las arenas en harapos, los quemaran, los mataran y se los dieran de comer a las fieras del campo. Jesús, entonces, los consuela, animándolos a ser fieles, y les asegura que conoce su situación y que está con ellos. Aunque se enfrentaron a una intensa persecución, esta Iglesia no cedió a los caminos de los romanos. Pensaron que valía la pena soportar el dolor y las dificultades en nombre de Jesucristo, con la esperanza de obtener al final una recompensa valiosa. Una conclusión que invita a la reflexión, es que la Iglesia que sufrió las persecuciones más fuertes resultó ser la más pura. Aferrarse a la palabra de Dios frente a la adversidad es la mejor manera de salir adelante.

La Iglesia transigente: Carta a la Iglesia de Pérgamo

A diferencia de la Iglesia de Éfeso, la Iglesia de Pérgamo prestó oídos a los caminos de los nicolaítas, y comenzó a alejarse de la palabra de Dios y a ceder a los caminos del entorno. Fueron tras la riqueza y el lujo a expensas de su trabajo con Dios. No es que no amaran a Dios; es que creían que podían amar a Dios y al mismo tiempo a su mundo material, y que nadie tenía por qué sufrir. Sin embargo, Jesús fue muy directo en su mensaje de arrepentimiento hacia ellos. Les dio el mismo consejo que a Éfeso: arrepiéntanse, vuelvan al camino y cambien.

La Iglesia corrupta: Carta a la Iglesia de Tiatira

Al igual que en su mensaje a la Iglesia sin amor, Jesús comienza esta carta con elogios por los esfuerzos para mejorar, reconociendo sus obras, amor, fe, servicio y perseverancia. Después de esto, Jesús se sumerge de lleno en la represión; aunque no se mencionaba a los nicolaítas, se decía que la Iglesia de Tiatira participaba en prácticas desaprobadas por la fe cristiana. Más allá de ser un lugar de comercio, Tiatira era también un lugar de guerra, y esto dificultaba la subsistencia de la gente. La única forma conocida de supervivencia para ellos era formar parte del gremio comercial, que era de gran importancia para la sociedad cívica de la época. Los gremios eran conocidos por comer los alimentos ofrecidos a los ídolos y participar en otros actos idolátricos. Esto se convirtió en un problema para los cristianos. Jesús los anima a abandonar su idolatría y acercarse a Él. Les hace saber las consecuencias de no escucharlo y les habla de la promesa para aquellos que escuchan sus palabras; a aquellos que vencen, Él les dará autoridad sobre las naciones y muchas cosas más.

La Iglesia muerta: Carta a la Iglesia de Sardis

Esta carta fue escrita en un tiempo en que había una profunda disminución de cristianos en la Iglesia primitiva, pero quedaban aquellos que sostenían la luz del *Evangelio*. La Iglesia de Cerdeña era una iglesia con una falsa apariencia de rectitud; hacían promesas que no cumplían y su exhibición externa de fuerza mostraba una confianza descuidada y falta de vigilancia. El mensaje a la Iglesia de Sardis no era realmente de condena, sino más bien de desaprobación. En la carta se les llama hipócritas y se dice que hacían alarde de una ardiente pasión por las cosas de Dios, pero que en realidad estaban muertos por dentro. Jesús habla de que sus obras no son perfectas, lo que significa que se esforzaban por trabajar, pero solo para aparentar que todo estaba en orden. Jesús prefería que reconocieran su pérdida, que volvieran sobre sus pasos y comenzaran de nuevo, en lugar de seguir actuando como si siguieran en el camino correcto.

La Iglesia de Sardis estaba en una época en la que parecía vivir de su gloria pasada; estaban estancados, pero se rehusaban a reconocer y tratar el problema. Habían crecido contentos de descansar en sus laureles de vencedores pasados.

La Iglesia fiel: Carta a la Iglesia de Filadelfia

La ciudad de Filadelfia era una importante ciudad griega cuyo principal objetivo era difundir y promover la unidad de costumbres, espíritus y lealtad por el bien del Imperio. Tuvo mucho éxito durante la persecución del Imperio. Aunque había una fuerte práctica de las costumbres griegas en Filadelfia, la Iglesia permaneció fiel. Jesús los elogia grandemente diciendo que habían hecho mucho con poca fuerza y los felicita por no ceder en ningún momento a las maneras y sistemas de su sociedad. No hay reproches para esta Iglesia y sí muchas promesas reconfortantes. Les promete una puerta abierta, que ningún hombre es capaz de cerrar, y una muestra del poder de Dios sobre quienes se les oponían.

La carta a la Iglesia de Filadelfia desafía a los cristianos de hoy en día. Jesús menciona que, a pesar de la poca fuerza que tenían, perseveraron, lo que significa que nunca debe pensar que está sin ayuda o fuerza. Debe confiar siempre en la profundidad del amor de Dios para ayudarle en cada circunstancia.

La Iglesia tibia: Carta a la Iglesia de Laodicea

Esta Iglesia parecía la peor del grupo. No hay elogios para ellos por parte de Jesús. Más bien se mete de lleno en sus problemas y reprueba su actitud. Comienza con la misma frase que en las cartas para las otras iglesias, «Yo sé». Esto muestra que nada que se pueda esconder de la vista de Dios; Él ve hasta los pensamientos más profundos de cada corazón. Esta Iglesia estaba en un estado peor, porque era difícil situarlos en cualquier posición. Jesús lo ilustra diciendo que no son ni fríos ni calientes. Esta declaración significa que no aceptaban abiertamente a Jesús, ni lo rechazaban, sino que hacían que la casa de Dios pareciera un club social donde se reunían para divertirse.

Por esta razón, Jesús dice que los escupirá con su propia boca. Después de la reprimenda, Jesús los reconoce como los que Él ama, instándolos a arrepentirse. Esto muestra cuánto ama Dios a sus hijos, incluso en su inmundicia, porque su amor no para de brillar y los llama siempre a su luz.

Las cartas a las siete iglesias, aunque escritas en lugares reales en el siglo I, tienen un gran significado espiritual hoy en día. Abordan el estado de los corazones dentro de la Iglesia. Si se examina a usted mismo a fondo y con toda honestidad, encontrará áreas de su vida que se encuentran en situaciones similares a las de uno o más de los casos de las iglesias de Asia Menor. Por lo tanto, es aconsejable que estudie a fondo estas cartas, las reprensiones, las correcciones y los consejos que contienen para moldear mejor su vida.

Las otras visiones

En el libro del *Apocalipsis*, el pasaje de las cartas a las siete iglesias revela un vívido cuadro de acontecimientos y símbolos: siete sellos que se abren, siete trompetas que suenan y siete copas que derraman la ira de Dios. Este relato apocalíptico ha suscitado diversas interpretaciones, con cristianos y eruditos debatiéndose sobre el verdadero significado de estas visiones. Una opinión ampliamente aceptada sugiere que estos símbolos representan una lucha espiritual entre el bien y el mal. Los siete sellos, las trompetas y las copas se consideran metáforas de una batalla constante a lo largo de la historia, un enfrentamiento entre las fuerzas del bien y del mal. Esta perspectiva sostiene que estas visiones representan la lucha permanente entre el plan de Dios para la salvación y las fuerzas perturbadoras que tratan de frustrarlo. Las figuras clave, como el Anticristo y los dos testigos, suelen verse como representaciones simbólicas, más que como individuos literales.

Los siete sellos, las trompetas y las copas se consideran metáforas de una batalla permanente a lo largo de la historia, un enfrentamiento entre las fuerzas de la bondad y la maldad[97]

Por otro lado, algunos interpretan estas visiones más literalmente, proponiendo acontecimientos históricos y futuros específicos. Se cree que los sellos, las trompetas y las copas son predicciones concretas de guerras, desastres naturales y juicios divinos en un orden cronológico específico. Esta perspectiva considera las imágenes como una especie de mapa de carreteras para comprender el plan divino de Dios a medida que se desarrolla en el tiempo. La identidad del Anticristo y la interpretación de la batalla final entre el bien y el mal son un punto central de controversia. Algunos sostienen que se trata de representaciones simbólicas de conflictos sociales y espirituales.

En cambio, otros insisten en una lectura más directa, señalando a figuras históricas concretas o a individuos futuros que encarnarán estos papeles. Este desacuerdo suscita acalorados debates sobre el momento y la naturaleza de estos acontecimientos apocalípticos. El papel de los dos testigos es otro enigma, con interpretaciones que van desde representaciones simbólicas de los fieles mensajeros de Dios hasta afirmaciones de su presencia literal durante un futuro periodo de tribulación. Esta diversidad de perspectivas refleja la complejidad de las imágenes del *Apocalipsis* y el reto que supone dar sentido al lenguaje simbólico en relación con acontecimientos históricos o futuros.

También surgieron debates sobre la cronología de estos acontecimientos. Algunos creen en una interpretación futurista, que sugiere que la mayoría de las profecías del *Apocalipsis* se desarrollarán en un escenario específico del final de los tiempos. Otros adoptan una perspectiva historicista, relacionando las visiones con acontecimientos a lo largo de la historia. Por su parte, los preteristas sostienen que muchas de las profecías se cumplieron en los primeros siglos de la era cristiana. En el desarrollo de la narración del *Apocalipsis* confluyen diferentes ángulos de interpretación, creando una comprensión compleja e intrincada de estas visiones apocalípticas. El reto consiste en navegar por la tensión entre las lecturas simbólicas y literales, aceptando diversas perspectivas al tiempo que se intenta captar los mensajes subyacentes que trascienden el tiempo y los contextos culturales. A medida que los cristianos y los estudiosos sigan explorando el *Apocalipsis*, la riqueza y variedad de su imaginería garantizará la persistencia de los debates sobre su significado, ofreciendo un terreno fértil para la exploración y la reflexión teológica.

Momento de reflexión

1. Explore los datos históricos compartidos sobre las primeras comunidades cristianas. ¿De qué manera la comprensión del contexto podría mejorar su apreciación de los mensajes del *Apocalipsis*?

2. ¿Qué opina de los mensajes de esperanza y salvación que se entretejen a lo largo de la narración, y cómo resuenan estos temas con su camino espiritual?

3. ¿Cómo ha evolucionado su perspectiva del libro y qué preguntas o misterios persisten en su mente?

4. Piense en la relevancia de los mensajes del *Apocalipsis* en el mundo actual. ¿De qué manera sus temas de justicia, redención e intervención divina pueden referirse a los problemas y desafíos actuales?

5. Considere el papel de la fe y la perseverancia ante la adversidad, tal y como se describe en el *Apocalipsis* dentro de la carta a la Iglesia de Esmirna. ¿De qué manera saca fuerzas de estos temas en su propia vida?

6. Reflexione sobre la idea del *Apocalipsis* como advertencia y consuelo a la vez. ¿Cómo equilibra la urgencia de su mensaje con la seguridad de la victoria final de Dios?

Más allá de los desacuerdos que surgen al intentar comprender este libro, para el cristiano hay mucho conocimiento y perspicacia en estas páginas. En lugar de intentar seguir los debates, concéntrese más en la luz que hay en las páginas y que le ofrece la oportunidad de un mejor camino cristiano. La exploración del libro del *Apocalipsis* no es cosa de una sola vez; su mensaje perdura, lo que significa que es necesario volver a visitarlo a menudo. Debe emplear el estudio y la reflexión continua sobre las lecciones que contiene.

Capítulo 8: Profetas del *Antiguo Testamento*: voces de advertencia y esperanza

Los profetas de los libros del *Antiguo Testamento* son mensajeros elegidos por Dios para comunicarse directamente con Él. Su papel en las historias del pueblo elegido de Dios es profundo, pues ofrecen una ventana a un mundo de guía, advertencias y esperanza en diversas situaciones. También se pueden imaginar como héroes de la antigüedad, que defienden lo que es justo en un mundo lleno de desafíos. Si se lee atentamente la Biblia, no hay un acontecimiento clave de la época que no esté ligado a su influencia.

Los profetas de los libros del *Antiguo Testamento* son mensajeros elegidos por Dios para comunicarse directamente con Él[38]

Explore las historias de estos mensajeros, los mensajes cruciales que transmitieron al pueblo del antiguo Israel y el impacto que tuvieron, no solo en su época, sino la relevancia duradera de sus enseñanzas hasta hoy en día. Mientras se adentra en la intrincada naturaleza de estas experiencias, considere cómo sus palabras y mensajes pueden servirle como faro para comprender su propia vida.

El profeta y su función

Un profeta es alguien que interactúa con Dios en nombre de su pueblo. En el *Antiguo Testamento*, los profetas eran figuras que hablaban en nombre de Dios, advirtiendo a los israelitas de sus pecados y llamándolos al arrepentimiento. Sus mensajes no siempre eran los mismos ni se transmitían de la misma manera; algunos mensajes eran más dramáticos que otros. Algunos profetas, como Zacarías y Ezequiel, tenían visiones muy elaboradas. Algunos desempeñaron el papel de mediadores o jueces. En cambio, otros, como Malaquías y Torá, dedicaron su vida a trabajar para reparar la relación del pueblo con Dios, instándolo constantemente a recordar la lealtad que había contraído con el Dios de Israel y la *Torá*, que significa la ley. Solo se considera profetas a los que cumplían estas normas.

En algunos casos del *Antiguo Testamento*, ciertas personas hablaron o escribieron declaraciones proféticas. Sin embargo, no son considerados profetas del *Antiguo Testamento*. Un ejemplo de esto es Saúl, el primer rey de Israel, en *Samuel* 10:9-12, quien, bajo la influencia del Espíritu de Dios, profetizó, aunque lo que profetizó no quedó registrado en la Biblia. Aunque profetizó, el papel que desempeñó en la historia de Israel no es profético, ya que no fue llamado a ser profeta. Por esta razón, la *Biblia* no lo considera profeta.

Los profetas mayores

Los profetas mayores fueron figuras significativas que desempeñaron un papel fundamental durante una época tumultuosa de la historia de Israel. Proclamaron un mensaje coherente, advirtiendo al pueblo de Dios sobre las consecuencias de la desobediencia y ofreciendo una esperanza futura de restauración. Sus palabras fueron un recordatorio aleccionador para todas las generaciones de la importancia de permanecer fieles a la alianza de Dios. Al mismo tiempo, transmitían el amor inquebrantable de Dios y la promesa de una nueva vida al otro lado del juicio. El hecho de que aún hoy se estudien los mensajes de estos antiguos profetas demuestra su vigencia.

Isaías: El profeta mesiánico

Isaías, un profeta clave entre los israelitas, surgió como una voz erudita que expresaba temas cruciales en el plan divino de Dios. Fue un defensor de la rectitud, la verdad y la fe inquebrantable en Dios, como se puede ver en sus enseñanzas, que transcurrieron durante la época de la turbulenta monarquía de Israel. Su libro, que lleva su nombre, *Isaías*, es hoy el epítome de la escritura profética. La mención del profeta del «siervo sufriente» evidentemente se refiere al papel de Cristo como siervo y a las agonías que vendrían con su misión. Isaías no se limita a escribir sobre los acontecimientos, sino que denuncia la decadencia moral y el culto a los ídolos y llama al arrepentimiento y a prestar atención a la palabra de Dios. A pesar de estas advertencias, lanza destellos de esperanza, diciendo persuasivamente a la gente que el camino del bien es seguir a Dios. Las visiones proféticas de Isaías se elevaron por encima del contexto social, político y religioso de su tiempo para explorar temas universales, como la justicia, la misericordia y la naturaleza trascendente de la relación divino-humana.

Su papel como uno de los profetas del *Antiguo Testamento* siguió influyendo incluso en el *Nuevo Testamento*, en donde se cumplen sus profecías sobre Jesucristo. Los escritores sagrados y los apóstoles trazaron paralelismos con los pensamientos de Isaías, lo que reafirma su lugar fundamental en la comprensión del papel mesiánico de Jesucristo.

Jeremías: El profeta llorón

Jeremías, profeta mayor, es una voz fuerte en el *Antiguo Testamento* y configura profundamente la narración divina. La importancia de su obra va mucho más allá del alcance de su libro al principio y hace llegar un mensaje con advertencias, lamentos y esperanza. En la historia de Israel, el ministerio profético de Jeremías se desarrolló en medio de crisis políticas, invasiones y exilios. Mientras Jerusalén se enfrentaba al trágico exilio, Jeremías percibió su gravedad, reconociendo en la ciudad un profundo sufrimiento.

El libro de *Jeremías* tiene diversos temas, como el favor y el castigo del Señor, el arrepentimiento y la restauración del pueblo del cautiverio. Explica que el mundo no es un lugar para que los individuos hagan lo que quieran, la realidad del juicio y una esperanza de renacimiento. Las profecías de Jeremías eran más simbólicas, como cuando utiliza el barro de un alfarero para ilustrar cómo los seres humanos están bajo el control del Todopoderoso. Hacia el final, los escribas leales recibieron un mensaje crítico que introducía el concepto de un nuevo pacto y una esperanza prometedora en medio del caos del juicio. Junto con este pacto, Dios menciona un tiempo en el que su ley se grabará en los corazones, simbolizando un cambio definitivo de corazón.

Jeremías («el profeta llorón») demostró su compasión por su pueblo predicando el duro mensaje al tiempo que soportaba sufrimientos personales. Estaba dispuesto a soportar las pérdidas en aras del carácter sagrado de su vocación. La implicación de Jeremías sirve de recordatorio intemporal de la decadencia moral y espiritual. Las batallas que libró, las lágrimas que derramó y las esperanzas a las que se aferró recuerdan a todos las dificultades a las que se enfrentan en distintos momentos de la vida. Jeremías trasciende su época en las páginas del *Antiguo Testamento* y se convierte en un faro que simboliza la verdad eterna. Sus poemas están llenos de descubrimientos sobre la fe y revelan sus pensamientos sobre Dios, reflejo de la vida humana.

Ezequiel: El profeta visionario

Ezequiel, uno de los principales profetas del *Antiguo Testamento*, es un personaje muy llamativo y asertivo que nadie puede ignorar. En un libro extenso, Ezequiel, como mensajero de Dios en el *Antiguo Testamento*, predicó una mezcla de imágenes visuales, perspicacia espiritual y una llamada a la obediencia divina. En la época del exilio de los babilonios, Ezequiel tuvo la agotadora tarea de predicar a un público agotado y encarcelado. La representación de visiones proféticas en sus obras, a veces fantásticas y simbólicas, transmitía mensajes divinos que superaban la inmediatez del contexto. Las visiones proféticas eran a menudo mensajes de Dios que iban más allá del momento en que sucedían. Sin embargo, el papel de Ezequiel no se limitó a advertir de acontecimientos futuros; también sirvió como mentor, incitando al pueblo a arrepentirse y a renovar su fe en el Señor.

El libro de *Ezequiel* se manifiesta en profecías, visiones y actividades simbólicas. Trata de la renovación piadosa, la revitalización y el poder de Dios en los asuntos mundiales. El profeta Ezequiel, en el pasaje sobre el valle de los huesos secos, señala artísticamente que, incluso en situaciones aparentemente desesperadas, existe una posibilidad de renovación y resurrección espiritual. Ezequiel no solo ofrece una visión única e imaginativa del templo restaurado, sino que esta visión también representa el hecho de que la presencia divina de Dios vuelve a estar entre el pueblo. Esta visión era una luz en el camino que quedaba por recorrer, que manifestaba la confianza en que Dios mantenía firmemente su alianza a pesar de las tribulaciones del exilio.

> **EZEKIEL 48:28**
>
> 28 'The southern boundary of Gad will run south from Tamar to the waters of Meribah Kadesh, then along the Wadi of Egypt to the Mediterranean Sea.
> 29 'This is the land you are to allot as an inheritance to the tribes of Israel, and these will be their portions,' declares the Sovereign LORD.
>
> **The gates of the new city**
> 30 'These will be the exits of the city: beginning on the north side, which is 4,500 cubits long, 31 the gates of the city will be named after the tribes of Israel. The three gates on the north side will be the gate of Reuben, the gate of Judah and the gate of Levi.
> 32 'On the east side, which is 4,500 cubits long, will be three gates: the gate of Joseph, the gate of Benjamin and the gate of Dan.

El libro de *Ezequiel*[9]

Ezequiel, un vigilante cuya reverencia por su misión es inigualable, era inquebrantable en su compromiso. Siempre estaba decidido a transmitir sus mensajes, incluso cuando se enfrentaba a la oposición. Hoy, sus mensajes, al igual que los de los demás, siguen resonando, sirviendo de reproche intemporal para quienes se han vuelto complacientes en su vida espiritual y ofreciendo consuelo mediante la redención divina y la esperanza. Su libro es un reflejo de su experiencia y su carácter, y una guía que sigue siendo útil para encontrarse a sí mismo y la paz interior.

Daniel: El intérprete de los sueños

Daniel, figura destacada entre los profetas mayores, surgió como faro de fe y resistencia en el *Antiguo Testamento*. Su importancia va más allá de la extensión de su libro, pues muestra su inquebrantable compromiso con Dios en medio de circunstancias difíciles. Durante el exilio babilónico, la vida de Daniel en la corte real lo enfrentó a pruebas y tentaciones. Su firme devoción a Dios y su negativa a comprometer sus principios, como se ve en la historia de la guarida del león, ejemplifican su fe inquebrantable. El libro de *Daniel* es una mezcla de profecías, sueños y relatos históricos. La interpretación que Daniel hace del sueño del rey Nabucodonosor y de las visiones posteriores ofrece una visión profunda del plan divino de Dios. Los pasajes proféticos, incluida la visión de las cuatro bestias y las setenta semanas, vislumbran acontecimientos futuros con notable precisión.

El debate en torno a la clasificación de Daniel como profeta mayor añade complejidad a su legado. Mientras que en muchas tradiciones cristianas se le considera un profeta importante, la Biblia hebrea lo sitúa entre los escritores y no entre los profetas. Su vida es un ejemplo de resistencia ante la adversidad. Desde sus primeros días en Babilonia hasta sus encuentros con poderosos gobernantes, siempre confió en la guía de Dios. Su confianza inquebrantable se resume en la conocida historia del horno de fuego, en la que él y sus compañeros salen ilesos, testimonio de la protección divina.

En el contexto contemporáneo, la vida de Daniel anima a los cristianos a mantenerse firmes en su fe, incluso en situaciones difíciles. Sus experiencias siguen siendo lecciones intemporales sobre la integridad, la oración y la confianza en la providencia de Dios.

Los profetas menores

Los profetas menores, una colección de doce concisos y poderosos libros del *Antiguo Testamento*, constituyen un segmento diverso y a menudo ignorado de la profecía bíblica. A diferencia de los profetas mayores, cuyos extensos escritos dominan el panorama profético, los profetas menores ofrecen profundas perspectivas en narraciones compactas. Estas voces proféticas, *Oseas, Joel, Amós, Abdías, Jonás, Miqueas, Nahum, Habacuc, Sofonías, Ageo, Zacarías* y *Malaquías*, contribuyen colectivamente a ricos mensajes que abordan temas como la justicia, el arrepentimiento y la redención venidera.

Los profetas menores, que abarcan distintos periodos históricos y se dirigen a públicos diferentes, transmiten mensajes divinos con una elocuencia concisa, pero muy impactante. Sus escritos ahondan en la intrincada dinámica de la relación de alianza de Dios con su pueblo, revelando las consecuencias de la desobediencia y la perdurable esperanza de la restauración. A pesar de su brevedad, los profetas menores desempeñaron un papel importante en la tradición profética amplia, complementando las narraciones de sus homólogos mayores. Cada profeta aportó una perspectiva única, captando la singularidad de su respectivo contexto histórico y al mismo tiempo transmitiendo verdades intemporales que resuenan con las luchas y aspiraciones perdurables de la humanidad.

Al explorar la sabiduría colectiva que encierran estos breves pero potentes libros, se desvela un hermoso cuadro de profecías que hablan de la intrincada interacción entre la soberanía de Dios y la responsabilidad humana. Estos profetas, aunque considerados menores debido a la extensión de sus libros, contribuyeron de manera importante a las profecías que resonaron en el *Antiguo Testamento* y también lo hacen en el mundo actual.

Oseas

Oseas, un profeta menor del *Antiguo Testamento*, llevó una vida que ilustraba el amor de Dios y la fragilidad humana. Dios le pidió que se casara con Gomer, una mujer infiel, es decir, una ramera. Las luchas de Oseas reflejaban la infidelidad espiritual de Israel a Dios. A pesar de la infidelidad de Gomer, el compromiso inquebrantable de Oseas se convirtió en una metáfora viviente del amor perdurable de Dios hacia una nación conocida por su perpetua infidelidad. El ministerio profético de Oseas se extendió más allá de su metáfora marital. Sus mensajes, a menudo acompañados de visiones, hacían hincapié en las consecuencias del adulterio espiritual de Israel y llamaban al arrepentimiento. La vida del profeta ejemplificó el anhelo redentor de Dios, que culminó en el acto simbólico de readquirir a Gomer tras su caída en la esclavitud.

A pesar de su angustia personal, la obediencia de Oseas transmitió un mensaje intemporal sobre la incesante búsqueda de Dios por su pueblo. Su vida es un testimonio constante del poder transformador del amor de Dios, que insta a todos a prestar atención a la llamada al arrepentimiento y a abrazar la gracia perdurable de la fidelidad de Dios.

Joel

Joel, profeta menor, fue una voz importante en el *Antiguo Testamento*. Transmitió un mensaje conciso, pero poderoso, centrado en el arrepentimiento, el juicio de Dios y la redención. Aunque se sabe muy poco de su vida personal, el carácter intemporal de su mensaje trasciende las páginas de su libro. El enfoque de Joel sobre el día del Señor y el juicio futuro se ilustra con una plaga de langostas, y al instar al arrepentimiento en medio de la calamidad, enfatiza la importancia de seguir a Dios. Previó una restauración de las bendiciones de Dios tras un arrepentimiento genuino, revelando a Dios como una deidad misericordiosa y clemente. A pesar de la brevedad de su libro, Joel emerge como una voz significativa, instando a su audiencia a reconocer las profundas consecuencias de sus acciones y a abrazar la promesa de la redención divina a través del arrepentimiento sincero.

Amós

Amós, un pastor convertido en profeta, surge como una voz formidable entre los profetas menores del *Antiguo Testamento*. Esto se debe al gran contenido de sus mensajes, independientemente de la breve extensión del libro. Sus mensajes, pronunciados durante un período de opulencia y decadencia moral en Israel, condenan la injusticia social y la hipocresía religiosa. Amós proclama con valentía el juicio de Dios contra las naciones, incluida Israel, haciendo hincapié en que el verdadero culto va más allá de los rituales y tiene más que ver con la justicia y la rectitud. A pesar de sus humildes orígenes, Amós se enfrentó a reyes y sacerdotes sin miedo, denunciando la explotación y llamando al arrepentimiento. Sus visiones, que incluyen la plomada y la cesta de fruta madura, ilustran vívidamente el juicio inminente. La pertinencia perdurable de Amós radica en su llamamiento radical a la igualdad social y la devoción genuina, desafiando a los cristianos a alinear sus acciones con las normas de justicia y rectitud de Dios.

Abdías

Abdías, a pesar de ser el libro más breve del *Antiguo Testamento*, es amado por muchos cristianos. Su concisión y su profundo mensaje resuenan en la vida cristiana. Versículos populares como *Abdías* 1:17, «Pero sobre el monte Sion habrá liberación, y habrá santidad, y la casa de Jacob poseerá sus bienes», se utilizan a menudo hoy en día. Este libro del profeta menor presenta un profundo mensaje. Al dirigirse a la nación de Edom, Abdías lanza una severa advertencia sobre el juicio inminente debido a su orgullo, violencia y traición hacia su nación hermana, Israel. El profeta desvela una visión de la caída de Edom, haciendo hincapié en el castigo divino por su arrogancia y maltrato a Israel en tiempos de angustia.

A pesar de las elevadas fortalezas montañosas de Edom, Abdías profetiza su humillación final. Este libro, breve pero impactante, recuerda con crudeza que el orgullo y la injusticia no pasan desapercibidos para un Dios justo y soberano. El mensaje de Abdías va más allá del contexto histórico concreto e insta a todos a reflexionar sobre las consecuencias de la arrogancia y la crueldad, al tiempo que subraya el compromiso de Dios con la justicia y la protección de su pueblo.

Jonás

La vida de Jonás, por humorística que sea, está llena de lecciones. Jonás trató de burlar a Dios por miedo, como muchos hoy en día, tratando de hacerse el listo y conseguir que Dios doblegara su voluntad o su plan por una razón u otra (para Jonás, era el miedo). Dios le ordenó que profetizara contra la ciudad de Nínive, pero trató de escapar a esta llamada divina. En el proceso, Dios lo atrapó en el vientre de un pez, donde se arrepintió, y cuando fue liberado, cumplió el mandato de Dios. La historia de Jonás pone de relieve la compasión de Dios por los corazones arrepentidos, ya que perdonó al pueblo de Nínive después de su genuino arrepentimiento tras el mensaje de Jonás. La reticencia inicial del profeta y la paciente corrección de Dios revelan un mensaje más amplio sobre la preocupación universal de Dios por todos.

La singular narración de Jonás sirve como un convincente recordatorio de la gracia de Dios. Desafía a los cristianos a abrazar su misericordia y extenderla a los demás, más allá de los prejuicios personales.

Miqueas

Miqueas, uno de los profetas menores del *Antiguo Testamento*, ofrece un poderoso mensaje centrado en temas de justicia, humildad y esperanza. Nació en un entorno rural y creció hasta convertirse en una voz fuerte contra la corrupción y la opresión, tanto en Samaria como en Jerusalén. Sus profecías condenan la injusticia social y denuncian el maltrato a los pobres y vulnerables. Miqueas prevé un futuro en el que prevalecerá la justicia de Dios y la paz emanará de Sion. Sus famosas palabras: «Actúa con justicia, ama la misericordia y camina humildemente con tu Dios» captan la esencia de su mensaje profético. La visión de Miqueas se extiende más allá de su tiempo, instando a las naciones a perseguir la justicia y reconocer la esperanza duradera que se encuentra en el plan redentor de Dios, apuntando en última instancia a la llegada del Mesías a Belén, como predijo este humilde pastor-profeta.

Nahum

Nahum es considerado un profeta de condenación y liberación que es una voz poderosa entre los profetas menores del *Antiguo Testamento*. Se centró en el juicio inminente contra Nínive, la capital del Imperio asirio. Nahum describe vívidamente la inminente caída de la ciudad, presentando a Dios como un vengador celoso y un refugio para quienes confían en Él. Las sorprendentes imágenes del profeta incluyen claras representaciones de las fuerzas de la naturaleza y del castigo divino, que ponen de relieve las consecuencias del opresivo reinado de Nínive. El mensaje de Nahum, pronunciado con intensidad poética, tranquiliza a los oprimidos y advierte a los opresores. A pesar de su tono aparentemente duro, la profecía de Nahum muestra el equilibrio entre la justicia y la compasión divina, revelando el compromiso de Dios con la justicia y la protección de su pueblo frente a la tiranía despiadada.

Habacuc

Habacuc entabla un diálogo singular con Dios, abordando las perplejidades de la injusticia y la respuesta divina. Su historia y su vida transcurrieron en una época de agitación social. Habacuc cuestiona el aparente silencio de Dios ante la maldad. En un profundo intercambio, Dios desvela su plan, asegurando que la justicia prevalecerá. Esto demuestra que, como cristiano, siempre se puede hablar con Dios y estar seguro de que Él responderá. El viaje de Habacuc de la duda a la confianza se muestra en su poderosa oración y afirmación de fe. El nombre del profeta significa «abrazar» o «luchar», simbolizando su lucha íntima con Dios. A pesar de la incertidumbre, Habacuc emerge con una confianza inquebrantable en la soberanía de Dios, proclamando que, incluso en ausencia de prosperidad visible, se regocija en el Señor. El diálogo de Habacuc ejemplifica la autenticidad de la lucha con la fe y de encontrar la fuerza en la entrega a la insondable sabiduría y providencia de Dios.

Sofonías

Sofonías, profeta durante el reinado de Josías, lanza un poderoso mensaje contra la corrupción de Judá. Vinculado a Ezequías, reprende los pecados de la sociedad, advirtiendo del inminente juicio de Dios. El profeta describe vívidamente el «día del Señor», instando al arrepentimiento. Al igual que Abdías, condena la arrogancia y el orgullo, haciendo hincapié en la humildad. En medio de severas advertencias, predice un remanente que encuentra refugio en Dios, lo que ofrece un atisbo de esperanza. Sus expresiones poéticas captan la severidad del juicio y la promesa de restauración. Más allá del contexto inmediato, Sofonías anticipa la redención final por medio del Mesías. En una época de decadencia moral, Sofonías desafía a las personas a buscar la rectitud, la humildad y una auténtica relación con Dios. Sus palabras intemporales llaman al arrepentimiento y al refugio en la misericordia del Señor.

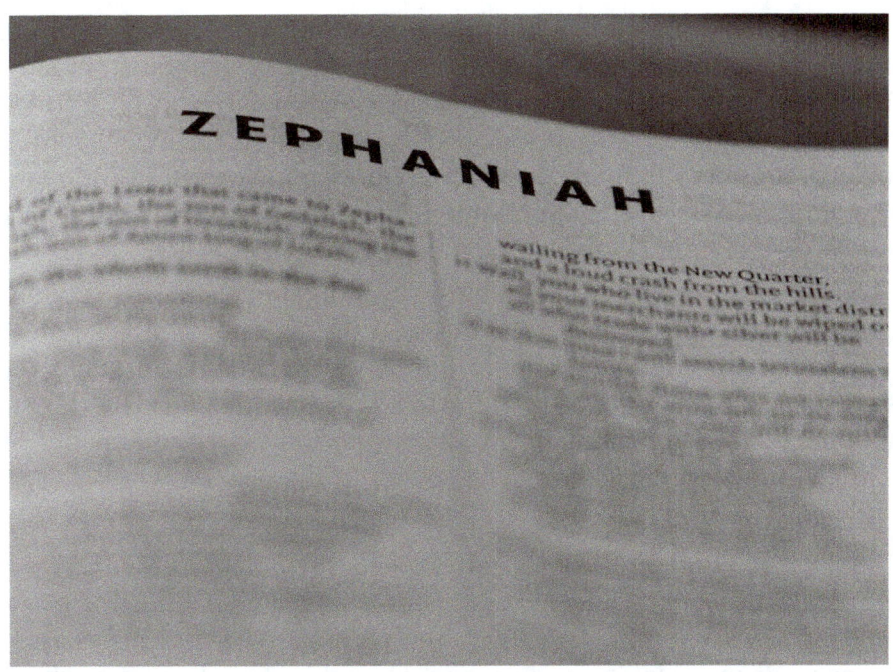

El libro de *Sofonías*[30]

Hageo

Otro favorito de muchos es el libro de *Hageo*. Hageo fue un profeta postexílico, pero a pesar de ello, surgió como un mensajero centrado con un mensaje para reconstruir el templo en ruinas de Jerusalén. Habló de la negligencia del pueblo hacia la casa de su Dios en medio de sus excedentes y abundancia. Hageo hace un llamado a renovar el compromiso de reconstruir el templo, vinculando las bendiciones nacionales a la obediencia. Hace hincapié en la importancia de dar prioridad a la morada de Dios, al tiempo que promete el favor divino a esos esfuerzos. Su liderazgo estratégico desempeña un papel crucial en la motivación de Zorobabel, el gobernador, y Josué, el sumo sacerdote, para reanudar la construcción del templo, a pesar de los desafíos.

Gracias a las exhortaciones de Hageo, el pueblo reavivó su compromiso con la casa de Dios. La terminación del segundo templo atestigua el impacto de Hageo y simboliza la restauración del culto y la presencia divina.

Zacarías

Zacarías, también profeta postexílico, colabora con Ageo para inspirar la reconstrucción del templo de Jerusalén. Sus profecías, pronunciadas en visiones simbólicas y oráculos claros, abarcan un amplio espectro de temas, como la restauración de Jerusalén, la venida del Mesías y el futuro reino de Dios. Los mensajes visionarios de Zacarías combinan el aliento con severas advertencias, instando al arrepentimiento y al retorno a los caminos de Dios. El énfasis del profeta en el doble papel del Mesías venidero, un siervo humilde y un rey conquistador, contribuyó a una rica imaginería mesiánica. Imaginó una Jerusalén purificada y reunificada, símbolo de una futura era de restauración divina.

Las profecías de Zacarías, aunque profundamente arraigadas en el período postexílico, se extienden más allá de esa época, ofreciendo una visión panorámica del plan redentor de Dios. Sus palabras resuenan entre los cristianos, incitando a la reflexión sobre la fidelidad a Dios, la importancia del arrepentimiento y la anticipación del cumplimiento final de las promesas mesiánicas.

Malaquías

Malaquías, el último profeta del *Antiguo Testamento*, se dirigió a una comunidad postexílica que luchaba contra la apatía espiritual y el culto deficiente. Su nombre, que significa «mi mensajero», subraya su papel de mensajero divino. Malaquías confronta al pueblo con el amor perdurable de Dios y su infidelidad, desafiándolo a volver a un culto genuino. A través de una serie de diálogos, Malaquías aborda temas como la corrupción sacerdotal, la infidelidad matrimonial y las ofrendas carentes de sinceridad. Anticipa la venida de un mensajero que prepara el camino al Señor y hace un guiño profético a Juan el Bautista, que precedió a Jesús. Los mensajes de Malaquías revelaban el deseo de Dios de una devoción y fidelidad sinceras. Sus profecías hacen eco de temas como el arrepentimiento, la redención y la intervención divina. Su conclusión consolida el *Antiguo Testamento*, subrayando la importancia de la obediencia y de un remanente fiel. Sus palabras instan hoy en día a los cristianos a examinar su devoción y a abrazar el poder transformador del amor perdurable de Dios.

Momento de reflexión

1. Considere el contexto histórico de los libros proféticos. ¿De qué manera los desafíos sociales a los que se enfrentaron los profetas reflejan o difieren de los desafíos del mundo actual?

2. Reflexione sobre el papel del arrepentimiento en los mensajes proféticos. ¿Cómo se aplica a su propia vida el concepto de volverse a Dios?

3. Explore los temas recurrentes del juicio y la redención en los libros proféticos. ¿Cómo proporcionan estos temas un marco para entender la interacción de Dios con su pueblo?

4. Considere las profecías mesiánicas de los profetas. ¿Cómo configuran estas profecías su comprensión de Jesucristo y de su significado?

5. Reflexione sobre los mensajes de esperanza y redención de los libros proféticos. ¿Cómo pueden estos mensajes inspirar resistencia y fe ante la adversidad?

6. Considere la relevancia de los llamamientos de los profetas a la justicia social y al cuidado de los marginados en la sociedad actual. ¿Cómo afectan estas enseñanzas a sus acciones y actitudes?

7. Reflexione sobre los viajes personales y las luchas de los profetas. ¿Cómo se relacionan sus experiencias del llamado y la corrección de Dios con su propio camino espiritual?

8. Considere el tema general de la fidelidad de Dios a lo largo de los libros proféticos. ¿Cómo influye este tema en su comprensión del carácter de Dios y en su relación con Él?

Han pasado cientos de años desde que estos profetas vivieron y se escribieron sus libros, pero sus palabras siguen teniendo una profunda verdad hoy en día. Eso es lo asombroso de la Biblia: es un libro vivo, que respira y que sigue hablando a la vida de quienes lo buscan. Mientras lee los libros de los profetas, mantenga el corazón y la mente abiertos, y pídale a Dios que le revele cualquier área de su vida que necesite ajuste y transformación.

Capítulo 9: Los libros históricos: de *Josué* a *Ester*

Hay varios libros de la Biblia que abordan acontecimientos del pasado, pero los libros que está a punto de leer contienen algunas de las historias más fascinantes que dan forma a la vida temprana de un cristiano. Contienen toda una serie de acontecimientos, desde cambios de liderazgo, divisiones de reinos, reinados reales, exilios, regresos triunfales, historias de amor, etc. Este capítulo le guía a través de todos estos acontecimientos, simplificando los relatos y dando vida a los personajes y a su impacto en la fe de los cristianos. No debe abordar estos libros como un texto más de historia o una amena novela de ficción, sino como un relato detallado de la vida de personas que una vez caminaron por esta tierra, con sentimientos y emociones reales y con sus cruces y cargas a

Eran hombres y mujeres normales como usted, con retos y tentaciones de la vida real, defectos y debilidades[n]

94

cuestas. Eran hombres y mujeres como usted, con desafíos y tentaciones, defectos y debilidades reales. Aun así, optaron por rendirse ante Dios y entregarse a su voluntad, incluso en momentos en los que parecía imposible. Son reflejos del valor humano, la fe y la intervención divina. Al recorrer estas páginas, abra su corazón para recibir sabiduría e inspiración para su vida.

¿De qué tratan estos libros?

Estos libros históricos son algo más que personas, lugares y sucesos; encarnan temas más amplios, que resuenan en otras partes de la Biblia. De ellos se pueden extraer cinco temas principales: La soberanía, la presencia, las promesas, el reino y la alianza de Dios. He aquí un análisis más detallado de cada tema:

1. **Soberanía de Dios:** Los libros históricos presentan sistemáticamente a Dios como soberano de todo, desde la naturaleza hasta los asuntos de las naciones. Su autoridad se demuestra mediante milagros y exige la sumisión de Israel.

2. **Presencia de Dios:** A lo largo de estos libros, Dios estuvo íntimamente involucrado en los asuntos de los hombres. Nombró líderes como Josué, jueces en tiempos de angustia y eligió reyes. Su cercanía es evidente en la ayuda prestada a los reyes y profetas piadosos. Sin embargo, a veces, su presencia parece oscurecida, a menudo vinculada al pecado de Israel o, en algunos casos, a actos deliberados.

3. **Promesas de Dios:** Los libros históricos, especialmente los que se hacen eco de los temas del Pentateuco (cinco libros), no dejan lugar a dudas de que Abraham fue portador de la promesa, y de que esta le sobrevivió. Esta promesa (llamada «Alianza Abrahámica») constituida por la posesión de tierras, la proliferación de hijos y la bendición, se cumplió principalmente en tiempos de Josué.

4. **Alianza de Dios:** La Alianza Abrahámica implicaba que la conformidad con los mandamientos del Señor era un deber humano muy serio, demostrado por la fidelidad de Abraham. Luego surgió otro pacto llamado Pacto Mosaico para regir la vida según la promesa de recompensas por la justicia y castigos por la injusticia, lo que se describe frecuentemente en los libros históricos.

5. **Reino de Dios:** El poder soberano de Dios se refleja explícitamente en su gobierno sobre el mundo, pero también implícitamente a través de los reyes terrenales. Estos servían como representantes de Dios en la tierra, a quienes se les confiaba u reino, tal y como se describe en textos como 2 *Crónicas* 13, *Zacarías* 7:9 y 1 *Crónicas* 29:5.

Los libros históricos

A continuación se presentan los libros desde *Josué* hasta *Ester*.

Josué

En el libro de *Josué*, el experimentado liderazgo de Moisés fue sustituido por el valiente liderazgo de Josué. Esta sección simboliza un punto decisivo en la historia de la humanidad, que fue justo antes de que los israelitas entraran en la tierra prometida para luchar y reclamar su herencia. La historia comienza con la muerte de Moisés, el célebre guía que condujo a los israelitas a través del desierto. Ahora, el papel de líder recayó en Josué, un seguidor consagrado de Moisés. El libro de Josué recoge todo el viaje de los israelitas a Canaán, tierra que Dios les había dedicado. Todo el relato se centra en el cruce del río Jordán, un acontecimiento milagroso que reproduce la división del Mar Rojo en tiempos de Moisés, la caída de los muros de Jericó y el sol que permaneció inmóvil por orden de Josué durante una difícil batalla. Estos hechos fueron el resultado de la obediencia y la intervención divina al paso de los israelitas, y también significan la presencia de Dios con ellos. También describe algunos territorios que se asignaron a las doce tribus en el proceso de asentamiento en Canaán, que sirvieron de modelo para los israelitas. El texto llega a su fin con un pacto solemne establecido entre el pueblo y un Dios fiel.

El libro de *Josué* describe la importancia de tener una fe inquebrantable y permanecer fiel al tratar con Dios. La vida de Josué sienta las bases de los demás relatos bíblicos, recordando que el legado se construye sobre la confianza en Dios y la fidelidad a los propios principios.

Jueces

El libro de los *Jueces* surge como una emocionante continuación de Josué, detallando los turbulentos tiempos pasados de Israel. Aunque emplea la Tierra Prometida como trasfondo narrativo, el libro sigue una secuencia de crónicas desde el momento de la captura hasta la época de la opresión y el ciclo de acciones y reacciones, la época de los jueces. Mientras los israelitas se asentaban en sus zonas designadas, Dios nombraba diferentes jueces, personas carismáticas y dedicadas, para guiarlos y conducirlos a la liberación de la opresión. Estos jueces, como Gedeón, Sansón y Débora, desempeñaron un papel clave en la vida de los israelitas. El libro de los *Jueces* pone de relieve la cultura y la política de la época. Retrata una sociedad que lidiaba con las complejidades humanas de ser fiel. En su lucha constante por el poder en medio de los altibajos de sus victorias y derrotas, los israelitas también lidiaban con el problema de la convivencia con los pueblos vecinos y la atracción de los dioses de otras tribus. La entrada de cada juez es el eco resonante de la llamada de la nación a la liberación, retratando una manifestación de los actos divinos en medio de la imperfección humana.

El libro de los *Jueces*[32]

El ciclo de rebelión, opresión, arrepentimiento e intervención milagrosa de Dios revela las pruebas espirituales y morales sufridas por los israelitas. El libro de los *Jueces*, más allá de la recopilación histórica, es un gran examen de la naturaleza humana. Revela los problemas alrededor de las aspiraciones de un pueblo que se esfuerza por cumplir su pacto con Dios. Es un colorido retrato de la experiencia humana típica: liderazgo defectuoso, agitación social y la fidelidad eterna de un Dios que perdona. Esta época de los jueces allanó el camino para discursos más profundos sobre el laberinto de las relaciones divino-humanas y la búsqueda interminable de la justicia y la rectitud. Algunos de estos jueces fueron:

- **Débora:** Débora, profetisa y juez, desafió las normas sociales con una fe inquebrantable. Sus sabios consejos y su liderazgo guiaron a Israel hacia la victoria contra los cananeos. Es conocida por el papel fundamental que desempeñó en la liberación de Israel.

- **Sansón:** Sansón, caracterizado por su increíble fuerza y sus votos nazareos, luchó contra sus debilidades personales. A pesar de sus defectos, sus hazañas contra los filisteos mostraron el poder de Dios a través de la fragilidad humana. Su vida reveló las consecuencias de sucumbir a la tentación.

- **Jefté:** Jefté pasó de paria a juez. Su voto, que tuvo como consecuencia el sacrificio de su hija, personificó las complejidades de la devoción y el costo humano de las promesas precipitadas. Su liderazgo aseguró un breve descanso a Israel.

- **Gedeón:** Gedeón, inicialmente dubitativo, se convirtió en un valiente líder. Dirigió un pequeño ejército para derrotar al gran ejército madianita. Su historia pone de relieve el poder transformador de la fe y la capacidad de Dios para utilizar a personas insólitas.

- **Aod:** Aod, un juez zurdo, orquestó un audaz asesinato al rey opresor de Moab, Eglón. Su acción estratégica y decisiva liberó a Israel de la opresión moabita, ejemplificando la inesperada liberación de Dios.

- **Otoniel:** Siendo el primer juez de Israel, ascendió a la prominencia al derrotar a los mesopotámicos. Su liderazgo sentó un precedente para los jueces que le siguieron debido a su fidelidad a Dios. Otoniel ejemplificó la importancia de la obediencia para asegurar la liberación de Dios.

Rut

El libro de *Rut* muestra la fidelidad, la salvación y el favor de Dios a través de los ojos del personaje principal, Rut, que da nombre al libro. Los acontecimientos de este libro tuvieron lugar en una época en la que los jueces aún gobernaban al pueblo de Dios. Aparte de eso, también era una época problemática para los israelitas, que se enfrentaban a graves problemas agrícolas. La historia comienza con la partida de la familia de Noemí hacia las tierras de Moab a causa de una gran hambruna que afecta a las tierras de Israel. La tragedia despoja a Noemí de su esposo y de sus hijos, dejándola sin descendencia. Rut, la nuera de Noemí, decide aferrarse a ella en sus tiempos difíciles cuando declara: «El pueblo que te agrada debe ser mi pueblo, y el Dios que adoras debe ser también mi Dios». *Rut* 1:16-17. Rut y Noemí regresan a Belén, pasando apuros económicos como viudas y trabajando en las hileras de espigadores para sobrevivir. Rut se gana la admiración de Booz, que más tarde se casa con ella y trae la redención a su suegra.

Desde el punto de vista cultural, *Rut* ofrece una visión de las costumbres israelitas, los lazos de parentesco y la práctica de las responsabilidades del pariente redentor. La historia refleja las expectativas de la sociedad, los retos económicos y la resistencia de las personas que atraviesan tiempos de incertidumbre. Además, la acción de Rut sugiere cómo la elección de una persona importa en la historia más amplia de la vida, así como el destino. La historia es una esperanza en Dios para hacer restituciones. El tema principal es la combinación de la lucha individual, las acciones de la sociedad y la guía siempre presente de Dios.

1ª y 2ª Samuel

Los libros *1º* y *2º* de *Samuel*, que encarnan la narración histórica del tiempo del antiguo Israel, documentan una complicada fase de evolución, desde la época en que Dios era su único rey hasta el establecimiento de la realeza terrenal. Los personajes principales son Samuel, el último juez; Saúl, profeta central y primer rey de Israel; y David, la figura más importante. David empezó como pastorcillo y acabó como rey y personaje emblemático de la historia de Israel. La historia comienza con el relato del nacimiento de Samuel y su posterior elección como mensajero de Dios. Sin embargo, en medio de la petición del pueblo de que se nombrara un gobernante terrenal, Dios ordena a Samuel que unja a Saúl como primer rey de Israel.

Culturalmente, estos libros revelan las prácticas religiosas israelitas, la sociedad que les rodeaba y la familia (clan) como base de su vida. Revela los intentos del pueblo judío por formar una estructura de gobierno centralizada, al tiempo que se enfrentaba a amenazas externas y a la fragmentación interna. La historia describe el desacuerdo entre el modo de vida tribal y el surgimiento de una nueva monarquía. Muestra cómo la cultura tribal se fortaleció frente a cualquier cambio, especialmente los relacionados con el sistema de gobierno. En el libro se muestran los retos que conlleva el liderazgo y las consecuencias de no obedecer las órdenes de Dios. El reinado de Saúl se caracteriza por sus logros y derrotas, que le llevaron a un prolongado proceso para afianzar su poder y preservar la alianza israelita. El ascenso de David marca una nueva época en la historia de Israel mediante la valentía, la astucia y el favor de Dios.

Ambos libros están muy vinculados a la resistencia de los israelitas ante las intrigas políticas y el renacimiento espiritual. Las historias de Samuel, Saúl y David son relatos intemporales que enseñan sobre el liderazgo, la fidelidad y el poder de Dios en los asuntos de una nación.

1º y 2º Reyes

Los libros de *1º* y *2º Reyes* son los libros de historia que continúan donde terminan los libros de *Samuel*. Estos libros ofrecen un relato detallado del período monárquico, presentando los reinados de los reyes y los ministerios proféticos de Elías y Eliseo. Este libro ofrece a sus lectores una visión general de la situación política, cultural y religiosa del antiguo Israel. Se encuentran diferentes reyes del reino de Israel y Judá, cuya actuación se evalúa por su obediencia a los estatutos del Señor.

En cuanto a la cultura, estos libros hablan de las prácticas religiosas judías, los códigos sociales y su creencia en un único Dios verdadero, que a menudo se corrompía con la idolatría. El tema general de estos libros es el continuo conflicto que los reyes de Israel tenían sobre la lealtad total a Dios y su atracción por los dioses extranjeros. Uno tras otro, se enfrentaban a las mismas luchas, mientras intentaban establecer una alianza con Dios.

Ambos libros ofrecen una visión descarnada de lo que ocurre si los líderes incurren en el mal. El argumento refleja el ciclo de la apostasía, la ira de Dios y la restauración de Israel por parte de Dios. Centrados en la sucesión real y la política cortesana, los libros abordan las ideas del poder, la lealtad y las repercusiones duraderas de las acciones de los hombres. Al final, *1º* y *2º Reyes* ofrecen una enseñanza cautelosa, pero al mismo tiempo dan testimonio de la sinceridad de Dios, que permanece fiel a pesar de las imperfecciones humanas.

1º y 2º Crónicas

Las *Crónicas* ofrecen un relato de la historia de Israel diferente al de la Biblia. Estos libros tratan de las genealogías, la cultura y los reinados de los distintos reyes, ofreciendo una visión detallada del país. Las *Crónicas 1* se abren con genealogías que abarcan la descendencia desde Adán hasta la línea davídica, y la promesa de Dios se ve en la continuidad de la cadena.

Sigue una sección dedicada al reinado de David, en la que se describe su modelo de reinado basado en el culto. El auspicioso reinado de Salomón, que cumplió con la construcción del templo, fue el acontecimiento más destacado, y se elaboró extensamente con un enfoque en todos los rituales religiosos.

El libro de las *Crónicas I*

Ceremonialmente, estos libros se centran en la importancia del culto, el papel del sacerdocio y el significado de la ley de Dios dentro de la cultura de la fe. El primer libro de las *Crónicas* presenta una visión idealizada de la historia de Israel, haciendo hincapié en los aspectos espirituales y en la persistencia de los cordones de la alianza. La agenda teológica del cronista (refiriéndose al escritor del libro) aspira a adorar a Dios sabiamente y permanecer leal a la persona correcta. En términos políticos, las *Crónicas* repiten el periodo monárquico, haciendo hincapié en los reinados de David y Salomón y continuando con el rastreo de los gobernantes de Judá. El cronista emite su juicio sobre cada monarca, según su devoción al Señor y el cumplimiento de la alianza. La explicación revela la interpretación teológica de la realidad histórica, haciendo hincapié en las consecuencias políticas de la obediencia y la desobediencia.

En resumen, las *Crónicas* pretenden ser un reflejo teológico de la historia de Israel, ya que se centran en la fidelidad a Dios y el liderazgo justo. La Biblia sigue llamando al pueblo a renovar su relación con Dios, recordándole que los compromisos de Dios son eternos. *Crónicas* ofrece una perspectiva novedosa de las experiencias batalladoras de los israelitas y de sus esperanzas, que los dispone a la contemplación espiritual y fortalece su fe en Dios.

Esdras

El libro de *Esdras*, continuación de los relatos históricos de *Crónicas 2,* se centra en los acontecimientos que rodean el resurgimiento de los exiliados judíos de Babilonia y su regreso a Jerusalén. El sacerdote Esdras es el protagonista de los planes de restauración, centrados principalmente en el renacimiento de su vida espiritual. El escenario se sitúa en la época del Imperio persa y del Decreto Real del rey Ciro a los judíos de Babilonia, que les permitió regresar a su patria. Desde el punto de vista cultural, Esdras hace hincapié en el mantenimiento de su identidad religiosa y en la observancia de la ley de Dios. La reconstrucción del templo representa el restablecimiento por parte de Dios de la relación entre los hijos de Israel y Él mismo y la vuelta al camino del culto. El libro subraya los problemas a los que se enfrentaron los repatriados, como la oposición de las comunidades vecinas y los conflictos internos.

Políticamente, Esdras se enfrentó a complicaciones al trabajar para los persas. El libro muestra el conflicto entre las exigencias de libertad judía y la conformidad con los gobernantes griegos, ya que Esdras pretendía fomentar una comunidad basada en el compromiso con las leyes de Dios.

El libro de *Esdras* es un testimonio de la fidelidad de Dios en respuesta a las oraciones de restauración y redención. El regreso de los exiliados es un punto de inflexión en la historia de Israel, que marca el comienzo de un nuevo ciclo en la conexión de la nación con Dios. Gracias a las acciones de Esdras y los demás líderes, el pueblo judío experimentó un renacimiento espiritual. Reavivaron su fidelidad a la Alianza de Dios.

En resumen, *Esdras* transmite un mensaje contundente sobre las dificultades y los sueños de los israelitas en su lucha por restaurar su país y aspirar a una vida mejor. La historia es un testimonio de la importancia de la fidelidad, la perseverancia y la confianza en la misericordia de Dios en tiempos difíciles.

Nehemías

El libro de *Nehemías* es el cierre de la narración de la restauración de los judíos tras su exilio a Babilonia y la estructura de la construcción de las murallas de Jerusalén, que tuvo lugar bajo la supervisión de Nehemías. A Nehemías, copero del rey en Persia, se le permitió regresar a Jerusalén para supervisar el proyecto de reconstrucción. *Nehemías* indica la importancia de la lealtad y la fe en Dios durante un período difícil. Por otra parte, la reconstrucción de las murallas simboliza la seguridad de la ciudad de Jerusalén y de su pueblo. El liderazgo de Nehemías debe destacarse como un componente fundamental del éxito de la gobernanza y de la mejora de los líderes locales en el proceso de reducción de los desafíos sociales y económicos.

Políticamente, Nehemías atraviesa las dificultades de gobernar bajo dominio persa asegurándose de que las expectativas del gobierno imperial corresponden con las de la comunidad judía. El relato bíblico retrata a Nehemías como un hábil administrador y diplomático que buscó activamente la paz con los enemigos circundantes y ejecutó reformas centradas en acabar con la injusticia y la desigualdad. El libro de *Nehemías* es una crónica de la firmeza y obstinación del pueblo judío por reconstruir su tierra y restaurar sus religiones. El argumento es una muestra de las penurias y esperanzas de los israelitas en su empeño por devolver a Jerusalén su antigua grandeza y reavivar sus relaciones con Dios.

A la luz de todo ello, *Nehemías* revela lecciones sobre los problemas de la construcción de un Estado y la importancia de un líder visionario en tiempos críticos. Esta historia anima a seguir adelante, incluso en la oscuridad, y a continuar la lucha por la restauración que implica justicia, seguridad y renovación espiritual. Con el ejemplo de Nehemías, el libro revela el papel vital de la fe, la resistencia y la gracia divina para lograr reformas duraderas.

Ester

El libro de *Ester* está ambientado en el Imperio persa del siglo V, cuando los judíos estaban dispersos por todo el mundo y cuenta una brillante historia de los judíos de la época. La historia se desarrolla en la capital, Susa, donde el rey Jerjes gobierna un imperio de grandes recursos que se extiende desde la India hasta Cush. Las figuras centrales de la historia son Ester, una huérfana judía que se convierte en reina, su primo y tutor Mardoqueo, y un asesino de judíos, Amán.

En el aspecto cultural, *Ester* revela las luchas por mantener la identidad y el compromiso con el judaísmo en un entorno extranjero. La historia ahonda en cuestiones de asimilación y resistencia cuando Ester tiene que ocultar su verdadera identidad a pesar de su participación en las funciones de la corte. La negativa de Mardoqueo a mostrar respeto a la mano derecha del rey, Amán, impulsa una serie de acontecimientos que culminan en el complot para erradicar a todos los judíos.

El libro de *Ester* revela los procesos de poder y las maniobras que se producían en el seno de la corte persa. A medida que Jerjes, el rey, se impresiona con Amán, un destacado funcionario que lleva la antorcha de su odio contra Mardoqueo y los judíos, se ponen de relieve los peligros de las comunidades minoritarias ante los planes políticos. La valentía de Ester al impedir la masacre planeada por Amán demostró que podía producirse un punto de inflexión en el camino de la historia de una nación mediante el acto audaz de una sola persona. El libro de *Ester*, en cierto modo, prepara el escenario para las preguntas posteriores sobre lo que significa ser judío en el exilio, lo que se requiere para la supervivencia del pueblo judío en un entorno hostil, y cómo Dios cuida de su pueblo en situaciones turbulentas. Purim, la fiesta que celebra la liberación del pueblo judío y su importancia perdurable para los judíos, se celebra los días 14 y 15 de febrero.

En general, el libro de *Ester* describe una sorprendente historia de desafío, resistencia y presencia divina en medio de circunstancias difíciles. Esta historia es una lección universal sobre la fidelidad, los lazos fuertes y la eliminación de la injusticia, valores que los lectores siempre han apreciado. A través de la situación de Ester y Mardoqueo, la historia alienta la esperanza y la perseverancia durante el periodo de incertidumbre y opresión.

Momento de reflexión

1. Piense en el significado de los pactos, ¿cómo puede influir la comprensión de estos acuerdos en su compromiso con Dios?

2. Considere los roles de liderazgo, ¿cómo puede aplicar o evitar aspectos de los estilos de liderazgo vistos en los reyes históricos en sus áreas de influencia?

3. Reflexione sobre las promesas de Dios, ¿cómo puede la seguridad de sus compromisos influir en su perspectiva y sus decisiones, especialmente en momentos de incertidumbre?

4. Reflexione sobre los momentos de su vida en los que ha sentido la presencia de Dios. ¿Cómo puede cultivar un conocimiento más consciente de su cercanía en las experiencias cotidianas?

5. Considere los temas de la obediencia y la desobediencia, ¿de qué manera las elecciones de los personajes lo hacen reflexionar sobre sus respuestas a la guía de Dios en diversas situaciones?

Los libros históricos identifican varios temas y mantienen consistentemente un tema general que revela el continuo cumplimiento de Dios de su promesa de estar con sus hijos. Los relatos plasmados en estos libros no eran solo para conocimiento histórico o teológico, sino para abrir el corazón de cada lector a Dios y a sus intenciones. La Biblia sigue siendo el mejor lugar al que acudir para sacar el máximo provecho de estas historias.

Capítulo 10: La relación entre el *Antiguo* y el *Nuevo Testamento*

A estas alturas, usted ya sabe que la Biblia es una gran pieza unificada, desde el comienzo mismo del *Génesis* hasta el final de *Malaquías*. El *Antiguo Testamento* prepara el escenario y sienta las bases para las buenas nuevas que trae el *Nuevo Testamento*. El *Nuevo Testamento* es más figurativo; reúne todo lo que el *Antiguo Testamento* trata de decir. Es imposible no ver cómo el Espíritu Santo inspira divinamente la Biblia, ya que contiene todo lo necesario para la vida. Todos los libros, desde el *Antiguo* hasta el *Nuevo Testamento*, están bellamente entrelazados. Se complementan entre sí, desde la creación de Adán hasta la venida de Jesús, desde los profetas de la

La Biblia solo tiene sentido fusionando el *Antiguo Testamento* con el *Nuevo Testamento*[34]

antigüedad hasta los apóstoles de la Iglesia primitiva, etc. Es una gran historia de diferentes temas cuya relevancia y significado trasciende el tiempo. Sus lecciones siguen siendo muy aplicables en el mundo de hoy.

Una sección está incompleta sin la otra: tener el *Nuevo* sin el *Antiguo* no es correcto, y viceversa; habría demasiados huecos sin llenar y piezas faltantes. La Biblia solo tiene sentido fusionando ambas partes; no se puede descartar ninguna. De hecho, la mayor parte de las enseñanzas de Jesús y de sus apóstoles se basan en referencias del *Antiguo Testamento*, y no es difícil darse cuenta de ello, ya que las biblias modernas incluyen referencias cruzadas entre el *Antiguo* y el *Nuevo Testamento*. Sin embargo, la unión entre estas dos secciones es mayor que esto; la Biblia no trata solo de la historia contada por el *Antiguo Testamento*, que más tarde fue revivida por Cristo en el *Nuevo Testamento*. Habla del amor inagotable de Dios, que se manifiesta en su búsqueda incesante de la humanidad, una búsqueda de amor que dio lugar al cumplimiento de la promesa de Jesucristo como salvador del mundo.

Este capítulo simplifica el vínculo entre las dos secciones de la Biblia, identifica temas similares, compara y contrasta ambos textos basándose en su uso en las distintas secciones. Además, brinda una comprensión mejor y más fundamentada de la Biblia en general.

El vínculo

Es necesario entender el vínculo entre el *Antiguo Testamento* y el *Nuevo Testamento* para establecer una perspectiva del camino cristiano y conocer el propio lugar y rol en el cuerpo de Cristo. Durante todo el *Antiguo Testamento*, solo el pueblo de Israel era el pueblo elegido de Dios. Sin embargo, eso cambia con la venida de Jesucristo, en el *Nuevo Testamento*, que trajo consigo una reconciliación con Dios. Sin embargo, caminar bajo el Nuevo Pacto no disminuye la importancia del *Antiguo Testamento*, sino que una mirada enfocada en ambas secciones, una al lado de la otra, brinda una mejor comprensión del lugar y la herencia de los fieles como creyentes e hijos de Dios. El *Nuevo Testamento* es el cumplimiento de la promesa hecha en el *Antiguo Testamento*, y no se puede hacer una cosa sin la otra.

La Biblia es una sola historia con dos partes, el *Antiguo* y el *Nuevo Testamento*, que funcionan conjuntamente. Se validan mutuamente porque comparten un autor común: Dios. Aunque diferentes personas escribieron físicamente la Biblia, lo hicieron bajo la inspiración del Espíritu Santo. En *Pedro 2* 1:21 se afirma que los hombres santos hablaron según los impulsaba el Espíritu Santo. Esto enfatiza que cada palabra de la Biblia proviene de la inspiración divina.

Para confirmar, *Timoteo 2* 3:16 declara que toda la Escritura es dada por inspiración de Dios, sirviendo para varios propósitos. Cuando entiende esto, se da cuenta de que Dios, como autor divino, tenía un objetivo central: la revelación de Cristo a los cristianos. Jesús mismo lo señala en *Juan 5:39*, afirmando que las Escrituras dan testimonio de Él. Así que, aunque encuentre a Jesús solo en el *Nuevo Testamento*, su presencia está ahí desde el principio de la Biblia. El mensaje central a lo largo de todos los libros es Cristo, haciendo de la Biblia una revelación cohesiva del plan de Dios para su pueblo. Sin el conocimiento de la caída del hombre, sus débiles intentos de reconciliarse de nuevo con Dios, los esfuerzos realizados durante generaciones, la promesa de un camino mejor y la anticipación del cumplimiento de esa promesa, el *Nuevo Testamento* no tendría tanto significado como lo tiene. Los nuevos cristianos deben ver dónde empezó todo, cómo un acontecimiento llevó a otro, y cómo se relacionan.

Por lo tanto, he aquí algunos temas centrales, eventos, personas y cosas que tuvieron lugar en el *Antiguo Testamento* y que se enfatizan en el *Nuevo Testamento*:

Explorar la conexión entre el *Antiguo* y el *Nuevo* *Testamento*

El *Antiguo Testamento* y el *Nuevo Testamento* pueden parecer libros separados, pero están profundamente conectados. Esta sección muestra cómo las prácticas, leyes y ceremonias del *Antiguo Testamento* ayudan a entender el panorama general del plan de Dios.

Prácticas del *Antiguo Testamento* cumplidas en el *Nuevo Testamento*

En los tiempos del *Antiguo Testamento*, los hijos de Israel ofrecían sacrificios de animales para compensar sus pecados y obtener una posición correcta a los ojos de Dios. Estos sacrificios eran tediosos, ya que cada uno de ellos requería reglas y rituales específicos de la Ley Mosaica. Además de eso, no lograban alcanzar la pureza total, ya que estos sacrificios tenían que hacerse una y otra vez. Debido a esto, el *Nuevo Testamento* fue hecho para marcar el comienzo de un cambio único en las formas de lograr la redención y la justicia en el *Antiguo Testamento*. La antigua forma de sacrificar animales encuentra su último significado y culminación en la obra de Jesucristo. A menudo se le llama el «Cordero de Dios» porque su sacrificio en la cruz fue la ofrenda perfecta para cumplir el propósito de los sacrificios de animales de una vez por todas. La Biblia dice, en *Hebreos* 9:11-12, que «Jesús, con su sangre, aseguró la redención eterna». Esto significa perdón y una relación restaurada con Dios. Lo que tanto se esforzaron por establecer y conservar en el *Antiguo Testamento*, por fin estaba disponible. Para mayor claridad, Jesús no vino a deshacerse de las normas del *Antiguo Testamento*, sino a cumplirlas; así lo explica en *Mateo* 5:17. Su sacrificio en la cruz reemplaza totalmente la necesidad de sacrificios de animales, y esto es importante porque es un sacrificio único para todos.

Su sacrificio en la cruz reemplaza totalmente la necesidad de sacrificios de animales, y esto es importante porque es un sacrificio único para todos[86]

El *Nuevo Testamento* deja claro que el sacrificio de Jesús es diferente de los antiguos sacrificios de animales, que tenían un impacto temporal y simbolizaban que algo mejor estaba por venir. El sacrificio en la cruz fue una solución completa y final al problema del pecado. En *Hebreos* 10:19-20, se anima a los cristianos a acercarse con confianza a Dios gracias al sacrificio de Jesús. Su sacrificio abre un nuevo camino para que todos se conecten con Dios. En resumen, la práctica del *Antiguo Testamento* de sacrificar animales encuentra su cumplimiento en la persona y la obra de

Jesús. El sacrificio en la cruz abre un nuevo camino para que la gente se relacione con Dios.

Las leyes del *Antiguo Testamento* se cumplen en el *Nuevo Testamento*

Algo muy característico de las costumbres judías era la gran cantidad de leyes: morales, ceremoniales y civiles. Estas leyes no eran solo para aparentar; eran la fuerza que guiaba a los hijos de Israel en aquel entonces. Eran una parte esencial de sus vidas. Si se estudia el *Nuevo Testamento*, especialmente a través de las enseñanzas de Jesús, se encuentra que estas leyes permanecen, pero se cumplen de una manera nueva. Jesús no llegó para deshacerse de las leyes del *Antiguo Testamento*, sino para mostrar su verdadero significado. De alguna manera, el pueblo había perdido el rumbo y no entendía las enseñanzas de Dios a lo largo de varias generaciones. Debido a su amor, Él quería que la gente entendiera el corazón y el espíritu detrás de las reglas y no solo que las siguieran. En *Mateo* 5:17, Jesús dice: «No he venido a abolir la Ley, sino a cumplirla», lo que significa que quería completar el propósito de estas leyes. Tenía que mostrarles a ellos y a todos los que vinieran después el verdadero significado de la ley.

Un ejemplo central es el mandamiento de «amar al prójimo» del *Antiguo Testamento*. En el *Nuevo Testamento*, Jesús da un paso más, enseñando a todos no solo a amar a los que están cerca, sino incluso a los enemigos (*Mateo* 5:43-44). Esto muestra un cambio de seguir las reglas a dejar que el amor transforme el corazón (un aspecto clave del cumplimiento de la ley en el *Nuevo Testamento*). Esto significa que en lugar de cumplir la ley robóticamente, se debe obedecer por amor a Dios y a su pueblo. A Dios siempre le ha importado más el corazón que las acciones. El estado del corazón es lo que importa. Cuando un corazón está impulsado por el amor, con gusto obedece cada instrucción, pero si no, el cumplimiento de las leyes es rígido y forzado.

En el *Antiguo Testamento*, las leyes dadas a los israelitas estaban escritas en piedra, eran externas y visibles. Sin embargo, con la llegada del Nuevo Pacto, se cumple la promesa de una manera diferente y mejor: Dios mismo escribe sus leyes en el corazón de los fieles, enfatizando una relación personal sobre las regulaciones externas. Esta promesa se menciona en el libro de *Jeremías* 31:33 del *Antiguo Testamento*. Las leyes del *Antiguo Testamento* encuentran una comprensión nueva y más clara en el *Nuevo Testamento*. Jesús muestra el corazón detrás de las reglas, y el Nuevo Pacto trae una conexión personal con Dios. No se trata solo de seguir leyes externas; se trata de dejar que el amor lo transforme y de abrazar una relación más profunda con Dios a través de las enseñanzas de Jesús. Al hacer esto, se cumplen todas las leyes sin esfuerzo.

Ceremonias del *Antiguo Testamento* cumplidas en el *Nuevo Testamento*

En el *Antiguo Testamento*, ciertas prácticas como la circuncisión, la Pascua y el sábado tenían un papel importante en la observancia religiosa de los israelitas; al igual que las leyes, estas costumbres eran parte fundamental de la cultura israelita. Sin embargo, al igual que sucedía con las leyes, estas prácticas se hacían sin la comprensión correcta. Al pasar al *Nuevo Testamento*, estas prácticas adquieren un significado renovado y más profundo a través de la lente de Cristo y la fe cristiana. El *Antiguo Testamento* mostraba cómo se hacían, pero el *Nuevo Testamento* revela por qué se hacen: no la razón por la que se hacían en el *Antiguo Testamento*, sino la razón por la que Dios las estableció en un principio.

La circuncisión, que antes era una marca física del pacto en el *Antiguo Testamento*, sufre una profunda transformación espiritual en el *Nuevo Testamento*. Queda bien explicado en *Romanos* 2:29, cuando el apóstol Pablo subraya que la verdadera circuncisión es una cuestión del corazón, que se logra mediante la fe en Cristo. Pasa de ser un ritual externo a una realidad espiritual del cristiano, que simboliza una profunda conexión interna con Dios.

La Pascua es un acontecimiento fundamental que conmemora la liberación de los israelitas de la esclavitud de Egipto. El *Nuevo Testamento* revela a Jesús como el cumplimiento definitivo de este ritual del *Antiguo Testamento*. Al igual que la circuncisión, su propósito fue reinventado. En *Corintios 1* 5:7, el apóstol Pablo describe a Cristo como el verdadero cordero de la Pascua, sacrificado por la liberación de los creyentes de la esclavitud espiritual. Este versículo ayuda a la fe cristiana a encontrar su fundamento en la liberación producida por la muerte sacrificial de Jesús y por su resurrección. Además, el sábado, día de descanso y reflexión en el *Antiguo Testamento*, experimenta un cumplimiento transformador en las enseñanzas de Jesús. En *Mateo* 11:28-30, Jesús invita a los creyentes a encontrar el descanso no solo en un día específico, sino continuamente a través de la relación con él. Enfatiza que el sábado está hecho para el hombre y no el hombre para el sábado, como se afirma en *Marcos* 2:27.

Esta nueva comprensión enfatiza el propósito del sábado, lo que significa que su observación se extiende más allá de la rigidez y contempla un aspecto relacional, donde los cristianos descubren paz y renovación para sus almas. La enseñanza revela que el sábado es un don de Dios destinado a la restauración y el rejuvenecimiento espiritual de la humanidad. Por lo tanto, en el contexto del *Nuevo Testamento*, el sábado encuentra su cumplimiento en Jesús, que ofrece un descanso perpetuo y significativo que va más allá de la mera adhesión a un día específico.

En esencia, estas prácticas del *Antiguo Testamento* encuentran un significado más rico y profundo en el *Nuevo Testamento*. La circuncisión se convierte en una transformación espiritual del corazón a través de la fe, la Pascua encuentra su plenitud en Jesús como cordero liberador, y el sábado evoluciona hacia un descanso espiritual continuo en una relación con Cristo. Estas transformaciones muestran la profundidad espiritual que Cristo aporta a estas antiguas prácticas, yendo más allá de los meros rituales y hacia una conexión significativa y continua con Dios en la fe cristiana. Cristo es el corazón y la fuerza vital del camino cristiano; sin él, todo lo demás son meras prácticas.

Las fiestas y festivales del *Antiguo Testamento* se cumplen en el *Nuevo Testamento*

Otra práctica del *Antiguo Testamento* que encuentra cumplimiento y expresión en el *Nuevo Testamento* son las fiestas, como la fiesta de los Tabernáculos y la fiesta de Pentecostés. Estas prácticas tenían un significado especial como celebraciones de la fidelidad y la provisión de Dios; sin embargo, en el *Nuevo Testamento*, encuentran su cumplimiento en Jesús y en los acontecimientos que rodearon su vida, muerte y resurrección, y también en la efusión del Espíritu Santo. La fiesta de los Tabernáculos, que es un recuerdo del viaje de los israelitas y de la presencia de Dios con ellos en el desierto, encuentra su cumplimiento en el *Nuevo Testamento* a través de Jesús. Cuando en *Juan* 1:14 se dice que «el verbo se hizo carne y habitó entre nosotros», el término «habitó» utilizado en ese versículo puede traducirse como «tabernáculo» o «vivió» a partir de la palabra griega original. Esto significa que Jesús, en su vida aquí y después, encarna la presencia de Dios entre nosotros, proporcionando guía, protección y sustento.

La fiesta de Pentecostés, inicialmente una celebración de la cosecha, adquiere un nuevo significado en el *Nuevo Testamento* con la llegada del Espíritu Santo. En *Hechos* 2, se ve a los discípulos experimentar la venida del Espíritu Santo sobre ellos, simbolizada por lenguas de fuego. Este acontecimiento, descrito en *Hechos* 2:2-4, marca el comienzo de la Iglesia y habilita a los cristianos para compartir el mensaje de Cristo por todo el mundo.

Así pues, estas fiestas, que en el *Antiguo Testamento* son un recordatorio de la fidelidad de Dios, en el *Nuevo Testamento* son más que eso; apuntan al cumplimiento de sus promesas en Cristo. Jesús es la encarnación viva de la fiesta de los Tabernáculos, que proporciona protección y guía espiritual. Al mismo tiempo, la fiesta de Pentecostés, con la llegada del Espíritu Santo, significa el nacimiento de la Iglesia y la presencia continua de Dios con su pueblo. En esencia, estas fiestas no son meros rituales históricos. Son símbolos vivos del plan redentor de Dios. En Jesús, las promesas de provisión, guía y Espíritu Santo encuentran su pleno cumplimiento. Como cristiano actual, está invitado a celebrar no solo los acontecimientos pasados, sino también la realidad presente de la fidelidad de Dios en su vida. Estas fiestas eran solo un atisbo de lo que estaba por venir, pero reflejan brillantemente la obra transformadora de Jesús y la presencia continua del Espíritu Santo en el establecimiento y crecimiento de la Iglesia.

La llegada del Espíritu Santo significa el nacimiento de la Iglesia y la presencia continua de Dios con su pueblo[86]

Adán: el primero y el segundo

Cuando se analiza la relación de las prácticas del *Antiguo Testamento* con las del *Nuevo Testamento*, es importante ver cómo encajan Adán y Jesús en el cuadro. Los sacrificios y las reglas del *Antiguo Testamento* eran como una preparación para que Jesús viniera a arreglar las cosas. Jesucristo, a menudo llamado el segundo Adán, no fue solo el segundo; fue el último, el Adán perfecto. Él arregló el desorden causado por los errores *del primer Adán*, y lo hizo sacrificándose para arreglar las cosas con Dios. Una mirada a usted mismo, a través de la lente de Adán y Jesús, es una clara representación del hombre anterior, que era el viejo usted, que murió para dar paso al hombre nuevo. Jesús no solo hablaba de seguir las reglas, sino que las vivía a la perfección. Esto hizo una gran diferencia y muestra lo que significa vivir una buena vida bajo el plan de Dios. Entonces, ver cómo Jesús manejó las cosas en comparación con Adán es como ver los viejos problemas arreglados por Jesús. Toda esta correlación entre Adán y Jesús muestra el plan de Dios para arreglar las cosas.

Momento de reflexión

1. ¿De qué manera la idea de Jesús como el cumplimiento de las prácticas del *Antiguo Testamento* impacta su comprensión del plan de Dios?

2. ¿De qué manera puede relacionar el cambio del cumplimiento externo a la transformación interna, como se discute en el contexto de las leyes del *Antiguo* y *Nuevo Testamento*, con su propia vida?

3. ¿De qué manera los cambios en los rituales del *Nuevo Testamento*, como la circuncisión, la Pascua y el sábado, influyen en la forma en que considera las prácticas cotidianas en su vida de fe?

4. Piense en las similitudes entre Adán y Jesús con respecto a la redención. ¿Cómo conecta esta idea con sus experiencias personales de gracia y perdón?

5. ¿De qué manera el concepto de que las promesas de Dios se cumplen en los acontecimientos del *Nuevo Testamento* influye en su esperanza y confianza en la fidelidad de Dios?

6. ¿Cómo influye en sus ideas sobre el perdón y la redención el hecho de ver a Jesús como el «cordero de Dios», el sacrificio

supremo?

7. ¿Cómo se relacionan la gracia, el amor y la restauración de Dios con sus propias experiencias de crecimiento y renovación espiritual?

La conexión entre el *Antiguo* y el *Nuevo Testamento* es la de una entidad con dos partes que trabajan mano a mano para lograr un único objetivo, convirtiendo las promesas en cumplimiento, transformando las sombras en realidad, revelando las áreas rotas y defectuosas de la humanidad y arreglando lo que está mal a través de Jesucristo. El *Antiguo Testamento* prepara las cosas y el *Nuevo Testamento* las hace realidad. Es un hermoso canto a la gracia de Dios, a su amor y a la reparación de las cosas. El *Antiguo* y el *Nuevo Testamento* reflejan una imagen del antiguo y del nuevo yo.

Conclusión

Al llegar al final de este libro, debe reflexionar sobre el camino recorrido hasta ahora. No importa si empezó con preguntas difíciles, si tenía sed de conocimiento o simplemente se topó con este libro, su objetivo era hacer que su exploración de la Biblia fuera sencilla y agradable. En estas páginas encontró sabiduría intemporal, lecciones prácticas e historias perspicaces. Le han sido revelados muchos tesoros que podrían perderse fácilmente entre tantas palabras. Ahora, no solo lleva con usted información nueva, sino una conexión recién descubierta con la Biblia.

Ahora que recorrió los libros de la Biblia desde el *Génesis* hasta el *Apocalipsis*, ya no se trata de por dónde empezar; sino de valorar sus descubrimientos y construir sobre ellos. Aún queda mucho por descubrir, pero ahora más que nunca, está preparado para afrontarlo todo. Este libro no termina con una sola lectura; puede consultarlo siempre que necesite un repaso o una nueva perspectiva sobre ciertas cosas de la Biblia. No es la conclusión de su viaje, sino un peldaño hacia una comprensión más profunda de la palabra de Dios. La aventura continúa con cada reflexión, debate y encuentro personal con las Escrituras. Que los conocimientos adquiridos sean una fuente continua de alegría e inspiración en su exploración de las profundas enseñanzas que se encuentran en los versículos sagrados de la Biblia. Mantenga este libro siempre a su lado cuando busque orientación.

Segunda Parte: Guía de trabajo de la Biblia

Una guía fácil para principiantes que desentraña lo esencial de los 66 libros

Introducción

La *Biblia* puede ser intimidante al acercarse a ella por primera vez; ver fijamente ese gran libro en la estantería acumulando polvo puede ser un poco desmotivador. Entonces lo abre y se encuentra con un lenguaje complicado escrito en párrafos largos y difíciles, así que se desanima por completo después de unas cuantas frases.

Las *Escrituras* no tienen por qué ser esa obra compleja reservada a los mayores eruditos del mundo. Este libro lo guía sin problemas a través del estudio de la *Biblia*, brindándole las claves suficientes para entender el texto y los temas que recorren los 66 libros que componen la *Biblia.* Navegar por las múltiples capas de cada libro como texto histórico y espiritual es una tarea gratificante que puede revelar mucho sobre usted mismo. A medida que avanza por los detalles de cada libro, emerge una narrativa global de esperanza y redención, al tiempo que se desvela la soberanía de Dios.

Estudiar la *Biblia* no debe ser un mero ejercicio intelectual. Al sumergirse en sus páginas, los mensajes divinos cobran vida y el corazón se alinea con la adoración a Dios. Tanto los creyentes como los no creyentes pueden beneficiarse de esta guía de trabajo, ya que anima a entender el texto bíblico a través de una lente erudita utilizando las lecciones de sus páginas como un camino para conectar con el Altísimo. De este modo, el libro le facilita transformarse en una mejor versión de usted mismo.

Los aspectos teóricos de la guía descubren significados teológicos, políticos, lingüísticos y éticos. Los ejercicios prácticos le ayudan a aplicar el texto a su vida de forma significativa. Algunas guías de estudio bíblico se centran demasiado en la educación, mientras que otras no proporcionan el contexto necesario para que la sabiduría espiritual cobre vida. Esta guía equilibra a la perfección lo erudito y lo espiritual para comprender cada rincón de las *Escrituras*.

Desde las leyes de Moisés y las enseñanzas sapienciales de Salmos y Proverbios hasta los escritos proféticos y la gracia salvadora de los evangelios, este es un recorrido por el camino de una antigua tradición viva. Al explorar esta sabiduría atemporal, puede introducirse en el lado espiritual de su ser, despertando la realidad del Dios de Israel tal como se describe en la *Biblia*.

Siga los pasos de los profetas hasta los apóstoles, a medida que la historia alcanza su clímax con la venida de Jesús, que murió por los pecados del mundo. Descubra los detalles y el contexto de los evangelios y aprenda por qué siguen siendo relevantes en el mundo moderno. Además, desentrañe los entresijos de las profecías para entender los misterios de la escritura simbólica y abrazar plenamente los mensajes aplicables en la actualidad. Trabajando diligentemente con las teorías y actividades de estas páginas, obtendrá los conocimientos para comprender y encarnar las enseñanzas de las *Escrituras*.

Capítulo 1: Comprender el contexto histórico de la *Biblia*

La *Biblia* no es un libro histórico; es más bien un *texto espiritual*. Sin embargo, hay aspectos históricos de las *Escrituras* que debe comprender para entender el libro en su totalidad. Estudiar historia puede ser complicado porque no es una ciencia exacta, como la ingeniería o la física, donde las pruebas y evidencias son más sólidas y prácticas.

La mayor parte de la historia se basa en pruebas arqueológicas y testimonios interpretados desde diversos puntos de vista. Además, quienes escribieron los textos basados en pruebas históricas también tenían sus propios puntos de vista y prejuicios. Por ello, el estudio en este campo es sólido, pero muchos eruditos discrepan. Este libro presenta el contexto histórico de la *Biblia* desde distintos puntos de vista para ofrecerle una imagen completa e imparcial del texto. De este modo, usted podrá armar el rompecabezas y sacar sus propias conclusiones críticamente basándose en los datos disponibles.

La *Biblia* no es un libro histórico, es más bien un texto espiritual[87]

La exploración de la *Biblia* comienza por comprender que no es solo un libro sagrado, sino una compilación de 66 libros, dependiendo del canon que se examine. Por ejemplo, el canon ortodoxo etíope contiene 81 libros, bastantes más que la ampliamente aceptada versión *King James*. La comprensión de la *Biblia* ha cambiado a través de diversos conceptos históricos y acontecimientos geopolíticos, por lo que se lee de forma diferente según las escuelas teológicas o las interpretaciones de los eruditos. Por tanto, el texto está vivo y evoluciona según la época y la región. Comprender estas complejas dinámicas requiere toda una vida de estudio. Sin embargo, una visión general puede orientarlo en la dirección correcta para facilitarle opiniones más informadas.

La historia de la *Biblia*

La historia del *Antiguo Testamento* es el establecimiento de una identidad israelita. La *Biblia*, por supuesto, es entendida de manera diferente por los distintos lectores en función de sus creencias y opiniones preexistentes. La corriente más literalista de la interpretación bíblica acepta como cierto el linaje de los israelitas procedente de Abraham y el relato del *Éxodo* en el que Israel se convierte en una nación en Egipto. Sin embargo, cuando se sopesan las pruebas arqueológicas, este relato es inconsistente.

La nación israelita y sus creencias probablemente provienen de una amalgama de personas del antiguo Medio Oriente que por la situación política y cultural quisieron independizarse y establecer una nueva nación. En el texto se esconden pistas sobre este punto de vista en relación con las leyes. En el *Deuteronomio*, hay leyes como la de no plantar semillas diferentes en una misma porción de tierra, la prohibición de llevar tejidos mixtos y la prohibición de casarse con extranjeros. Estas leyes buscaban enfatizar la separación y establecer una nueva nación a partir de la pluralidad de los semitas occidentales.

En esencia, los israelitas son los cananeos, aunque la *Biblia* lo plantea como una narración de conquista. La identidad israelita es una continuación de las tradiciones cananeas que fueron adaptadas en la narrativa del pueblo elegido. Por ejemplo, el nombre Yahvé procede del panteón cananeo, y El, un término general que se refiere a deidades, puede vincularse a un dios con el mismo nombre. Por lo tanto, cuando se estudia la *Biblia* desde el punto de vista histórico y se minimiza el aspecto de la revelación divina, la historia general se transforma por completo. En lugar de percibir a los cananeos o semitas occidentales como villanos, se les considera los progenitores de la cultura israelita.

En el *Nuevo Testamento*, surge otra evolución de la identidad israelita. La mejor manera de concebir las doctrinas del *Nuevo Testamento* es abrir la fe israelita. La herencia del Reino de Dios ya no se centra en la primogenitura, sino que se introduce el concepto de adopción en el Reino a través del sacrificio de Jesucristo. Este enfoque abierto de la religión cambió radicalmente los lazos tribales y nacionalistas que dominaron la fe durante siglos. Ahora, los gentiles también podían entrar en el Reino mediante la adopción. Antes se pensaba que Israel era el hijo de Dios, pero en este nuevo marco cristiano se coloca a Jesús en esa posición, creando la verdad de la salvación a través de Cristo.

Cronología bíblica

La historia evoluciona continuamente y como la *Biblia* es una tradición viva, la historia aún no ha terminado de desarrollarse. Aunque la *Biblia* fue canonizada en el siglo III, la comprensión del texto cambia continuamente. En movimientos religiosos como la Reforma protestante y los posteriores desarrollos en América tuvo lecturas muy diferentes. Hoy en día los textos se interpretan constantemente a través de lentes contemporáneas, lo que significa que la historia está en continua evolución. Por lo tanto, hay que pensar en la historia bíblica como algo vivo y dinámico.

Sin embargo, la cronología histórica de la *Biblia* puede dividirse en siete periodos clave en términos de redacción, compilación y canonización.

Edad del Bronce tardía

En esta época del desarrollo de la tradición bíblica se sentaron las bases y las tradiciones de la religión. La Edad del Bronce tardía se extendió entre los años 1550 a. C. y 1200 a. C. Ugarit (en el norte de Siria) era una bulliciosa ciudad cosmopolita en la que se seguían prácticas religiosas y culturales muy diversas, algunas de las cuales evolucionaron hasta convertirse en las costumbres y leyes israelitas. Deidades como Asherah, Baal y El eran adoradas en esa región. Las tres se mencionan por su nombre en la Biblia, y una de ellas, El o Elohim, hace referencia al Dios de los israelitas.

Durante el reinado del faraón Merneptah, se menciona a Israel en la estela de Merneptah (una inscripción del faraón que reinó en el antiguo Egipto entre 1213 y 1203 a. C.), lo que coincide con la narración del *Éxodo* de los esclavos israelitas en Egipto. La estela se jacta de las victorias sobre varios grupos cananeos, incluido Israel, y termina con la afirmación: «Todo el que estaba inquieto, fue atado». Es discutible que el *Éxodo* bíblico dirigido por el profeta Moisés sea un acontecimiento literal debido a la falta de pruebas arqueológicas de millones de personas que han buscado en el desierto del Sinaí. Sin embargo, el relato del *Éxodo* puede haber sido verídico y exagerado en el texto.

Primera Edad de Hierro

En la primera Edad de Hierro ya había identidad israelita firmemente forjada y esto se puede ver en los textos. Algunos dichos del *Génesis* y poemas de *Jueces 5* tienen su origen en este periodo. Esta época de la nación israelita era predinástica, con tribus que cooperaban entre sí y que reivindicaban la identidad israelita. La arqueología ha descubierto inscripciones en objetos de metal de este periodo, como puntas de flecha con nombres y versículos funerarios. Cerca del final de la primera Edad de Hierro, Israel tuvo su primer rey, Saúl, que precedió al legendario rey David.

Segunda Edad de Hierro

Este periodo de la historia israelita es cuando la nación emergió como una fuerza poderosa en la región. El gobierno del rey David y su tratado con Tiro establecieron la hegemonía de Israel sobre las culturas vecinas. Tras el rey David, el famoso rey Salomón estableció relaciones comerciales y diplomáticas con Egipto, y se construyó el templo de Jerusalén.

Tras la muerte de Salomón, Israel se sumió en la confusión y se dividió en el Reino del Norte de Israel y el Reino del Sur de Judá. Jeroboam I se convirtió en el primer rey del Norte. Entre el 900 a. C. y el 800 a. C. se creó la inscripción calendárica de Gezer, una de las primeras fuentes escritas de hebreo. Secciones de los *Salmos* y de *Samuel 2* remontan sus orígenes a este periodo. Se teoriza que partes del *Antiguo Testamento* proceden de la compilación de dos fuentes: la fuente J (que utiliza el nombre *Yahvé*, posteriormente traducido por Jehová) y la fuente E (que utiliza el nombre *El o Elohim*). Es posible que la fuente J se haya originado en el Reino del Sur entre el 900 y el 800 a. C.

Entre el 882 y el 871 a. C., Omri estableció la capital del Reino del Norte en Samaria. Más tarde, el rey Acab creó una coalición con Tiro, que se solidificó tras su matrimonio con la infame Jezabel. Durante esta época surgieron muchos de los profetas más destacados de la Biblia, como Elías, Eliseo, Isaías y Oseas. En la segunda Edad de Hierro se escribió la mayor parte del *Deuteronomio*. Oseas, el último rey de Israel, actuó como vasallo del Imperio asirio. Muchos escritos del *Antiguo Testamento* circulaban durante la segunda Edad de Hierro, entre ellos los *Salmos*, los *Proverbios* y el *Primero* y *Segundo Reyes*. Los israelitas entraron en el cautiverio babilónico con la caída de Jerusalén y la destrucción del templo.

Periodo persa

En este periodo, Judá se convirtió en una provincia del Imperio persa. Bajo el gobierno de Ciro, se permitió a los israelitas regresar a su patria. Un primer grupo de judaítas, dirigidos por el gobernador Sesbasar, regresó a Judá. El siguiente gobernador de la provincia persa de Judá fue Zorobabel. Reconstruyó el templo de Jerusalén, pero esta versión no era tan prestigiosa como la primera. En colaboración con el líder religioso Jesúa, bajo la inspiración de la profecía de Ageo, emprendieron el proyecto de restaurar la dignidad de Israel. Tras la reconstrucción del templo, Nehemías reconstruyó las murallas de Jerusalén. Los libros de *Daniel, Ester, Crónicas, Cantar de los Cantares* y la compilación sacerdotal de los *Salmos* se completaron entre los años 300 a. C. y 400 a. C. También se encuentra que *Job*, en su forma moderna, puede haber sido terminado en esta época.

Periodo helenístico

El periodo helenístico de la historia bíblica abarca desde el 333 a. C. hasta el 165 a. C., comenzando cuando Alejandro Magno conquistó Egipto y el Levante. Debido a conflictos en el seno del sacerdocio, se inició la creación de la orden sacerdotal samaritana. Una vez muerto Alejandro, su reino se dividió entre sus generales, incluyendo el Egipto ptolemaico y los seléucidas en Siria. Alrededor del 200 a. C. se escribieron los primeros *Rollos del Mar Muerto* y se redactó la traducción griega, la *Biblia Septuaginta*. Judea se rebeló contra los seléucidas, que dieron paso a la monarquía macabea. A finales del periodo helenístico, muchas de las escrituras del *Antiguo Testamento* estaban ampliamente difundidas, y la *Torá* y los escritos proféticos se consideraban fidedignos.

La monarquía macabea

La monarquía macabea comenzó con la derrota de los seléucidas, que habían dedicado el templo de Jerusalén a Zeus. Una vez derrotados sus ejércitos, el templo fue restaurado, instituyendo el gobierno de Judas Macabeo sobre Judea. La restauración del templo se celebra en el *Libro 1 Macabeos*. Tras el gobierno de Judas, su hermano Jonatán tomó el relevo y luchó contra los nabateos, lo que impulsó la fortificación de Jerusalén. En esta época, los conflictos en el seno del sacerdocio dieron lugar al desarrollo de múltiples comunidades, una de las cuales fue el Movimiento de los Rollos del Mar Muerto.

Época romana

Este es probablemente el periodo más popular en la conciencia general porque fue la época en la que nació Jesucristo. Dado que el cristianismo es la fe más practicada en el mundo actual, tiene sentido que esta época sea la más conocida. El periodo romano tuvo un impacto significativo en la religión judía moderna porque fue cuando se completaron los escritos talmúdicos. Los libros del *Nuevo Testamento* se recopilaron entre los años 50 y 100 d. C. basándose en las tradiciones orales transmitidas por la creciente religión cristiana. En el año 70, los romanos destruyeron el templo de Jerusalén. Tras años de persecución, los romanos adoptaron el cristianismo como religión de Estado, lo que contribuyó a que la fe se extendiera hasta convertirse en lo que es hoy en día.

Actividad cronológica

En el siguiente espacio, dibuje una línea de tiempo con los periodos clave de la historia bíblica. Destaque los acontecimientos importantes y explique cómo se relacionan con el relato bíblico.

La geopolítica y la identidad israelita

En el antiguo Oriente Próximo habitaban muchas tribus, lo que dio lugar a una pluralidad de creencias espirituales. Al ser una ruta comercial, las tribus nómadas cruzaban la zona, contribuyendo a los sistemas locales. Además, las conquistas y los conflictos en Oriente Próximo influyeron decisivamente en la forma de entender la religión. Al examinar el texto bíblico, se encuentran influencias de estos diversos grupos. Por ejemplo, el *Nuevo Testamento* se escribió predominantemente en griego debido a la contribución helenística a la cultura judaica de la época.

La exploración de la *Biblia* requiere saber que se produjo en distintas zonas y épocas de Oriente Próximo. La influencia de asirios, egipcios, hititas y edomitas es evidente cuando se entiende el contexto concreto en el que surgió el texto. Algunos citan incluso el antiguo Egipto como influencia de la *Biblia* a través de las narraciones de resurrección y como una de las primeras formas de monoteísmo bajo el gobierno de Akenatón. Sin embargo, en lugar de que una cultura alimentara a otra, es más acertado decir que el mestizaje de la zona facilitó la aparición y difusión de ideas similares. Por ejemplo, la religión del zoroastrismo persa pudo influir en la idea judía de una fuerza negativa personificada como Satán y el Dios positivo que libra una batalla.

Dentro de las tradiciones israelitas, había diversidad de pensamientos. Parte de la razón por la que el estamento religioso judío estaba en contra de la aparición de Jesús como figura mesiánica era el desastroso impacto que pensamientos similares habían tenido en el pasado. Las opiniones judías de la época estaban divididas entre dos escuelas principales: los maestros que se centraban en la ley; y las escuelas mesiánicas, que profetizaban un mesías venidero que los liberaría del dominio romano. Jesús no fue la primera ni la única figura mesiánica que surgió en rebelión contra los romanos. Los prototipos de mesías más violentos que lideraron rebeliones y las masas que los siguieron fueron rápidamente capturados y asesinados por los soldados romanos. La clase sacerdotal y dirigente de Judá se percató de que este ciclo se repetía, por lo que presionó para alejarse de las interpretaciones apocalípticas de los textos por motivos de autoconservación. De ahí que tuvieran problemas con Jesús, uno de una larga serie de mesías.

Muchas de las leyes, enseñanzas e interpretaciones de la *Biblia* empiezan a tener sentido a través de la comprensión de los conflictos internos judíos, los desacuerdos entre tribus que habitaban la misma zona y los numerosos conflictos que se produjeron. Además de la geopolítica en la literatura, existe también el elemento de la revelación divina, que trata de la profecía cumplida y del reino sobrenatural. Muchos estudiosos se abstienen de este aspecto sobrenatural de la *Biblia* porque no hay forma de probarlo o estudiarlo. Sin embargo, si se considera que la revelación divina es cierta, se puede replantear el significado de la *Biblia* y contribuir aún más a la formación geopolítica del libro, porque las decisiones de los creyentes suelen estar impulsadas por su fe y por cómo interpretan sus creencias. La firme creencia de los mártires que murieron por el cristianismo en distintas épocas es la razón por la que esta religión se extendió tan lejos. La gente se asombraba de la convicción que demostraban los primeros creyentes y se sentían atraídos a unirse a la fe por la que todos estaban dispuestos a morir. Por tanto, la interacción entre fe, política e historia hace de la *Biblia* una de las compilaciones textuales más cautivadoras de la historia.

La *Biblia* y el pensamiento crítico

El cristianismo, el judaísmo y la interpretación moderna de la *Biblia* podrían haber sido totalmente distintos si algunos momentos clave hubieran transcurrido de manera diferente. Por lo tanto, el pensamiento crítico en el sentido bíblico requiere minimizar los prejuicios y revisar toda la información disponible para sacar conclusiones sobre el texto. Estudiar la *Biblia* requiere toda una vida de dedicación. Existen numerosas traducciones y comprensiones teológicas del texto, por lo que se encuentran congregaciones cristianas y escuelas de pensamiento judías con ideas contradictorias, a pesar de que sus líderes han dedicado innumerables horas a buscar la verdad de la *Biblia*.

Están surgiendo nuevas formas de interpretar el texto con movimientos como el cristianismo progresista, que destaca los aspectos de justicia social del *Evangelio* y pretende que el cristianismo sea más inclusivo para diversos grupos, como la comunidad LGBT. En la actualidad hay mucha información y los datos viajan tan rápido que se puede acceder a ellos de inmediato. Además, hay más acceso a la información del que tuvieron muchos de los eruditos y entusiastas bíblicos del pasado. Esto significa que el pensamiento crítico es ahora más importante que nunca debido a la afluencia de información y a la avalancha de opiniones contradictorias.

El quid del pensamiento crítico consiste en adaptarse a la nueva información en lugar de permanecer firme e inamovible[88]

El quid del pensamiento crítico es adaptarse a la nueva información en lugar de sostener una opinión firme e inamovible. Tener la mente abierta a nueva información y analizarla de acuerdo con las últimas investigaciones proporciona el principio fundamental para una comprensión más completa de la *Biblia*. Tener en cuenta factores como las traducciones, la política, la historia y la interpretación teológica del texto proporciona una visión completa. Si estudia con mente abierta, podrá acercarse a una visión completa de esta antigua compilación de libros que ha sido tan determinante en darle forma al mundo.

A medida que avance en la lectura de estos capítulos, obtendrá más información sobre la *Biblia* y aprenderá a pensar críticamente y a cuestionar las narraciones que se le presentan, evaluando los detalles con un ojo crítico y desentrañando los secretos más valiosos.

¿Cómo entiende actualmente la *Biblia*?

_____

_____

_____

_____

_____

¿Qué influye en esa opinión?

_____

_____

_____

_____

_____

¿Está dispuesto a que se cuestionen sus puntos de vista? ¿Por qué sí o por qué no?

_____

_____

_____

_____

_____

Actividad de investigación

Investigue las diferencias que surgen cuando una persona acepta la revelación divina para interpretar el texto bíblico y cuando una persona rechaza las intervenciones sobrenaturales.

¿Cómo se entiende el desarrollo de la antigua religión israelita y del cristianismo posterior a través de la interpretación de la revelación divina?

¿Cómo se entiende el desarrollo de la religión israelita y del cristianismo si se rechaza la revelación divina?

¿Cuáles son las posibles razones geopolíticas e históricas por las que la *Torá*, o *Pentateuco*, se escribió y recopiló tal y como se conoce en la actualidad?

¿Qué razones geopolíticas e históricas dieron lugar a la transición de las tradiciones orales de los primeros seguidores de Cristo a los *Evangelios* estandarizados en escrituras?

Capítulo 2: Del *Génesis* al *Deuteronomio*: los cinco primeros libros

Los cinco primeros libros de la *Biblia*, la *Torá* o *Pentateuco*, son fundamentales para la estructura narrativa del texto[20]

Los cinco primeros libros de la *Biblia*, la *Torá* o *Pentateuco*, son fundamentales para la estructura narrativa del texto. La belleza de las *Escrituras* radica en que, a lo largo de cientos de años, han sido moldeadas desde el punto de vista de diferentes autores y en distintos contextos culturales, y sin embargo han dado lugar a una narración global. Las estructuras y las lecciones morales de los cinco primeros libros de la *Biblia* siguen resonando y desarrollándose a medida que avanza la historia.

En este capítulo, se habla profundamente de los elementos temáticos de la *Torá* y se examina cómo aplicar esas lecciones hoy en día. La *Torá* sirve como un espejo en el que mirarse para reflexionar sobre la propia vida y la sociedad, desde la formación de la ley moderna hasta la forma en que la civilización está moldeada por las experiencias personales. Puede decirse que el *Pentateuco* es la parte más esencial de la *Biblia*, porque todas las historias que siguen se construyen sobre los temas revelados en estas poderosas narraciones. Explore la relación de Dios con la humanidad y sus interacciones para revelar historias milagrosas de juicio, misericordia, redención y salvación desde el *Génesis* hasta el *Deuteronomio*. Las historias atemporales y los principios que revelan siguen siendo igual de relevantes, por lo que explorarlas puede ayudarle a desvelar muchas cosas sobre usted mismo y sobre cómo encarnar algunos de los principios más elevados de la verdad.

Trama de las narraciones clave del *Génesis* al *Deuteronomio*

La trama central que recorre los cinco primeros libros de la *Biblia*, o la *Torá* (palabra hebrea para ley) es la complicada relación de Dios con la humanidad. El Dios israelita es un replanteamiento radical de la forma en que el mundo antiguo entendía las deidades. Aunque el Dios de la *Biblia* recurre a muchas de las mismas prácticas y acuerdos que otros dioses, la diferencia central es el amor. El punto vital de la *Torá* es que, aunque Dios se enfada y maldice a su pueblo, mantiene siempre una relación paternal a lo largo de la lucha constante entre obediencia y rebelión.

Génesis

La palabra *Génesis* es sinónimo de principio. El *Génesis* se centra en el inicio del cosmos y prepara el escenario para el comienzo de la relación de Dios con la humanidad. El cosmos comienza como un lugar caótico e inhabitable, o como la *Biblia* lo llama, «sin forma y vacío». Entonces Dios lo ordena, creando un mundo al que constantemente se refiere como «bueno». La *Biblia* presenta a los primeros seres humanos, Adán y Eva. Algunos los interpretan como personas literales, mientras que otros toman la historia de forma más simbólica. En cualquier caso, sus nombres tienen un significado. Adán significa «Humanidad» y Eva significa «Vida». De este modo, estos dos personajes fueron los primeros representantes de la relación de la humanidad con Dios.

El *Génesis* se centra en el inicio del cosmos[40]

Adán y Eva aún no habían recibido la ley, que llegaría más tarde con el profeta Moisés. Sin embargo, Dios les puso la norma de no comer el fruto del Árbol del conocimiento del bien y del mal. Cuando comieron el fruto, dejaron de seguir los deseos de Dios y empezaron a confiar en su propio entendimiento, lo que tuvo consecuencias devastadoras.

El tema de los humanos siguiendo sus deseos en contra de lo que Dios les pide se repite a lo largo de la *Torá*, especialmente en el *Primer libro* del *Génesis*. Allí sucede el primer asesinato cuando Caín mata a Abel. Luego Lamec, su descendiente, se jacta de que su maldad es aún mayor, lo que finalmente lleva a la historia de la torre de Babel, donde la humanidad intenta construir una estructura para alcanzar los cielos. En este ejemplo se desarrolla un poco más el tema de los caprichos de la humanidad porque, en lugar de seguir las directrices de Dios para acercarse a Él, intentaron conseguirlo por sus propios medios. Dios no quiere matar a todos los humanos impuros que no pueden acercarse a él, así que muestra misericordia y confunde sus lenguas para dividirlos en naciones. En ese momento, cada nación tiene su dios, pero a través de Abraham, el Dios de Israel revela que es más grande que todos, lo que se hace más significativo después, en el *Éxodo*.

Antes de Abraham, está la historia de Noé, que construyó un arca antes de que Dios inundara la Tierra. Tras generaciones de maldad, Dios se hartó y decidió acabar con el mundo. Noé y su familia entran al arca y se salvan mientras el mundo se inunda. Esta es una de las representaciones más sorprendentes de la justicia y la misericordia de Dios, porque no destruye a todo el mundo, sino que da una oportunidad a unos pocos fieles. El siguiente protagonista de la narración bíblica es Abraham, a través del cual Dios estableció el sistema de pactos. Dios hizo tres grandes promesas a Abraham. En primer lugar, que tendría muchos descendientes. En segundo lugar, que obtendría tierras para su pueblo. Y, por último, que todas las naciones serían bendecidas a través de su descendencia.

Interpretación del arca de Noé"

Jacob, el hijo de Abraham, recibió su primogenitura y tuvo doce hijos. Su hijo favorito fue José. Jacob le regaló a José un abrigo de colores, lo que provocó los celos de sus hermanos, que conspiraron para asesinarlo, pero terminaron vendiéndolo como esclavo. Con los dones que Dios le había dado, José ascendió en la escala social y se convirtió en una de las personas más poderosas de Egipto. Tiempo después, la hambruna asoló muchas naciones de Medio Oriente, lo que llevó a los hermanos de José a buscar refugio en Egipto. Llegaron a Egipto y descubrieron que su hermano ocupaba un alto cargo y podía ayudarles. Él les contó cómo Dios había convertido en prosperidad sus planes de maldad. Este es el instante en que se revela por primera vez el aspecto de transmutación de la *Torá* y, por extensión, de la *Biblia*, porque el poder omnisciente de Dios pudo transformar el mal en justicia, incluso cuando parecía no haber esperanza.

Éxodo

Algunas generaciones después de José, los israelitas fueron esclavizados en Egipto por un faraón malvado. Así comienza la narración del *Éxodo*, en la que Dios libera a los israelitas de su cautiverio bajo el liderazgo de Moisés. Como el faraón se negó a liberar a los israelitas, Dios envió terroríficas plagas a Egipto, haciendo hincapié en la justicia. Por ejemplo, la última plaga mataba a los hijos primogénitos de los egipcios, por lo que el faraón ordenó el asesinato de los hijos mayores de Israel. Los israelitas tenían que sacrificar un cordero de Pascua y frotar la sangre en sus puertas para evitar que mataran a sus primogénitos. La sangre en la *Biblia* representa la vida, así que esto simbolizaba que solo la vida podía entrar por las puertas de los israelitas. Esto está relacionado con la última parte de la *Torá* (en el *Deuteronomio*), cuando Moisés insta a los israelitas a elegir la vida.

El *Éxodo* narra cómo Dios libera a los israelitas del cautiverio[43]

En el mundo antiguo existía el concepto de reyes soberanos y reyes vasallos. Los reyes vasallos eran gobernados por reyes soberanos de naciones o imperios más grandes. Para mantener la paz, llegaban a acuerdos llamados pactos. Estos pactos solían tener ciertos elementos en común. En primer lugar, destacaban la generosidad del rey soberano, que permitía que la nación del vasallo viviera de una determinada manera y le ayudaba a derrotar a sus enemigos. A continuación, incluían maldiciones, que eran las consecuencias que se producían si el rey vasallo rompía el acuerdo. También se incluían bendiciones, que eran los privilegios de los que gozaba el rey vasallo bajo el dominio del soberano. Por último, había rituales de recuerdo para reforzar el contrato, que solían hacerse bajo los nombres o tradiciones de los dioses de ambos reinos. Este sistema se reflejaba en el sistema de pactos que Dios estableció con el pueblo de Israel tras su huida de Egipto, que se analiza con más detalle en el *Libro de Levítico*.

Levítico

El relato levítico muestra el restablecimiento de la relación de Dios con el pueblo de Israel. Al principio de la historia, Dios habitó entre los humanos, hasta la caída de Adán y Eva, causada por su desobediencia. En el *Levítico*, Dios cierra el castigo y decide habitar entre los hijos de Israel. Ordena la construcción de un tabernáculo, que era como una tienda-templo en medio del desierto. Una vez construido, Dios habitó en él para guiar a Israel.

Moisés no podía entrar en el tabernáculo y los sacerdotes que entraban en él indebidamente morían, lo que dio lugar a la institución de leyes y protocolos para garantizar la pureza de quienes accedían. En primer lugar, se instituyeron leyes dietéticas que establecían lo que se podía comer y lo que no. En segundo lugar, se instituyeron estados de pureza según las enfermedades y los fluidos corporales. A continuación, se introdujeron leyes morales relativas a las relaciones, el sexo y la justicia. Los sacerdotes tenían que mantener una norma aún más estricta porque eran los representantes de la comunidad y se presentaban ante el Señor. Estas leyes establecían un estándar de lo que se necesitaba para permanecer cerca de Dios.

La mayoría de los mandatos eran comunitarios y se centraban en una relación con el Señor. Por otro lado, los conceptos de limpio e impuro no eran necesariamente lo mismo que lo correcto y lo incorrecto. Se trataba más bien de Dios y de mantener un alto nivel de santidad para estar más cerca de él. Esto enfatizaba en que un Dios perfecto considera adecuado amar a la gente y buscar formas de acercarse y conectar. Dios empezó a adoptar un carácter de humildad, que más tarde se pondría de relieve en la narración del sacrificio de Cristo, pero aquí fue donde empezó.

Números

El libro de los *Números* se centra en la estancia de los israelitas en el desierto. El viaje, que debería haber durado un par de semanas, se alargó hasta cuarenta años. En el camino hacia la Tierra Prometida, los israelitas pasaron tiempo en tres zonas principales del desierto, a saber, el monte Sinaí, Parán y Moab, en el borde de la Tierra Prometida. La vida en la presencia de Dios inició en el anterior libro, el *Levítico*, y continúa en *Números*. El campamento israelita y su itinerancia seguían el orden de Dios y la estructura de la pureza. Cuando acampaban, el tabernáculo estaba en el centro, rodeado por las tribus sacerdotales de los levitas y las demás tribus a su alrededor. El Arca de la Alianza, que contenía la presencia de Dios, era llevada al frente durante el viaje, seguida por los levitas, Judá y el resto de las tribus. El significado simbólico de que Dios estuviera en el centro mientras acampaban y al frente mientras viajaban demostraba que Él siempre era el guía.

Durante estos viajes, Dios siempre proveía a los israelitas de agua, maná y aves para que se alimentaran. A pesar de las bendiciones, los israelitas se quejaban, afirmando que tenían un mejor nivel de vida bajo la opresión de Egipto. Cuando la nube de la presencia de Dios se movía, los israelitas la seguían. A lo largo de su travesía por el desierto, los israelitas rompieron constantemente su acuerdo con Dios, lo que resultó en múltiples maldiciones, incluyendo ser atacados por serpientes. La forma en que los israelitas se curaban de las mordeduras de serpiente es interesante: colocaban una serpiente de bronce en una estaca y cuando alguien era atacado, le decían que la mirara para curarse. Esto simbolizaba la necesidad de acudir a Dios y, en la narrativa cristiana, se considera una representación temprana de cómo Cristo sería clavado en una cruz por los pecados de la humanidad.

Una de las maldiciones más representativas fue que «tendría que pasar una generación antes de que llegaran a la Tierra Prometida», razón por la cual la travesía del desierto se prolongó durante tanto tiempo. Así se introdujo el tema del equilibrio entre el libre albedrío y la voluntad de Dios. Según el relato, Dios quería que su pueblo lo siguiera y habitara en su presencia para poder recompensarlo. Sin embargo, Dios no forzó este resultado. Por lo tanto, a cada paso, existía la opción de que los humanos rechazaran la comunión de Dios esto provocaba consecuencias.

El tema de Dios transmutando el mal en bien se repitió en la región de Moab. Cuando los israelitas pasaron por Moab hacia la Tierra Prometida, el rey estaba preocupado porque esta gran nación estaba viajando a través de su territorio. La preocupación del rey Balac lo llevó a emplear a un poderoso hechicero, Balaam. Balaam reconoció el poder inconfundible del Dios de Israel, así que le rezó para que maldijera a los israelitas. Sin embargo, Balaam descubrió que solo podía pronunciar bendiciones cada vez que intentaba maldecirlos. La bendición final que pronunció Balaam fue que la promesa de Dios a Abraham de bendecir a sus descendientes y establecer una nación llegaría a través del liderazgo de un poderoso rey israelita. Esto enlaza la narración con el *Génesis*, mostrando que se trata de una historia global en lugar de libros o capítulos aislados. El tema de la transmutación «del mal al bien» se ve en que los israelitas se rebelaban en el valle y Dios seguía bendiciéndolos desde la cima de la montaña.

Deuteronomio

El libro del *Deuteronomio* recoge el último discurso de Moisés al pueblo de Israel antes de morir y ceder el liderazgo a Josué. Moisés nunca entró en la Tierra Prometida, pero llevó a Israel al borde de ella. En este épico discurso, Moisés esboza todo lo que Israel debía tener en cuenta al entrar en la Tierra Prometida.

El Libro del *Deuteronomio* cubre el último discurso de Moisés al pueblo de Israel antes de morir y entregar el liderazgo a Josué[48]

Moisés abrió el discurso destacando su constante rebelión. Luego pasó a animar a la nueva generación a no ser como sus antepasados, sino a obedecer a Dios con diligencia. Moisés les recordó las leyes de la alianza que hicieron con Dios, adaptándolas para hacerlas relevantes para una nueva generación.

Una de las revelaciones clave del *Deuteronomio* es el *Shemá*, una declaración que el pueblo judío sigue haciendo hoy en día en la oración dos veces al día. El *Shemá* está en *Deuteronomio* 6:4-5 y dice: «Escucha, Israel: El Señor nuestro Dios, el Señor es uno. Ama al Señor tu Dios con todo tu corazón, con toda tu alma y con todas tus fuerzas». Este es el quid del mensaje que Moisés dejó al pueblo antes de su partida. Moisés tuvo que hacer hincapié en que el Dios de Israel es uno porque, al entrar en la Tierra Prometida, habitarían entre una multitud de naciones que adoraban a dioses diversos. Hizo otra declaración, de la que más tarde se hace eco el *Nuevo Testamento*, en la que señaló que Israel tenía la opción de obedecer y amar a Dios o rebelarse. Moisés advirtió que Israel podía elegir la muerte o la vida y animó a la nación a elegir la vida. Esta elección de la vida es una llamada a la sangre del cordero que los liberó de Egipto.

Moisés predijo que los israelitas se rebelarían y serían desterrados de la Tierra Prometida. Concluyó que esto se debía a que sus corazones estaban endurecidos por el egoísmo y el deseo de seguir su propia voluntad en lugar de la del Señor. Para subrayar que la lucha por la carne es propia del ser humano y está profundamente arraigada en la genética de la humanidad, Moisés relacionó este endurecimiento del corazón con el relato del *Génesis*, cuando Adán y Eva cayeron en el Jardín del Edén. Sin embargo, terminó con un mensaje de esperanza de que el Señor encontraría la manera de ablandar sus corazones, lo que de nuevo elevó el tema de la transmutación de lo negativo en positivo. Este episodio sentó las bases de la historia de Cristo como salvador porque, desde el punto de vista cristiano, su sacrificio abrió el camino para que la humanidad recibiera corazones nuevos.

Actividad de escritura

Haga una representación visual de los principales relatos de la *Torá*. Explique las lecciones que se desprenden de cada relato y subraye cómo se enlazan para formar una narración global.

_____

_____

_____

_____

_____

_____

_____

_____

_____

_____

Temas y lecciones morales de la *Torá*

Desde el punto de vista temático, la *Torá* revela algunos principios fundamentales. Los corazones de la humanidad están inclinados a la maldad. Las personas deben esforzarse por resolver el problema de tener corazones malvados siguiendo los mandamientos de Dios, incluidos los rituales, las leyes y las fiestas conmemorativas. Dios es perfecto. Por lo tanto, solo los más puros pueden estar cerca de su presencia sin filtros. Aunque hay leyes para obtener la pureza que permite tener comunión con Dios, Él entiende que los humanos se quedan cortos, por lo que continuamente muestra misericordia.

De este modo, la *Torá* establece el tema de la lucha constante de la humanidad contra sus deseos para cumplir el estándar de Dios. La *Biblia* es radicalmente diferente de las enseñanzas que promueven la búsqueda de sí mismo. La *Torá* plantea que la humanidad debe negarse a sí misma para alinearse con los deseos de Dios. Dios es visto como la personificación del bien más elevado y de los principios más justos que la humanidad puede perseguir, por lo que el mensaje central de la *Torá* es disminuir la lujuria personal por un propósito más elevado, la misión espiritual de seguir a Dios.

Se enfatiza lo comunitario por encima de lo personal. Por lo tanto, las personas más puras, los sacerdotes, se presentan ante Dios para representar a la humanidad. En el Día de la Expiación, como se indica en el *Levítico*, se realiza el sacrificio de una cabra como ofrenda a Dios y otra es liberada en el desierto, cargando con los pecados de la comunidad. Este énfasis en el perdón equilibra la justicia y la pureza de las leyes estrictas. A través de esta ventana de expiación, la misericordia de Dios se recuerda para enfatizar cómo la gente debe comprometerse con los demás y mostrar un espíritu de comprensión y perdón. Así pues, además de buscar la pureza en la letra de la ley, el amor y la misericordia se encuentran en el corazón de la *Torá*.

Actividad posterior a la lectura

¿Qué lecciones aprendió de cada uno de los libros de la *Torá*? ¿Cómo puede aplicar algunos de esos principios en su vida actual?

_____

_____

_____

_____

_____

_____

_____

_____

_____

_____

Reflexiones sobre las leyes de la *Torá* y su significado moderno

Algunas leyes de la *Torá* se conocen como leyes naturales. Estas son las que surgen de culturas de todo el mundo porque son necesarias para que la civilización o la sociedad se mantengan. Las leyes naturales incluyen principios como no mentir, no robar o no asesinar. Además de estas leyes naturales o morales, la *Torá* tiene leyes de pureza, que son ligeramente diferentes. Cuando Dios descendió para habitar cerca de su pueblo, este necesitaba purificarse, y ciertas prácticas o condiciones podían considerarse limpias o impuras.

El mensaje central de la *Torá*, que sigue siendo influyente en el mundo moderno, es que el corazón de la humanidad la lleva por mal camino. Reflexione sobre cada decisión egoísta que alguien tomó y que tuvo consecuencias negativas. Por mucho que la gente predique la bondad, el amor, la unidad, el perdón y la paciencia, estos valores rara vez se expresan. Una lucha interna constante alinea estos valores superiores contra la gratificación instantánea o el camino más fácil de los deseos egoístas. Los festivales y rituales establecidos en la *Torá* traen la imagen de Dios, que recuerda a las personas el camino que deben seguir.

Luchas y triunfos de los personajes bíblicos y cómo se relacionan con usted

A lo largo de la *Torá*, se ve a la humanidad luchando contra sus deseos para seguir los caminos de Dios. Cuando los personajes se someten a Dios, son bendecidos incluso en las peores situaciones. Cuando los personajes se rebelan y se apartan de las instrucciones de Dios, son maldecidos, lo que trae más dificultades a sus vidas, pero Dios siempre abre un camino para que vuelvan a Él. Obedecer o no a los mensajes de Dios siempre trae bendiciones o maldiciones, ya que el Señor permite a los humanos tomar decisiones libres. Debido a la naturaleza perfectamente justa de Dios, las personas deben vivir con las consecuencias de sus decisiones.

Cuando los personajes se someten a Dios, son bendecidos incluso en las peores situaciones"

¿Con cuál de los personajes de la *Torá* se identifica más y por qué?

_____

_____

_____

_____

_____

_____

_____

_____

_____

¿Trace un mapa de las luchas y triunfos de ese personaje y relaciónelo con su vida? ¿Qué valor puede extraer de su comprensión?

_____

_____

_____

_____

_____

_____

_____

_____

_____

_____

El paso de lo erudito a lo transformador

Es admirable estudiar la *Torá* desde un punto de vista erudito, pero, en esencia, estos libros están pensados para ser aplicados, no solo estudiados. Tanto si es creyente como si no, puede obtener mucha sabiduría al abrazar las verdades eternas esbozadas en estos textos. Memorizar los versículos de la *Torá* y comprender el trasfondo histórico es esclarecedor y es una forma excelente de ampliar sus conocimientos. Sin embargo, solo cuando se aplican los aspectos espirituales y filosóficos del libro, las *Escrituras* resultan verdaderamente transformadoras. Los dos mensajes centrales de la *Torá* son que Dios puede transformar la maldad en bondad, y que serán bendecidas solo las personas que logren suprimir sus deseos egoístas y seguir a Dios por un propósito superior.

¿Cómo cree que puede aplicar los temas centrales de la *Torá* para transformar su vida?

_____

_____

_____

_____

_____

_____

_____

_____

_____

_____

Capítulo 3: Libros del *Antiguo Testamento*

Ahora que ya estudió los cinco primeros libros de la *Biblia*, está preparado para adentrarse en el *Antiguo Testamento* en su conjunto. Este capítulo proporciona una visión general de la *Biblia* hebrea y sienta las bases para una investigación más profunda en los capítulos siguientes. Tras estudiar estas explicaciones teóricas y completar las actividades, sabrá analizar los estilos literarios del *Antiguo Testamento* e identificar los temas principales del texto.

El *Antiguo Testamento* fue escrito originalmente en hebreo[45]

Contexto histórico y cultural del *Antiguo Testamento*

La *Biblia* hebrea, el *Tanaj*, está dividida en tres secciones: la *Torá*, los *Nevi'im* y los *Ketuvim*. La *Torá* o *Pentateuco*, que se analizó en el capítulo anterior, corresponde a los cinco primeros libros del *Antiguo Testamento*, que contienen la ley. Los *Nevi'im* son los libros de los profetas y los *Ketuvim* pueden traducirse como los escritos. Esta división en tres partes de las *Escrituras* es antigua y procede de la época en que los textos aún se registraban en rollos. Es probable que los antiguos israelitas entendieran el texto de esta manera, porque organizado así tiene un flujo lógico. Además, los judíos modernos que leen las *Escrituras* en el hebreo original siguen utilizando este método para dividir el *Antiguo Testamento*.

Una división más contemporánea del *Antiguo Testamento* agrupa las *Escrituras* en las categorías de libros históricos, libros poéticos o sapienciales y libros proféticos. Los libros históricos comprenden la *Torá*, *Josué, Jueces, Rut, 1 y 2 Samuel, 1 y 2 Reyes* y *1 y 2 Crónicas*. Los libros poéticos son *Proverbios, Salmos, Job, Cantar de los Cantares* y *Eclesiastés*. El resto del *Antiguo Testamento* se compone de escritos proféticos, como *Ezequiel, Jeremías, Amós* y *Oseas*.

Los temas de la *Torá* continúan a lo largo de todo el *Antiguo Testamento*. La narración global que se desvela a medida que avanza la historia es la relación de amor, misericordia y juicio de Dios hacia un pueblo que se rebela constantemente contra él. La escritura profética del libro de *Oseas* abarca bien esta relación y la compara con un matrimonio adúltero. Oseas estaba casado con Gomer, una mujer que mantenía continuamente relaciones extramatrimoniales. Según las leyes de la *Torá*, Oseas tenía todo el derecho a divorciarse de ella. En lugar de decirle que abandonara a Gomer por sus defectos, Dios le dice a Oseas que la acepte de nuevo y le muestre compasión, una metáfora de la relación de Dios con Israel. Aunque Dios se justifica cuando abandona a su pueblo por adorar ídolos, vuelve a él en su amor y misericordia.

Sería demasiado extenso escribir los detalles de cada persona en la vida de Israel, así que la atención se centra en tres grupos principales: jueces, reyes y profetas. Cuando Josué condujo a Israel a la Tierra Prometida, el pueblo todavía seguía las leyes de Dios. Una vez que Josué murió, Israel fue dirigido por una sucesión de jueces y la nación se deterioró una vez más después del período mosaico en el desierto. Los jueces de Israel no eran como los de un sistema judicial. Están más relacionados con los jefes tribales. Los profetas actuaban como portavoces de Dios y, en distintos periodos, revelaban bendiciones o maldiciones para Israel. Sin embargo, a menudo concluían con un mensaje de esperanza para el futuro, ya que Dios dejaba abierto un camino para la restauración y la redención.

Cuando los israelitas habitaban entre los cananeos, adoraban a varios dioses extranjeros. Cayeron tanto en estas rebeldes tentaciones que llegaron a ser precisamente como los cananeos, por lo que Dios decidió expulsarlos de la Tierra Prometida. Eran inmorales e incluso practicaban el sacrificio de niños, así que Dios utilizó a las naciones circundantes para juzgar a Israel, lo que finalmente condujo al exilio de la Tierra Prometida. A través de muchos acontecimientos complicados, los israelitas fueron exiliados a Babilonia. El *Antiguo Testamento* concluye con una historia de esperanza en la llegada del Mesías y la reconstrucción del templo.

Actividad 1

Destaque cinco historias del *Antiguo Testamento* en las que la presencia de Dios abandonó a los israelitas.

Explique por qué la presencia de Dios se fue y qué tuvo que suceder para volver a alinearse con la voluntad de Dios.

_____

_____

_____

_____

_____

_____

_____

_____

_____

_____

Resalte cinco historias del *Antiguo Testamento* en las que Dios bendijo a los israelitas.

_____

_____

_____

_____

_____

_____

_____

_____

_____

_____

Explique cómo estas bendiciones se relacionan con el tema de la misericordia y la redención de Dios y con el hecho de que transforme la maldad en justicia.

_____

_____

_____

_____

_____

_____

_____

_____

_____

_____

Los libros de historia

Estos 17 libros narran la historia de la humanidad y de Israel desde la creación hasta la caída de los reinos del Norte y del Sur. La narración comienza mostrando cómo Israel es redimido y salvado de la esclavitud bajo el brutal dominio del faraón. Se traza su viaje a través del desierto hasta la Tierra Prometida. Los libros detallan el periodo de los jueces, en el que Israel se deterioró rápidamente y se asemejó a las naciones paganas a las que había sustituido. Luego, Israel pasó de la época de los jueces a la de los reyes. Los conflictos internos provocaron la división del reino en el norte de Israel y Judá en el sur. Los libros de historia de Israel concluyen con la caída de ambos reinos y la entrada de Israel en un nuevo cautiverio.

Exploración temática del *Antiguo Testamento* a través del rey David

La vida del rey David resume a la perfección cómo Dios bendice a quien sigue sus leyes y maldice a quien se aparta de ellas. Capta perfectamente cómo siempre hay lugar para la redención y el arrepentimiento, independientemente de lo lejos que se haya caído, y cómo el mal puede utilizarse para facilitar, en última instancia, resultados justos.

David es uno de los reyes más famosos de la *Biblia* y solo compite con su hijo Salomón. El primer acto de heroísmo del rey David fue derrotar a Goliat, un guerrero filisteo al que todos temían. El pastor estaba acostumbrado a matar osos y lobos en el campo, así que utilizó sus habilidades con la honda para derrotar al gigante.

El rey Saúl fue el primer gobernante de Israel, pero su maldad lo venció. A medida que David crecía en popularidad, el rey Saúl se ponía celoso y temeroso, pensando que David quería derrocar su trono. Saúl intentó matar a David, pero fracasó. A través de esta rivalidad se revela el carácter de David, que perdona la vida a Saúl continuamente, incluso cuando tiene oportunidades fáciles de matarlo.

Finalmente, David asciende al trono. Fue un rey justo, pero también pecó. Deseó a Betsabé, que era una mujer casada, y mantuvo con ella una relación adúltera. Envió al marido de Betsabé, Urías, al frente de una batalla para que muriera y así poder casarse con ella. El rey David tuvo éxito en su plan y Dios se decepcionó de él. Natán llamó la atención a David por su maldad y, como castigo, el hijo que concibió con Betsabé murió.

Una estatua del rey David, tocando el arpa[46]

Bajo David, el reino de Israel se fortaleció y solidificó. Quiso construir un templo para el Señor, pero no lo consiguió. Sin embargo, el rey Salomón, su hijo, construyó el templo que David había soñado. Del linaje de David nació Jesucristo, el redentor de Israel. Sin embargo, muchos reyes que gobernaron después de David (incluido Salomón) cayeron en la maldad y la idolatría.

Actividad 2

Construya un guion gráfico de la vida del rey David, señalando los puntos altos y bajos y sus consecuencias. Mientras crea esta representación visual, reflexione sobre los temas de la justicia, la misericordia y la dualidad de Dios, que existen en la esencia de la humanidad. Incluya paralelismos con su vida como forma de meditar profundamente sobre la sabiduría de este relato histórico.

Los libros sapienciales

Los tres principales libros sapienciales son *Job*, *Eclesiastés* y *Proverbios*. Algunas personas incluyen los *Salmos* en las tradiciones sapienciales, pero el libro completo no cumple los parámetros para encajar en esta categoría. La tradición sapiencial comienza con el libro de *Proverbios*. Típicamente, los proverbios son dichos breves que comunican lecciones dentro de culturas o grupos específicos. El libro *Proverbios* contiene lecciones, pero también una estructura narrativa. La primera parte de *Proverbios* se presenta como un padre que habla a un hijo y lo guía. En la segunda parte del texto, la sabiduría se personifica como una mujer y puede relacionarse con una figura materna.

Proverbios enseña a ser sabio, lo que en el contexto israelita no se refiere solo a adquirir conocimientos, sino a aplicarlos en la práctica. Así pues, *Proverbios* enseña a vivir bien, empezando por el temor a Dios y el cumplimiento de sus mandamientos. A diferencia de la ley mosaica o los pactos, *Proverbios* no hace promesas, sino que funciona con probabilidades, en el sentido de que tomar decisiones sabias favorece las probabilidades de obtener resultados positivos.

El *Eclesiastés* echa por tierra la mecánica de *Proverbios*. Aunque el autor reconoce que es bueno vivir con sabiduría y temor de Dios, subraya que no hay garantía de que se vaya a vivir bien. Expresa este punto diciendo que la gente mala a menudo vive una vida grande y próspera, mientras la gente buena a menudo sufre. La palabra hebrea que encierra el tema del *Eclesiastés* es «*hevel*». *Hevel* se suele traducir como «sin sentido», pero una traducción más directa es vapor o humo. Si se consideran las cualidades del humo, se entiende la relación con la vida.

Todo es temporal o inasible. El autor del *Eclesiastés* lo subraya a través de los conceptos de tiempo y muerte. En una línea temporal suficientemente larga, todos los logros carecen de sentido. La mayoría de las personas fueron olvidadas hace mucho tiempo. A escala cósmica, toda la existencia de la humanidad es menos que un parpadeo. Por lo tanto, todo lo que se valora desaparece como humo en el viento. La muerte se utiliza para ilustrar el mismo punto. Todo el mundo encuentra el mismo final, ya sean sabios, necios, ricos o pobres. La muerte es el igualador que nadie puede evitar. De ahí que esta corta vida en el planeta sea como el humo; la gente intenta agarrarlo, pero se le escapa de las manos. Esto parece sombrío, pero el autor concluye que el sentido de la vida está en aceptar la naturaleza cambiante, paradójica y fugaz de la vida.

El Libro de *Job* explora una de las preguntas más difíciles que puede plantearse. ¿Por qué le ocurren cosas malas a la gente buena? La historia de Job comienza con un tribunal en el cielo, donde Dios señala a Job como ejemplo de rectitud. Satanás argumenta que Job solo es justo porque Dios lo recompensa y apuesta a que si Dios quita su cerco de protección a Job, este lo va a maldecir. A medida que Job sufre, se explora el tema de la justicia a través de sus conversaciones con sus amigos y con Dios. Job confiesa su inocencia y clama a Dios para que le explique por qué le ha llegado de repente todo este sufrimiento. Los amigos dicen a Job que él debe haberse buscado este sufrimiento porque Dios es verdaderamente justo. Sin embargo, el tribunal del cielo revela que Job era irreprochable, por lo que esta no es la respuesta.

El libro no revela por qué le ocurren cosas malas a la gente buena, sino que pone en perspectiva el lugar de la humanidad en el cosmos. Dios revela a Job que el universo está unido por estructuras complejas que su mente finita no comprende. Por lo tanto, Job no puede cuestionar la justicia de Dios. La respuesta que Dios da sobre por qué suceden cosas buenas a personas malas es que es demasiado complicado para que un ser humano lo comprenda. Job se humilla y se arrepiente, y Dios le devuelve todo lo que había perdido. Esto enlaza con el *Eclesiastés* en la medida en que las personas deben aceptar lo que no pueden controlar ni explicar. Cuando los libros sapienciales se ven a través de la lente del ciclo de la justicia, maldiciones y redención, (extenso tema del *Antiguo Testamento*) revelan que no es tan simple y que seguir a Dios es vital.

Actividad 3

Considere el mensaje central de *Proverbios* de vivir bien según los principios bíblicos. Considere el mensaje de Job de humillarse ante Dios. Ahora, reflexione sobre la sabiduría del *Eclesiastés* para soltar el control y aceptar lo que Dios le da a cada uno.

¿Cómo puede aplicar estos temas a su vida actual?

_____

_____

_____

_____

_____

_____

_____

_____

_____

_____

Escritos proféticos

Todos los profetas transmiten a Israel un mensaje central, aunque las particularidades de sus vidas enseñan lecciones únicas al pueblo. Cada profeta transmitió que hay que adorar a Dios (*y sólo a Dios*) para ser bendecido.

O puede rebelarse y enfrentarse al juicio de Dios.

La historia de Israel refleja este mensaje con sus muchas victorias y caídas. Los profetas siempre siguieron la misma estructura en sus escritos. Primero, denunciaban los pecados del pueblo. Luego, pedían al pueblo que volviera a las leyes de Dios. Por último, advertían al pueblo del juicio que sufriría en caso de rebelión.

Uno de los profetas más polémicos fue Jonás. El libro de *Jonás* termina con una pregunta de Dios que Jonás no responde. El carácter de Jonás ya estaba en tela de juicio porque había profetizado que un rey malvado, Jeroboam II, triunfaría y ganaría territorio. Al mismo tiempo, Amós, otro profeta de Dios, había dado el mensaje contrario, diciendo que el rey lo perdería todo debido a su maldad.

El libro de *Jonás* establece la salvación a las naciones gentiles y encierra el tema del *Antiguo Testamento* de la transformación del mal en bien. Jonás era israelita y del pueblo de Dios. Sin embargo, desobedeció a Dios, mientras que los paganos que encontró obedecieron a Dios. Dios envió a Jonás a los ninivitas para decirles que su ciudad sería destruida. Sin embargo, Jonás huyó en dirección contraria y acabó en un barco pagano. Cuando se acercó una tormenta, Jonás fue arrojado por la borda y los paganos se arrepintieron y adoraron a Dios, destacando la transformación de la maldad de Jonás en la bondad de ganar almas para adorar al Dios verdadero. Luego, Jonás fue tragado por una ballena, y Dios le permitió seguir adelante con su misión. Jonás entregó de mala gana la profecía a los ninivitas. Jonás no huía por miedo, sino porque odiaba a los ninivitas y quería destruirlos.

Jonás fue tragado por una ballena y Dios le permitió seguir con la misión

Después de que los ninivitas se arrepintieran y Dios los perdonara, Jonás se sintió miserable. Dios envió a Jonás una vid para darle sombra, lo que lo animó. Dios revirtió la bendición enviando un gusano que mató la vid, provocando que Jonás deseara la muerte. Dios llamó la atención de Jonás sobre cómo se lamentaba por la vid que le daba sombra. Dios le preguntó a Jonás si estaba dispuesto a llorar una vid *¿y cuánto más valían los ninivitas?* Luego, Dios le preguntó a Jonás si no valía la pena darles una oportunidad. Jonás no respondió, lo que lleva al lector a reflexionar sobre lo que significa para Dios perdonar a sus enemigos. El perdón de los enemigos y la figura de Jonás, que odiaba a los ninivitas, expresa de nuevo el tema de Dios transformando la maldad en justicia.

Actividad 4

1. Elija un profeta del *Antiguo Testamento*.

2. Resuma su historia.

3. Enumere las profecías, advertencias y juicios que pronunció.

4. Escriba sobre las lecciones que se pueden aprender de ese relato.

5. ¿Cómo se relaciona el profeta que eligió con los temas del *Antiguo Testamento* sobre el juicio, la redención, la obediencia a Dios y la transformación del mal en bien?

El sistema de pactos

Un pacto se entiende generalmente como una promesa, pero una forma más precisa de verlo es como un contrato. Dios establece acuerdos con su pueblo para bendecirlo si se ajusta a una determinada norma y le advierte de las consecuencias si se aparta de ella. En el *Antiguo Testamento* hay cuatro pactos, antes del quinto y último pacto del *Nuevo Testamento* con el sacrificio de Cristo. El sistema de pactos incluye el pacto noético, abrahámico, mosaico y davídico.

El pacto con Noé es el primero en la línea. Tras inundar el mundo y librar al planeta de una generación malvada, Dios prometió a Noé que la humanidad continuaría y que nunca volvería a destruir la Tierra con agua. En este relato del *Génesis*, tras la ira y la justicia de Dios, surge la misericordia.

El siguiente pacto llega a través de Abraham y es uno de los más significativos porque da lugar al nacimiento de tres grandes religiones mundiales: el judaísmo, el cristianismo y el islam. Dios instituye la práctica de la circuncisión y promete a Abraham una nación y que el mundo sería bendecido a través de su descendencia por su fidelidad. Dios también promete que su pueblo recibirá una tierra en la que su nación pueda prosperar.

El pacto mosaico es la institución de la Ley de Moisés. Cuando Dios liberó a los israelitas del cautiverio egipcio, les dio una ley para regir sus vidas moral y ceremonialmente. El acuerdo era que si eran obedientes, serían bendecidos, y si desobedecían, serían maldecidos. La historia del pueblo israelita se enmarca en este prisma de bendiciones y maldiciones, que es un tema central del *Antiguo Testamento*.

El último pacto antes de la venida del Mesías, que salvó a la humanidad por la gracia y la fe, es la promesa davídica, continuación de la Ley de Moisés. Dios prometió mantener a los israelitas en la tierra si le obedecían, pero les advirtió que irían al exilio si se apartaban de sus caminos y adoraban a dioses extranjeros. Dios también prometió que vendría un Mesías descendiente de David, que sería la redención de un Israel caído.

Actividad 5

Escriba los detalles de cada pacto y describa cómo se relaciona con la posterior venida del Mesías en el *Nuevo Testamento*.

_____

_____

_____

_____

_____

_____

_____

_____

_____

_____

_____

Capítulo 4: Literatura sapiencial: *Proverbios, Salmos* y *Parábolas*

La *Biblia* es una colección polifacética de libros que contienen profecías, leyes, historia, misterios y sabiduría práctica. La literatura sapiencial trata menos de grandes revelaciones que de la vida cotidiana de los seres humanos. Por mucho que se entiendan los detalles de la ley y se maraville ante los milagros del texto, a veces no tienen un fundamento práctico. Por eso, las tradiciones sapienciales de las *Escrituras* ofrecen una perspectiva humana del trabajo, la familia y las relaciones como forma de navegar por las complejidades de las pruebas y los triunfos de la vida.

Los libros de los *Salmos*, los *Proverbios* y el *Eclesiastés* (las parábolas de la *Biblia*), ofrecen enseñanzas únicas en la tradición sapiencial. Estos textos tienen puntos en común, pero perspectivas diferentes, lo que permite que atraigan a personas en distintas etapas de su vida y con distintas mentalidades. Estas enseñanzas son fáciles de entender porque están escritas para que la gente las sienta cercanas. Aunque los textos se compusieron dentro de un contexto histórico y cultural específico, los mensajes que enseñan son relevantes hoy en día porque algunos aspectos de la condición humana no cambian.

Explorar los textos sapienciales permite comprender en profundidad cada libro y su origen. Aprenderá cómo se aplicaban en la época, pero, lo que es más importante, reflexionará sobre ellos para darles vida y comprenderlos más profundamente interpretándolos como guías prácticas y aplicables. De este modo, puede establecer un vínculo con el pasado analizando introspectivamente el texto a través de la lente de su experiencia en el presente. Al relacionar las *Escrituras* con su vida, los libros sapienciales se despliegan en toda su plenitud y le permiten encarnar la mentalidad de los autores y del público al que se dirigían.

Salmos

El Libro de los *Salmos* es una recopilación de oraciones, poemas y canciones. Algunas obras son anónimas, pero distintas partes de los textos se atribuyen a varios autores. Setenta y tres *Salmos* se atribuyen al rey David, hábil poeta y músico. Una de las razones por las que David se acercó tanto a Saúl fue su habilidad para tocar el arpa. Otros salmos se atribuyen a Asaf, a los hijos de Coré y a los jefes de culto del templo, Hemán y Etán. Muchos textos de los *Salmos* se entonaban como cánticos de adoración, pero no exclusivamente como himnos. La principal motivación para recopilar los *Salmos* fue conservar las tradiciones espirituales de Israel durante el exilio babilónico. Por lo tanto, el libro de los *Salmos* hace hincapié en cómo los israelitas deben vivir en la fe para poder regresar a la Tierra Prometida.

El libro de los *Salmos* es una compilación de oraciones, poemas y canciones[47]

Los *Salmos* se dividen lógicamente en seis secciones, siendo los dos primeros *Salmos* una introducción, que anima a meditar sobre las enseñanzas de la *Torá* y reitera la alianza mesiánica establecida con el rey David. Los *Salmos* 3 al 41 tratan de la fidelidad al pacto. Las bendiciones, las maldiciones y la misericordia surgen como un hilo conductor constante en el *Antiguo Testamento*. En esta sección se encuentra uno de los textos más populares de la *Biblia*, el *Salmo 23:1*, «El Señor es mi pastor, nada me falta». Este salmo enfatiza la confianza en Dios y el compromiso total con Él que expresó Moisés en *Deuteronomio 6:4-5* «Escucha, Israel: El Señor nuestro Dios, el Señor es uno. Ama al Señor tu Dios con todo tu corazón, con toda tu alma y con todas tus fuerzas».

La siguiente agrupación son los *Salmos* del 42 al 72, que expresan la esperanza de un Mesías venidero tras el exilio de los israelitas. Describen cómo los autores y compiladores de los *Salmos* reconocían que su cautiverio era consecuencia de la maldad que habían abrazado en la Tierra Prometida, pero que se aferraban a un futuro más brillante en el nuevo reino mesiánico. Esta sección concluye con *Salmos 72: 1-2*, «Dota al rey de tu justicia, oh Dios, al hijo real de tu rectitud. Que juzgue a tu pueblo con rectitud, a tus afligidos con justicia». Este versículo describe la institución de un reino mesiánico. Nótese la repetición de la palabra «*justicia*», un recurso literario utilizado por la poesía de los *Salmos*. Cuando los autores de los *Salmos* querían enfatizar en una idea, a menudo utilizaban palabras repetidas.

La siguiente sección de los *Salmos* abarca del 73 al 89, en los que se esboza la esperanza de la venida del Mesías en medio del exilio de los israelitas. El *Salmo 73:1* dice: «Ciertamente Dios es bueno con Israel, con los limpios de corazón». Esto puede parecer extraño teniendo en cuenta que Israel estaba bajo el brutal dominio de Babilonia, pero era un grito de esperanza de que la liberación estaba cerca tras la venida de un Mesías. Muchos de los *Salmos* recopilados fueron escritos por David como recordatorio de la promesa que Dios le hizo de entregar un rey justo de su linaje. Los israelitas, sometidos a la opresión, necesitaban mantener viva esta esperanza de salvación a través del linaje de David. La recopilación de *Salmos* se creó para que las promesas resonaran en la memoria colectiva de los israelitas. Los *Salmos* 90 a 106 enfatizan a Dios como rey de la creación, infundiendo la esperanza de que los israelitas están en sus manos y que Él tiene el poder de sacarlos de su opresión. Los *Salmos* 107-150 concluyen el libro con cantos de alabanza.

La poesía de los *Salmos* tiene un estilo de reflexión único. En primer lugar, retoma algunos temas de los libros anteriores, pero también se refleja a sí misma de forma interesante. Este reflejo se realiza mediante la repetición de palabras, como en el *Salmo 29:5*: «La voz del Señor quiebra los cedros; el Señor rompe en pedazos los cedros del Líbano». La rotura de los cedros se repite para hacer énfasis en ello. Una técnica similar se emplea cuando se repiten ideas, en lugar de palabras, como en *Salmo 40:8*, «Deseo hacer tu voluntad, Dios mío; tu ley está en mi corazón». La idea de seguir la voluntad de Dios se repite resaltando el deseo de hacer lo que el Señor quiere. El autor dice que la ley está en su corazón y que quiere hacer la voluntad de Dios, que es la misma idea expresada con palabras diferentes. Este reflejo o repetición crea un flujo poético único, que permite que las ideas esenciales salten a la vista del lector mediante paralelismos.

Las ideas de la redención, la esperanza, la fe, la destrucción de los enemigos y la renovación de la gloria de Israel mediante la sumisión a Dios son las ideas clave de los *Salmos*, expresadas a través de una bella escritura poética. Teniendo en cuenta que el contexto histórico de la compilación de este libro es el de los israelitas en el exilio babilónico, tiene sentido que eligieran canciones y poesía para comunicar estas ideas. Los autores querían que los lectores memorizaran los textos y encarnaran estos principios. De ahí que la poesía fuera una vía mejor que la escritura histórica o la narrativa.

Al abordar poéticamente estas ideas, los autores ofrecen una forma entretenida y atractiva de captar enseñanzas profundas. *Salmos* es un libro brillante para que un principiante se acerque a las *Escrituras*. Su carácter práctico y su lenguaje poético para enfatizar las ideas clave facilitan su comprensión, en comparación con doctrinas proféticas más complejas que requieren un conocimiento básico de la ley y del sistema de pactos. Como parte de la tradición sapiencial, los *Salmos* se sumergen más en los sucesos cotidianos y en la sabiduría clásica que puede ser comprendida por personas ajenas a la cultura, incluidos creyentes y no creyentes.

Actividad 1

Escriba un poema en el que explore algunas ideas de los *Salmos* que sean relevantes para su vida. Inspírese en otros escritos del *Antiguo Testamento* y utilice las técnicas poéticas empleadas en el libro para enfatizar su mensaje principal.

_____

_____

_____

_____

_____

_____

_____

_____

_____

Proverbios

Este intrigante libro es una de las escrituras más definitivas para entender la sabiduría bíblica. La mayoría de los escritos de *Proverbios* se atribuyen a Salomón. Sin embargo, se cree que otros son una colección de conocimientos culturales anteriores al rey. Además del rey Salomón, los escritos de *Proverbios* se atribuyen a Agur, hijo de Jakeh, y al rey Lemuel. El libro está entrelazado con el concepto de sabiduría y el carácter de Salomón es significativo, porque en *Crónicas 2 1:10*, Salomón pide al Señor sabiduría para dirigir bien a su pueblo. Por tanto, el rey estaba intrínsecamente ligado a este tema.

Es probable que el libro de los *Proverbios* se completara bajo los Reinos Unidos de Israel durante el siglo X a. C. Sin embargo, también es posible que la compilación se produjera más tarde, después de la división, y que el libro se completara en el Reino Meridional de Judá. Teniendo en cuenta la cadena de sabiduría cultural relacionada con Salomón, en el texto también aparecen algunos aspectos de la antigua Mesopotamia y Egipto. La personificación de ideas abstractas, como la sabiduría y la insensatez indicativas de la escritura de los *Proverbios*, era un tema común en estas antiguas regiones, cuyas culturas pueden haber influenciado el estilo de escritura. Si se tiene en cuenta el desarrollo histórico de la idea religiosa de Oriente Próximo, esta amalgama y contaminación cruzada no resulta sorprendente. Las tradiciones espirituales de Israel no nacieron de la nada, sino que procedían de concepciones comunes e influencias regionales entrelazadas.

El libro de los *Proverbios* se dirige específicamente a los jóvenes, pero la sabiduría intemporal puede aplicarse a personas de todas las épocas y culturas. *Proverbios* insta a decidir sabiamente basando la vida en someterse a la voluntad de Dios. Según *Proverbios*, los jóvenes se enfrentan a dos grandes tentaciones de locura: la tentación de explotar a la gente para enriquecerse y la de caer en la inmoralidad sexual con mujeres fuera del matrimonio.

Dado que el antiguo Israel practicaba una cultura colectivista, muchas de las enseñanzas sapienciales de *Proverbios* se enmarcan en esta comprensión comunitaria. El texto enseña a amar a los amigos y a la comunidad y a evitar la explotación de los más vulnerables de la sociedad, como las viudas, los huérfanos y los pobres. Hay un elemento gubernamental en la sabiduría, porque *Proverbios* habla de no utilizar los tribunales o las estructuras oficiales para oprimir a la gente.

Proverbios es práctico en sus consejos, esbozando la perspectiva que debe tener un joven si quiere vivir una vida feliz y plena. *Proverbios* subraya que una vida feliz solo se encuentra en el servicio a Dios. *Proverbios* subraya que vivir sometido a Dios es la única manera de ser útil, además de ser feliz. Esto se extiende a través de la comprensión israelita de que ajustarse a los caminos de Dios trae bendiciones y apartarse de ellos trae maldiciones.

Proverbios aclara que Dios no es exclusivo de Israel, sino que su sabiduría se extiende por todo el mundo. Por eso, muchas de las enseñanzas de *Proverbios* se encuentran también en las escuelas de pensamiento mesopotámica y egipcia. El autor lo hace a propósito para subrayar que las enseñanzas sabias no se limitan a los templos, sino que deben impregnar todos los aspectos de la vida. *Proverbios* es un ejemplo temprano de la eliminación de las tradiciones religiosas de la práctica ceremonial, haciendo hincapié en que se trata de una forma de vida.

El aspecto comunitario de *Proverbios* no se limita a ayudar a los vulnerables, sino que se manifiesta en la forma en que anima a los jóvenes a trabajar duro y a ser humildes. La tradición sapiencial de *Proverbios* enseña que la alabanza por el carácter y el trabajo no debe venir de la misma persona, sino que debe ser invocada por quienes la rodean. Desalienta la pereza y procura construir miembros funcionales para la comunidad que contribuyan diligentemente.

Actividad 2

Lea el libro de los *Proverbios* y escriba un poema o un relato breve que personifique la sabiduría y la insensatez en su vida mientras reflexiona sobre las enseñanzas de las *Escrituras*.

_____

_____

_____

_____

_____

_____

_____

_____

_____

El aspecto comunitario de la sabiduría de *Proverbios* es evidente. ¿Cómo cree que las estructuras oficiales y los contratos sociales explotan a los más vulnerables de la sociedad actual? ¿Cómo puede evitarse o remediarse?

_____

_____

_____

_____

_____

_____

_____

_____

_____

_____

Eclesiastés

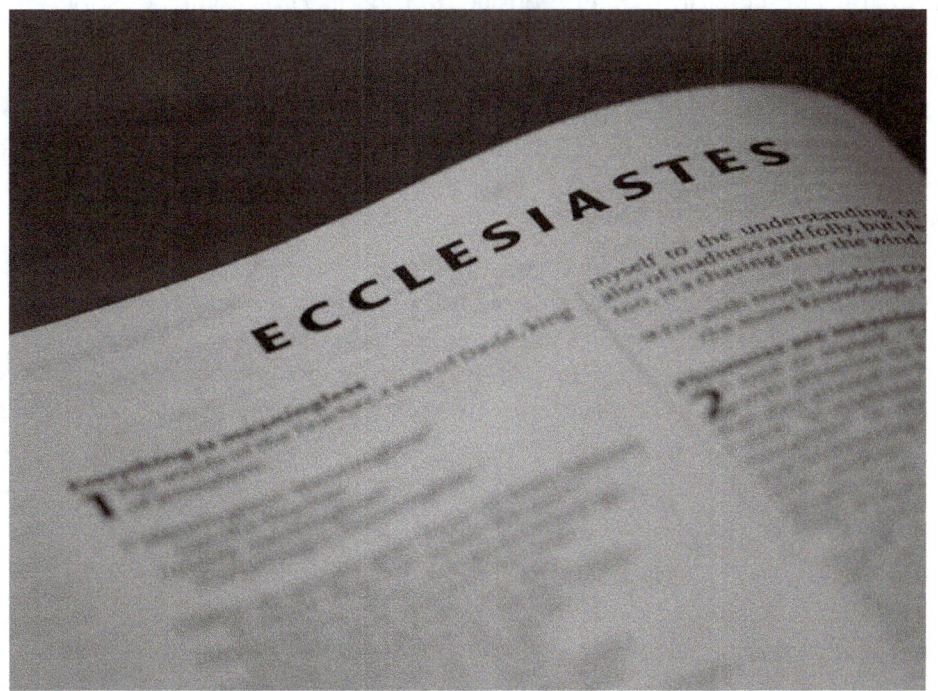

De todos los escritos sapienciales, el libro del *Eclesiastés* es singularmente naturalista[a]

De todos los escritos sapienciales, el *Eclesiastés* es el único naturalista. El texto reconoce las complejidades de la condición humana y revela profundas verdades sobre la realidad a través de esta exploración. Desde el punto de vista de Dios, o del idealismo humano, el mundo parece sólido y debería ser justo. Los libros sapienciales de *Proverbios* y *Salmos* subrayan la importancia de tomar decisiones sabias para obtener resultados favorables. El *Eclesiastés* destruye ese idealismo con una dosis de oscura realidad. Haga lo que haga, nada es seguro.

Independientemente de lo que busque en este reino terrenal, todo es obsoleto. El *Eclesiastés* explica que para los buscadores de placer, los momentos de éxtasis pasan y la miseria vuelve en algún momento. Quienes persiguen la riqueza cambian todo su tiempo por dinero y puede que no lleguen a gastarlo antes de ser demasiado viejos. Entonces, dejan su herencia a quienes quizá no tengan ningún interés en ella. El autor del *Eclesiastés* subraya que incluso la búsqueda del conocimiento es vana, porque cuanto más se sabe, más aumenta la tristeza, ya que se ven mejor las complejidades de la maldad en el mundo.

Parece un planteamiento sombrío y nihilista, pero lo que hace es preparar el escenario para el mensaje de toda la *Biblia*: Dios es soberano, sobre todo. Intentar controlar el mundo y manipular los desenlaces de la vida es un disparate. El autor reconoce que es preferible seguir la sabiduría práctica de los *Salmos* y los *Proverbios*, pero también dice que eso no garantiza nada. Al igual que Job, que experimentó dificultades a pesar de ser intachable, todos deben reconocer que el Creador es soberano.

A través de todos los altibajos del ser humano, la muerte llama a la puerta de todos. El mensaje sencillo para superar el sinsentido y la injusticia de la vida es guardar los mandamientos de Dios y temerle. De este modo, se quita de encima la carga de resolver las complejidades y paradojas de la vida y la pone a los pies del único que puede entenderla, el Altísimo.

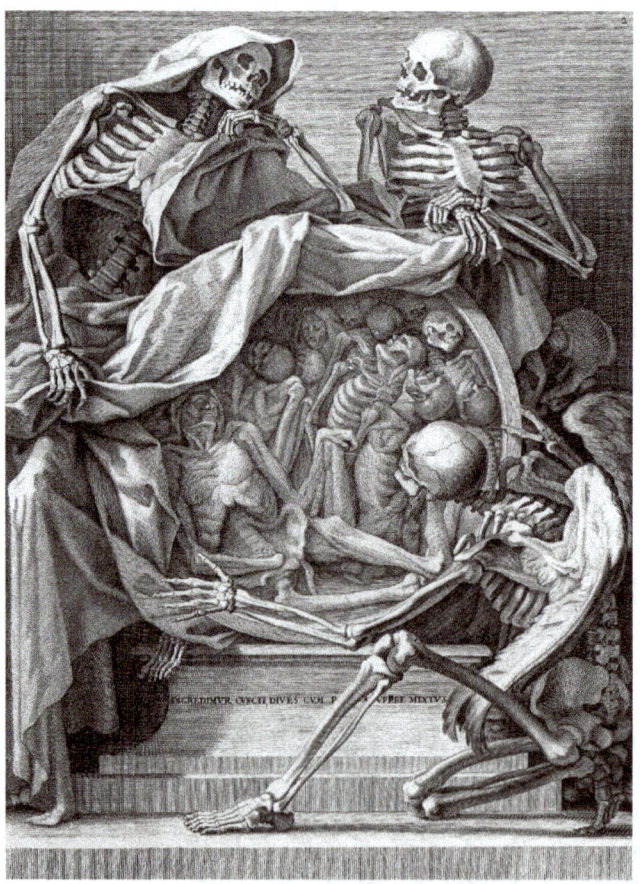

Representación artística de la Muerte[49]

El *Eclesiastés* trata sobre la comprensión de las limitaciones humanas en un mundo vasto y confuso. Por mucho que la gente intente mantener la ilusión del control, solo la gracia de Dios puede traer bendiciones, su misericordia sostener y su juicio castigar. Centrar la vida en el reconocimiento de que solo Dios tiene el control es el concepto bíblico de temer a Dios, repetido a lo largo del *Antiguo* y del *Nuevo Testamento*.

A menudo, las personas sienten que sus esfuerzos las llevan a tener la posición que tienen en la vida, pero olvidan que la misericordia de Dios está por encima de las obras de sus propias manos. Imagine a un hombre que se enriquece tallando intrincados diseños en muebles. Es muy respetado y sus obras de arte son codiciadas por famosos y políticos de todo el mundo. Dedicó interminables horas de práctica y mercadeo para alcanzar su nivel actual. De camino a casa tras una reunión de trabajo, sufre un trágico accidente de auto y pierde las dos manos. Todas las horas dedicadas a perfeccionar su oficio carecen ahora de sentido y debe encontrar una nueva forma de obtener ingresos. A pesar de sus esfuerzos, solo Dios lo ha dotado con la capacidad de prosperar. Al igual que Dios da todas las bendiciones, también puede arrebatarlas en un instante por razones que escapan a la comprensión humana. La única constante que tiene sentido durante y después del éxito es honrar a Dios, porque Él tiene el control. Este es el núcleo del mensaje del *Eclesiastés*.

Actividad 3

Enumere todos los logros de su vida que recuerde.

_____

_____

_____

_____

_____

_____

_____

_____

_____

Enumere todos los fracasos que recuerde.

_____

_____

_____

_____

_____

_____

_____

_____

_____

Reflexione sobre lo temporales que son estas experiencias.

_____

_____

_____

_____

_____

_____

_____

_____

_____

_____

Piense cuánto de lo que ocurre en su vida puedes controlar y cuánto está fuera de su control.

_____

_____

_____

_____

_____

_____

_____

_____

_____

A través de la lente de la soberanía de Dios, escriba sobre los aspectos de su vida que debería soltar para ser guiado por la confianza de un poder superior.

_____

_____

_____

_____

_____

_____

_____

_____

_____

Parábolas

La enseñanza mediante parábolas es una técnica antigua común en muchas culturas y épocas. Jesús es muy conocido en la *Biblia* por utilizar parábolas para transmitir sus mensajes, haciendo que todo lo que decía resonara contextualmente con su audiencia. Sin embargo, el Mesías bebía de una larga tradición israelita de utilizar la metáfora para comunicar poderosas lecciones.

La *Parábola* bíblica se estructura en dos partes. La primera es el «*mashal*», cuando se cuenta una historia breve y atractiva. La segunda es la revelación, el «*nimshal*», la explicación que permite al público entender la parábola. Un ejemplo de esta estructura de *Parábola* es cuando Jotam se dirige al pueblo de Siquem en *Jueces* 9:7-15, refiriéndose a los árboles, que eligen rey entre ellos. Jotam completa la parábola en *Jueces* 9:16-20 comparando las imágenes con la situación política actual del pueblo de Siquem.

Natán utiliza esta misma estructura de parábola cuando reprende al rey David por la maldad que cometió contra Urías al mantener una relación adúltera con Betsabé. Natán comienza contando la historia de un hombre rico que robó el único cordero que tenía su vecino. David declara con confianza que cree que esa terrible persona merecía morir. Entonces Natán revela el *nimshal* e informa que David era ese hombre malvado, lo que hace que el rey se arrepienta.

Actividad 4

Elija uno de los temas constantes del *Antiguo Testamento*. Utilice la estructura del *mashal* y el *nimshal* para construir una parábola que comunique este tema de las *Escrituras*. Utilice símbolos que hagan la parábola relevante para un público contemporáneo.

Capítulo 5: Las voces proféticas: de Isaías a Malaquías

Cuando se piensa en las *Escrituras*, probablemente lo primero que viene a la mente son las profecías. Las tradiciones abrahámicas veneran los mensajes de los profetas, que actúan como portavoces de Dios en la Tierra. Durante la historia de Israel, hubo acontecimientos sociales o políticos concretos en donde Dios se comunicaba a través de los profetas para hablar al pueblo sobre lo que ocurría en la Tierra. Los profetas a menudo hacían referencia a un período futuro en el que ocurriría la redención o el juicio.

¿Qué son las profecías?

Una descripción precisa de profecía es un mensaje que Dios entrega a su pueblo[50]

La gente confunde las profecías con la adivinación. Los profetas hablan de acontecimientos que ocurrirán en el futuro en la *Biblia*, pero esto no concuerda con la interpretación bíblica de las profecías. Un profeta es un embajador de Dios, por lo que una descripción más exacta de las profecías es que son mensajes que Dios transmite a su pueblo. Dios trabaja a través de un orden establecido y lo que comunica fluye a través de una jerarquía. Típicamente, Dios entrega un mensaje a un profeta y este lo transmite a los líderes o a las masas, dependiendo de los deseos del Altísimo.

Temas comunes de los mensajes proféticos

Los profetas mayores y menores enfatizan que Dios es soberano, sobre todo. Advierten al pueblo de un juicio venidero debido a su desobediencia, injusticia y adoración de ídolos. Aunque muchas profecías del *Antiguo Testamento* contienen advertencias aterradoras y descripciones de la ira de Dios que podrían hacer que el corazón de una persona se detuviera, también contienen una posible redención. Dios no castiga a su pueblo en vano. Cada vez que Israel u otras naciones eran juzgadas, era para que se arrepintieran de sus malos caminos y volvieran a la rectitud. Esta narrativa continúa a lo largo de la *Biblia*, en donde Dios prepara el camino para que su pueblo sea redimido, pero aplica la justicia cuando es necesario porque la misericordia y la equidad deben ser expresadas por igual.

Simbología de las profecías

Cuando se estudian las profecías bíblicas surgen imágenes simbólicas comunes. Los profetas a menudo comparan gobiernos, naciones o figuras clave con bestias, enfatizando la naturaleza carnal y destructiva que adoptan los injustos. Otro símbolo repetido es el adulterio o la prostitución, porque comprender el sistema de pactos es más fácil que un contrato matrimonial. El marido y la mujer se comprometen con el otro y hacen ciertos votos, en donde el rechazo de las relaciones extramatrimoniales es uno de los principios centrales. Del mismo modo, Dios se compromete a bendecir y cuidar a su pueblo, pero deben seguir sus mandamientos y no adorar a ídolos ni dioses extranjeros.

Como un matrimonio destruido por la infidelidad, la relación de Dios con su pueblo se rompe cuando quiebran sus promesas. Sin embargo, Dios es un esposo que perdona, que es misericordioso y siempre presenta la oportunidad de arrepentirse para que su pueblo pueda ser redimido.

En los escritos apocalípticos los profetas utilizan a menudo un simbolismo profundo y esotérico porque podían hablar en contra de los imperios y arriesgarse a morir. Por ello, tenían que mantener en secreto el significado de sus escritos para que solo un grupo selecto pudiera entender el texto.

Profetas mayores

La diferencia entre profetas mayores y menores no es su importancia, sino la extensión de los rollos que se refieren a los detalles de sus vidas y profecías. Hay cuatro profetas mayores y doce profetas menores. Las *Escrituras* mencionan la existencia de otros profetas que hablaron en nombre del Dios de Israel y de dioses de otras naciones, pero no se hace referencia a ellos por su nombre. Muchos en el mundo antiguo ocupaban el cargo de profeta y era un puesto importante. Puesto que eran los portavoces de Dios, es comprensible que el texto bíblico se preocupara por separar a los falsos profetas de los auténticos.

Isaías

Isaías[51]

Isaías es uno de los profetas más significativos por los mensajes que transmitió sobre la venida del Mesías. La nación de Judá se había alejado de Dios cuando Isaías estaba más activo, entre el 739 a. C. y el 681 a. C. Se centraban en símbolos ceremoniales y sacrificios, pero habían abandonado por completo el corazón de la ley. El pueblo de Judá se había vuelto duro y trataba con desprecio a los vulnerables del reino. No tenían amor ni bondad en sus corazones, por lo que sus sacrificios carecían de sentido. Isaías ofreció las profecías más completas de un Mesías venidero y los cristianos creen que esas profecías fueron cumplidas por Jesús. Mencionaba un nacimiento virginal y decía que el niño se llamaría Emanuel, que se traduce como «Dios con nosotros». Isaías destacó la falta de amor en Judá, que se restauró con la llegada de Cristo.

Jeremías

Jeremías[52]

Los libros de *Jeremías* y *Lamentaciones* están vinculados a este poderoso profeta. Jeremías actuó en las décadas previas a la caída de Judá y el cautiverio del pueblo durante setenta años en Babilonia. Utilizando la metáfora del adulterio y la prostitución, Jeremías explica cómo Judá abandonó a Dios al adorar ídolos. Además, Jeremías decía que los dirigentes de Judá eran corruptos y oprimían a los pobres, las viudas, los huérfanos y los inmigrantes, razón por la cual Dios iba a utilizar a Babilonia para juzgar a los israelitas. Aunque Babilonia era un imperio malvado, Dios lo utilizó para juzgar a Israel, tocando una vez más el recurrente tema bíblico de Dios transformando la maldad en justicia. Las advertencias de juicio de Jeremías se cumplieron, lo que facilitó el libro de las *Lamentaciones*, que registra los acontecimientos del exilio babilónico y atribuye el exilio al pecado de la idolatría. Las *Lamentaciones* expresan el dolor de Judá y concluyen con su arrepentimiento y esperanza en el futuro.

Ezequiel

Ezequiel[68]

Bajo el liderazgo de Nabucodonosor II, Babilonia había comenzado a apoderarse de Judá durante las profecías de Ezequiel. Como sacerdote, Ezequiel fue capturado debido a su alto rango y mantenido como siervo en la ciudad de Tel-Aviv. Como vasallo del Imperio de Babilonia, Judá ansiaba la libertad, con la esperanza de salir victorioso colaborando con sus vecinos egipcios. A orillas del río Chebar, Ezequiel tuvo una visión del juicio de Israel y sus vecinos, con Babilonia como herramienta. Ezequiel vio a Dios abandonando el templo de Jerusalén a causa de la idolatría y la corrupción. Sin embargo, profetizó que Dios redimiría a su pueblo y restauraría el templo. La poderosa imaginería de los huesos secos yaciendo en el desierto representaba la condición espiritual del pueblo de Dios, y luego los huesos restaurados con carne representan el renacimiento y la restauración a través de la redención de Dios de su pueblo. Ezequiel fue un precursor de las tradiciones apocalípticas, al hacer profecías sobre el final de los tiempos, que más tarde se repitieron en el libro del *Apocalipsis*.

Daniel

Daniel[64]

Daniel, junto con otros jóvenes, fue cautivo del rey Nabucodonosor. Profetizó que Judá sería oprimida en Babilonia durante setenta años, como Jeremías. La fe de Daniel se mantuvo firme durante toda su vida. De adolescente, Daniel se formó entre la aristocracia de Babilonia. Su habilidad para interpretar los sueños le granjeó el favor del rey Nabucodonosor y de los gobernantes que le sucedieron. Los celos de las élites hicieron que lo arrojaran al foso de los leones, pero salió ileso como señal de que había sido bendecido. Daniel utilizaba imágenes aterradoras de bestias en sus profecías para describir a los reinos que dominarían el mundo antes de los acontecimientos del fin de los tiempos. Las profecías de Daniel sobre el final de los tiempos se relacionan con las imágenes del Apocalipsis sobre la llegada del anticristo y el establecimiento del reino eterno de Dios, que gobernará sobre todos los demás reinos.

Profetas menores

Los textos de los profetas menores son más breves que los de los profetas mayores, pero no por ello menos importantes. En estos libros se refuerza el mensaje central de las profecías. El tema de Dios bendiciendo a Israel cuando cumple sus mandamientos y castigándolo cuando es injusto, falto de amor e idólatra se repite en estos breves textos. No está claro por qué Dios reveló más a unos profetas y menos a otros, pero los mensajes que transmitieron tienen la misma importancia porque proceden de Dios. El simbolismo utilizado en la vida de los profetas menores comunica mensajes poderosos y aclara los temas que se extienden a lo largo de las páginas del *Antiguo Testamento*, empezando por los cimientos iniciales de la *Torá*.

Oseas

Este profeta comenzó su obra cuando Israel ya se había dividido en dos reinos y actuó en el Reino del Norte. Oseas profetizó duras condenas reprendiendo a las élites que oprimían a los pobres y vulnerables y denunció la adoración de ídolos en Israel. El Señor utilizó la vida de Oseas como símbolo de su relación con Israel. La esposa de Oseas, Gomer, era una mujer promiscua. Sin embargo, Dios no llamó al profeta para reprenderla, sino lo contrario, instruye a Oseas para que se reconcilie y tenga hijos, expresando la representación simbólica de la relación de Dios con su pueblo. Aunque rompan el pacto y metafóricamente tengan relaciones adúlteras con otros dioses, el Señor sigue siendo fiel a su parte del pacto, asegurando que después

Oseas[65]

del juicio y la confusión, Israel será redimido.

Joel

Joel[56]

Joel es un profeta cuyo nombre significa «Yahvé es Dios». Estuvo activo alrededor del año 835 a. C. Cuando Joel entró en escena, el reino sureño de Judá estaba en caída libre económica, social y espiritualmente. En la época de Joel, Judá experimentó una devastadora plaga de langostas que asoló el reino y empeoró las dificultades. Joel utilizó esta plaga para subrayar que lo peor estaba por venir si Judá no cambiaba sus costumbres. Recordó que los profetas anteriores habían mencionado cómo el Señor utiliza los desastres naturales y los ejércitos invasores para juzgar a las naciones que practican la maldad. Como muchos otros profetas, Joel terminó con un mensaje de esperanza de que no todo estaba perdido (*y la calamidad podía evitarse*). Enfatizó que, si el pueblo se arrepentía y volvía a los caminos del Señor, sería bendecido y no tendría el trágico final de muchas otras naciones décadas antes.

Amós

Amós[57]

El ministerio del profeta Amós fue efímero, duró menos de un año, en el 760 a. C. Israel ya se había dividido en dos reinos y Amós era de Judá. Amós no era reconocido como profeta en las estructuras religiosas, sino que trabajaba como agricultor. Como no pertenecía a las estructuras religiosas, pudo profetizar abiertamente contra ellas. Señaló su hipocresía, porque celebraban rituales y ceremonias, pero explotaban a los pobres para construir su riqueza. Judá era todavía pequeño y no estaba amenazado por naciones más grandes. Amós condenó a Israel y a sus vecinos por el trato que daban a los pobres, diciendo que su injusticia era una señal de que rechazaban a Dios a pesar de su apariencia externa de santidad.

Abdías

Abdías[58]

No se sabe mucho sobre la vida de Abdías. Debido a que el nombre es bastante común, otras menciones del nombre no se pueden relacionar con exactitud con este profeta. Abdías pronunció su profecía cuando ambos reinos habían caído e Israel se encontraba en el exilio babilónico. El juicio del Señor sobre Israel era claro y el pueblo se lamentó y se arrepintió. También había una esperanza en la prédica de Abdías, que le hizo saber al pueblo que su cautiverio no era el fin. Profetizó que el día del Señor aún estaba por llegar y que las naciones serían juzgadas. Siguió proclamando que Israel sería restaurado, dando al pueblo quebrantado algo que esperar. Las profecías de Abdías destacaban que el Dios misericordioso daría a su pueblo otra oportunidad y abriría un camino para la redención después del juicio.

Jonás

Jonás fue un profeta rebelde. El libro de *Jonás* es breve, pero es una de las historias más populares de la *Biblia*. Jonás intenta huir de la profecía que debe entregar a los ninivitas. Sin embargo, su huida es inútil porque el Señor está a cargo de la Tierra. Mientras trataba de escapar, una tormenta arrasó el barco en el que viajaba. Los paganos rezaron al Dios de Israel y este les reveló que Jonás era la causa de la tempestad, así que lo arrojaron por la borda. Un gran pez se tragó a Jonás, y en su estómago, Jonás oró por la salvación y prometió completar la misión. Con el relato de la rebelión de Jonás, Dios enseña que incluso las naciones paganas pueden ser redimidas, y esto sienta las bases para el mensaje de amar a tus enemigos, que más tarde predicaría Cristo.

Miqueas

Miqueas comenzó su ministerio en el año 721 a. C., cuando Israel ya se había dividido en el reino septentrional de Israel y Judá en el sur. Miqueas predijo la caída del reino del norte. Este profeta fue una figura misteriosa, no se sabe mucho sobre su vida y el libro de *Miqueas* no presenta una narración sobre sus experiencias personales. El profeta predijo la caída de Judá, pero supuso que sería mucho antes. Algunos temas centrales de Miqueas son la condena de los falsos profetas y la reprensión de los líderes descarriados. Miqueas subraya que el hecho de que Israel sea el pueblo elegido por Dios no significa que esté libre de las consecuencias de sus actos. Miqueas afirma que es engañoso predicar esperanza al pueblo cuando está acumulando la ira de Dios. La profecía debe ser con el tiempo de Dios, reafirmando el tema de la soberanía del Señor.

Nahum

Nahum[69]

El libro de *Jonás* y el libro de *Nahum* van de la mano. Cuando Jonás advierte a los ninivitas de que su ciudad puede ser derribada, logrando que se arrepientan y sean redimidos por Dios, Nahum profetiza su destrucción. Nahum predicó que la ira del Señor es lenta, pero llega, y al igual que Judá e Israel habían sido juzgados, los asirios se enfrentarían al mismo trato. La brujería y la prostitución de Nínive hicieron caer la ira de Dios sobre ellos. Nahum describió con detalle cómo caería la ciudad, y veinte años después de sus profecías, los acontecimientos se cumplieron cuando los babilonios destruyeron la otrora poderosa región. Nahum demostró que Dios no gobierna exclusivamente sobre Israel. Él es el Dios *del mundo*, recurriendo al tema bíblico de la soberanía del Señor.

Habacuc

Habacuc[60]

El apogeo del ministerio de Habacuc fue cerca del final de Judá, antes de la caída del reino. En este punto, los israelitas de Judá se volvieron como las naciones circundantes, que tenían ídolos y oprimían a sus ciudadanos más vulnerables. Habacuc era único porque no se dirigía a Israel ni a sus dirigentes. En su lugar, se dirigió directamente a Dios. Habacuc se esforzaba por comprender si Dios era realmente bueno a causa de la injusticia que permitía en Judá. Dios respondió a Habacuc diciéndole que usaría a Babilonia para juzgar a Israel, con lo que el profeta se horrorizó, porque los babilonios eran aún peores. Sin embargo, Dios reafirmó a Habacuc en su naturaleza justa al revelarle que Babilonia también sería castigada por sus acciones. El mensaje principal que Dios transmite a Habacuc es que debe confiar plenamente en el Señor porque Él es justo y soberano.

Sofonías

Sofonías[61]

Sofonías remonta su linaje a Ezequías, pero aparte de este detalle, poco se sabe de este profeta. Sofonías profetizó durante el reinado de Josías, que fue el 16º rey de Judá entre los años 640 a. C. y 609 a. C. aproximadamente. Es probable que el profeta estuviera activo durante la primera parte del reinado de Josías, ya que en el libro se menciona a Asiria y Nínive, pero se omite a Babilonia, por lo que es posible que todavía no fueran una amenaza importante para el reino del sur. Siguiendo la tradición de los profetas anteriores, Sofonías se dio cuenta de que Judá se estaba apartando de los caminos del Señor y advirtió del juicio que se avecinaba si no se arrepentían. Sofonías también habló del día del Señor, en el que se produciría una destrucción masiva, en lo que se considera una profecía del fin de los tiempos.

Hageo

El ministerio de Hageo comenzó cuando un grupo de israelitas regresó a Judá después del exilio de setenta años en Babilonia. Ciro de Persia derrotó a los babilonios y permitió que algunos judaítas regresaran a casa bajo el liderazgo de Zorobabel, gobernador nombrado por los persas. Hageo tuvo una visión de la restauración del templo que había sido destruido durante la conquista babilónica. En cinco años, el templo fue reconstruido y dedicado al Altísimo. La reconstrucción del templo bajo las profecías de Hageo demuestra que después del juicio viene la redención.

Zacarías

Zacarías[63]

Un punto central de las profecías de Zacarías es la soberanía del Señor, hilo conductor de toda la *Biblia* y fundamento de la cosmovisión israelita. Zacarías abrió la visión del Dios israelita como soberano sobre todas las naciones y llamó a todos a someterse a Él. Esto fue revolucionario en el mundo antiguo, donde se consideraba que los dioses estaban dedicados a regiones geográficas específicas y el Dios israelita era entendido de la misma manera. Muchos consideran la obra de Zacarías como una prefiguración del Mesías venidero que abrió la alianza final más allá de los israelitas.

Malaquías

Malaquías, al igual que Hageo, actuó durante el regreso de los israelitas del exilio babilónico. Este profeta habló en contra del comportamiento de los líderes israelitas, más específicamente del sacerdocio levítico. Muchos sacerdotes se volvieron decadentes e indulgentes, ofreciendo sacrificios inferiores al Señor, lo que podría remontarse a Caín en el *Génesis*, a quien el Señor reprendió por no ofrecer lo mejor de su cosecha. Además, Malaquías habló en contra de los matrimonios con mujeres de otras naciones que adoraban a dioses extranjeros, por lo que los divorcios eran frecuentes. Malaquías también exhortó al pueblo a diezmar más juiciosamente, porque esa era la puerta de entrada a las bendiciones. Malaquías destacó a Elías como precursor del Mesías y predicó sobre el fin de los tiempos o el día del Señor.

Relevancia de las profecías en el mundo moderno

Cuando se estudian las profecías entregadas a Israel, a sus líderes y las dadas a otras naciones, ciertos mensajes se repiten. Según las *Escrituras*, debido a la decadencia de la humanidad, es probable que las personas se desvíen del camino de Dios. Así, los mismos pecados que los israelitas abrazaron en el pasado (la injusticia y la idolatría) resurgen en los tiempos contemporáneos. Hoy en día, el mundo es cada vez menos religioso, por lo que puede que no esté claro qué son los ídolos. Sin embargo, la adoración de los bienes materiales y la veneración de las celebridades han sustituido a los dioses babilónicos a los que adoraban los israelitas. Además, hay una injusticia masiva en la Tierra, en la que los ricos explotan a los pobres y los mantienen en un ciclo opresivo de pobreza. Por lo tanto, el mensaje profético de los hombres de Dios es tan relevante hoy como hace siglos.

Actividad en grupo

Discuta en un grupo de cuatro o cinco personas cómo las profecías que advierten contra la idolatría y la injusticia y llaman al arrepentimiento son relevantes en el mundo de hoy.

Actividad de diario

Escriba en qué medida la llamada al arrepentimiento, las advertencias sobre las consecuencias de la idolatría y el alejamiento de los mandamientos de Dios son relevantes en su vida. *Lamentaciones* es un libro de duelo y arrepentimiento, incluya en su texto aquello de lo que cree que debería apartarse y arrepentirse.

_____

_____

_____

_____

_____

_____

_____

_____

_____

Capítulo 6: Disección de los *Evangelios*

Los *Evangelios* culminan las narraciones de la *Torá*, continuando los escritos históricos, sapienciales y proféticos. Dios estableció un sistema de alianza de leyes, ceremonias y celebraciones. Un elemento central de este sistema era la práctica de sacrificios. Existen muchos sacrificios en la tradición israelita, pero uno de los más importantes era el Día de la Expiación. Este prestigioso día religioso tiene un capítulo entero dedicado a él en el libro del *Levítico*. Los israelitas se contaminaban a lo largo del año con sus pecados y por eso el Día de la Expiación ofrecían un sacrificio con la sangre de un animal para purificar a la

Los *Evangelios* culminan las narraciones establecidas en la *Torá,* continuando con los escritos históricos, sapienciales y proféticos[68]

comunidad.

En el ritual se utilizaban dos cabras machos. El primero era sacrificado y ofrecido a Dios como pago por la deuda del pecado israelita. Un segundo macho cabrío, que asumía los pecados de la comunidad, era liberado en el desierto y simbólicamente se llevaba las cargas de los pecados del año. El segundo animal, conocido como chivo expiatorio, es el origen de la popular frase en español y en inglés. Para que los israelitas fueran perdonados de verdad, era necesario un sacrificio eterno. Por eso, Cristo vino a cumplir ese plan y permitió que todas las personas, en todo momento, pudieran ser perdonadas por sus pecados.

Evangelio se traduce como buenas noticias o una buena historia. Desde la óptica cristiana, el quid de las buenas nuevas es que Cristo se sacrifica para redimir los pecados de quienes creen en Él. La mayoría de los cristianos creen que Cristo es el Hijo de Dios y Dios en la carne. Para justificar esta postura, señalan diversas referencias neotestamentarias de las palabras de Jesús y las enseñanzas de los apóstoles. También señalan las profecías del *Antiguo Testamento*. Por lo tanto, para los creyentes, Dios establece un nuevo pacto que permite que todas las naciones habiten en su presencia a través del sacrificio de su hijo.

Contexto histórico de los *Evangelios*

La Iglesia es anterior al *Evangelio* escrito. Antes de que se escribiera el texto, se predicaba oralmente. Estas enseñanzas circulaban entre la primitiva iglesia clandestina, perseguida por las autoridades romanas y algunos líderes religiosos israelitas. El sacerdocio levítico actuó como puente de unión entre Dios y la humanidad mediante prácticas ceremoniales y sacrificios. Sin embargo, la nueva alianza de Cristo, que permite acudir a Dios directamente, puso en entredicho la autoridad que detentaban las élites religiosas. Para los romanos, que el pueblo reconociera a un rey por encima del emperador romano era motivo de preocupación, porque podría desencadenar una rebelión, como había ocurrido en levantamientos anteriores protagonizados por figuras mesiánicas. Así, en los *Evangelios* contemporáneos a Cristo y en los libros de *Pablo* después de su muerte, se ve cómo se entrecruzan todas estas dinámicas.

Poco después de la ascensión de Cristo, se hizo necesario escribir los *Evangelios* para mantener las enseñanzas, ya que muchos en la Iglesia estaban dispersos y eran perseguidos. Además, los israelitas ya tenían una sólida tradición de registrar mediante textos, por lo que los *Evangelios* fueron una continuación en la misma línea. Sin embargo, como en un juego de susurros silenciosos, los escritos del *Evangelio* transmitidos por tradición oral hicieron que aparecieran algunas diferencias en el texto. También se produjeron pequeñas contradicciones debidas a errores de traducción y de los escribas. Además, los escribas que los redactaron tenían sus prejuicios y puntos de vista sobre las partes de la historia que querían destacar. Por último, se desarrollaron *Evangelios* heréticos como los de los gnósticos, un colectivo de antiguos cultos cristianos. Muchos grupos heréticos promovían ideas fundamentalmente diferentes de las de la corriente principal del cristianismo reconocida hoy en día.

Los *Evangelios* de *Mateo*, *Marcos*, *Lucas* y *Juan* se consideran auténticos. *Marcos*, *Mateo* y *Lucas* se denominan los *Evangelios sinópticos*. La palabra *sinóptico* tiene raíces etimológicas en dos palabras griegas: «*syn*», que significa juntos, y «*optio*», que significa visto. Así pues, es mejor estudiar estas obras como un grupo debido a sus similitudes y coincidencias. El *Evangelio de Juan* es un libro más espiritual y no entra dentro de la categoría de *Evangelio sinóptico*. Sin embargo, también es válido. Podría decirse que, debido a su enfoque más espiritual y esotérico, el *Evangelio de Juan puede* haber tenido algunas influencias gnósticas de los primeros grupos cristianos que se ocupaban más del misticismo de la fe.

Cuando la Iglesia primitiva tomó forma, circulaban muchos *Evangelios* contradictorios. Así que los creyentes tuvieron que desarrollar una forma de determinar qué *Evangelios* eran auténticos y cuáles debían rechazarse y clasificarse como herejías. Los primeros cristianos utilizaron diversos criterios para determinar qué *Evangelios* eran auténticos y cuáles no. La fecha en que se escribió el *Evangelio* era crucial, ya que cuanto más cercano estuviera a la vida de Cristo, más probable era que fuera exacto. En segundo lugar, los primeros cristianos rechazaban los *Evangelios* escritos con seudónimos, razón por la cual se rechazaban textos gnósticos como el *Evangelio de Tomás* y el *Evangelio de Pedro*. Los primeros cristianos creían que los *Evangelios sinópticos* y el *Evangelio de Juan* habían sido escritos por los autores indicados en el título. Sin embargo, hoy en día muchos cristianos creen que no fue así y que estos textos también se produjeron bajo seudónimos. El último criterio era el grado de aceptación de los libros. Si se utilizaban en muchas de las incipientes iglesias de la época, se les concedía más autoridad.

El cristianismo pasó por varias fases. Cuando se escribieron los *Evangelios*, la Iglesia era todavía un colectivo disperso de grupos aislados.

Primero los apóstoles y luego los padres de la Iglesia desarrollaron algunas doctrinas del cristianismo con mayor claridad. A lo largo de este proceso, se produjeron divisiones que dieron lugar a las numerosas denominaciones actuales. Las primeras iglesias formales fueron las estructuras ortodoxa y católica. Las denominaciones que surgieron de la Reforma protestante y de desacuerdos posteriores son más jóvenes y se formaron debido a diversas disputas o creencias. Sin embargo, hay enseñanzas esenciales que unen a los distintos grupos. La más esencial es confesar que Jesús es el Señor, que murió por los pecados de la humanidad y que solo a través de Él se puede obtener la salvación.

Cuál es el mensaje central del *Evangelio*

El mensaje central del *Evangelio* se estableció en el *Antiguo Testamento* a través de la comprensión de la soberanía del Señor. Desde el *Génesis* hasta *Malaquías*, el tema de Dios juzgando y redimiendo a las naciones se repite constantemente y sienta las bases para un *crescendo* de redención y juicio final. El libro de las *Revelaciones* fue prefigurado en los escritos proféticos como el Día del Señor. Este juicio final como restauración del Reino de Dios está delineado y ocurrirá en el futuro. El proceso redentor final y el pacto se establecen a través de Jesucristo.

Lo que impulsa la misericordia de Dios es el amor. El *Antiguo Testamento* simboliza un matrimonio en el que los israelitas cometen adulterio al adorar a otros dioses. Su injusticia y su trato explotador a los vulnerables ponen de relieve la falta de amor, razón por la que el Señor calificó sus corazones de endurecidos. Al aceptar a Cristo, se recibe un corazón nuevo. Así, en lugar de trabajar para ganarse el derecho a estar más cerca de Dios, el Señor ayuda a medida que se forma una comunión con Él. Por lo tanto, no es el ritual y la obediencia a la ley lo que purifica en el nuevo pacto, sino el amor a Dios lo que reforma el corazón.

Por eso las enseñanzas del Mesías se centran tanto en la doctrina del amor. Él critica el orden religioso de la época, porque estaban atrapados pensando en los detalles de la ley y olvidaban su propósito. Además, gran parte de las enseñanzas de Jesús se centran en los pobres y vulnerables. La única vez en el *Nuevo Testamento* en la que se ve a Jesús perder los estribos y ser violento es en el templo cuando los comerciantes y los mercaderes estaban estafando a la gente. Se sabe que no estaban siendo honestos en sus tratos porque Jesús los acusó de ladrones.

Otro mensaje central de las enseñanzas de Jesús es la misericordia y el perdón. Además de morir por el perdón de los pecados, Jesús practicó los principios de la gracia y la misericordia antes de su muerte y en su resurrección. La popular historia de la mujer adúltera que el pueblo quería apedrear es el indicador perfecto de la misericordia. Aunque la ley ordenaba apedrearla, Jesús facilitó el perdón pidiendo que la primera persona que tirara la piedra estuviera libre de pecado. Esto para enfatizar que nadie es perfecto y que todos requieren misericordia. Jesús vino a eliminar la dureza del corazón de la gente y animó a quienes escuchaban su mensaje a encontrar su humanidad.

Jesús enseñó un amor radical que no tiene parangón. *Lucas* 23:34 destaca el extraordinario amor de Cristo cuando el Mesías dice: «Padre, perdónalos, porque no saben lo que hacen». En el proceso de ser crucificado y experimentando el dolor más insoportable que puede sentir un humano, en lugar de maldecir a sus perseguidores, Jesús encuentra en su corazón una oración para su perdón. Muchos cristianos se centran en aferrarse a Jesús para lograr su salvación, lo cual es esencial, pero a menudo se olvidan que, mientras viven, sus acciones deben estar impulsadas por el amor, incluso hacia aquellos que hacen daño.

El mensaje fundamental de las enseñanzas de Jesús en su ministerio terrenal era partir del punto central de amar a Dios y extender ese amor a la humanidad. Junto al mensaje de amor e intrínsecamente ligado a él estaba el cuidado de los vulnerables. Jesús pasó tiempo entre los pecadores y siempre predicó bendiciones a los pobres. Cuando se piensa en el mundo de hoy y en cómo ven muchos cristianos a los sin techo, los drogadictos o las prostitutas, parece que hubieran olvidado todo lo que Cristo representa.

¿Quién es Jesucristo?

El carácter de Cristo cambia según a quién se le pregunte. Los laicos estudian la *Biblia* y llegan a la conclusión de que Cristo fue un predicador judío revolucionario, pero niegan los aspectos sobrenaturales del libro debido a los eventos milagrosos. En la tradición islámica, Jesús es respetado como profeta, pero se rechazan las afirmaciones de que sea el hijo de Dios o Dios en la carne. El judaísmo rabínico moderno considera a Jesús como parte de una larga serie de enseñanzas carismáticas y apocalípticas que surgieron cuando los israelitas vivían bajo el dominio romano. Desde el punto de vista bíblico, Jesús es el hijo de Dios y Dios en la carne que vino a redimir al mundo.

Jesucristo[64]

La conceptualización cristiana de las palabras de Isaías de que una virgen daría a luz y el niño se llamaría Emanuel o «Dios con nosotros» es que Jesús cumplió esta profecía. Por lo tanto, Jesús es el Mesías que la nación de Israel había estado esperando. Muchos israelitas se resistieron a este mensaje y todavía lo hacen hoy, porque creen que el Mesías sería un líder militar o político, pero no consideran el aspecto espiritual y lo que significa guiar a un reino eterno.

En esencia, Jesús es la culminación de la relación de Dios con su pueblo y con todas las naciones del *Antiguo Testamento*. Los ciclos de juicio y redención conducen a la revelación de Cristo como Mesías. Cuando Dios explica a Job que sus caminos no son fáciles de entender, una parte del cuadro se revela con la encarnación del Mesías. El sufrimiento, el juicio y la posterior redención que Dios muestra continuamente a Israel se revelan de forma cósmica remontándose a Adán y al pecado original. Antes de que el reino sea instituido en la Tierra, Dios ha preparado un camino para que su pueblo tenga comunión espiritual con Él a través de la sangre de Cristo.

Cristo es la palabra a través de la cual todo fue creado. Por lo tanto, el poder restaurador de la salvación viene solo a través de Él. Ningún otro sacrificio habría sido digno, así que Dios tuvo que venir en carne para que se manifestara la obra completa del *Antiguo Testamento*. En lugar de centrarse en una tierra prometida, Dios amplió la concepción de su reino a un ámbito espiritual para que, dondequiera que se encuentren las personas, puedan conectar con su presencia a través de Cristo.

Lectura paralela de los *Evangelios* para encontrar temas e historias comunes

Los cuatro *Evangelios* del *Nuevo Testamento* se escribieron en el siglo I después de la muerte de Cristo. El *Evangelio de Juan* es el más joven y el más singular. Hay muchas similitudes entre los *Evangelios sinópticos*, pero el *Evangelio de Juan* destaca. A diferencia de los otros *Evangelios*, en los que Jesús rehúye declarar abiertamente su identidad como Dios, en *Juan* hace estas declaraciones públicamente. Además, Juan comienza con una visión más cosmológica de Jesús y no dedica mucho tiempo a sus orígenes, a pesar de que menciona el nacimiento virginal milagroso. De los cuatro *Evangelios*, *Juan* destaca que Cristo está en pie de igualdad con el Padre, subrayando la existencia eterna del Hijo.

Marcos también es único entre los *Evangelios sinópticos* en la medida en que no dedica mucho tiempo al nacimiento y los primeros orígenes de Cristo. Sin embargo, hay mucha más coincidencia entre *Marcos* y los otros *Evangelios sinópticos* que con *Juan*. *Marcos* es el *Evangelio* más antiguo de la *Biblia* y el más breve, por lo que algunos lo consideran un resumen de los demás *Evangelios*. Existe la opinión de que *Mateo* y *Lucas* se escribieron tomando a *Marcos* como texto fuente, pero no está muy difundida.

Lucas y *Mateo* son los que más se cruzan. Algunos suponen que esto puede deberse a que comparten autoría, pero la opinión más aceptada es que probablemente se compusieron utilizando el mismo documento fuente llamado «*Q*», que se ha perdido para la historia. Los *Evangelios sinópticos* incluyen relatos de Jesús expulsando demonios, pero se omiten en el Evangelio de Juan, que enfatiza en la divinidad de Cristo, por lo que incluye los milagros más impresionantes, como resucitar a los muertos y convertir el agua en vino. El enfoque más terrenal de los Evangelios sinópticos consiste en el juicio y arresto de Jesús, la Última cena final, donde se instituyó por primera vez la Comunión, y Cristo orando para que le fuera retirado el cáliz amargo. Los cuatro *Evangelios* incluyen la traición de Judas a Cristo.

Actividad 1

Elabore un cuadro o gráfico en el que compare y contraste los *Evangelios de Mateo, Marcos, Lucas* y *Juan.* Incluya sus semejanzas y diferencias, mencione en qué partes de la narración enfatiza cada *Evangelio* y resuma el mensaje central que se transmite en los cuatro textos.

EVANGELIO	SIMILITUDES	DIFERENCIAS
Mateo		
Marcos		
Lucas		
Juan		

Jesús en la vida contemporánea

Jesús, desde el punto de vista cristiano, es el sacrificio eterno y la única puerta a través de la cual se puede acceder al Padre. Sin embargo, parte del cristianismo progresista contemporáneo rechaza la exclusividad de Cristo como vía de acceso a la comunión con Dios. Además, algunas doctrinas universalistas afirman que Cristo salva a todos, incluidos los que le rechazan. Sin embargo, la opinión mayoritaria de la fe acepta a Cristo como la única vía para conectar con el Padre.

Cristo dijo que es más fácil que un camello pase por el ojo de una aguja a que un rico entre en el reino de los cielos (*Mateo* 19:24). Además, cuando un hombre rico le preguntó cómo podía ser perfecto además de seguir la ley, Cristo le dijo que vendiera sus pertenencias y lo siguiera, lo cual era una carga demasiado pesada para el hombre (*Marcos* 10:21-22). Teniendo en cuenta la perspectiva materialista y el énfasis en la adquisición de riquezas que impregna la cultura mundial, incluida la Iglesia, hay que destacar algunas enseñanzas sobre la humildad y la irrelevancia de los tesoros terrenales.

Los medios sociales y el entretenimiento en línea han creado un ambiente que anima a la gente a ser más egoísta y egocéntrica. Cristo hizo hincapié en que hay que amar a los demás más que a sí mismo. El Mesías no puso la lupa en el amor propio, sino que asumió el acto más desinteresado de sacrificar su vida por el mundo. Incluso si una persona no acepta la narración bíblica como literal, la simbología de anteponer a los demás es sorprendente. El narcisismo que promueve una cultura obsesionada con la propia persona dista mucho del ejemplo de Cristo. Si se tiene en cuenta que Cristo es Dios en carne y hueso y que bajó de su trono para habitar entre la humanidad, pensar en lo humilde que es en comparación resulta transformador. El mensaje de Jesús es eterno, por lo que su aplicación hoy es tan nueva como cuando fue revelado, hace dos milenios.

La era moderna es adicta a los medios de comunicación constantes, que animan a la gente a comparar vidas codiciosamente. Algunas personas emergen en la cima y son puestas en un pedestal como los antiguos reyes que se comparaban con dioses. Si Jesús anima a la gente a amar a Dios por encima de todo y dejarlo todo para seguirlo, entonces estas acciones demuestran que hay una clara desalineación con las *Escrituras*. Jesús afirma que no volverá como pacificador, sino para juzgar al mundo, lo que plantea la cuestión de estas idolatrías e injusticias modernas que están acumulando la ira de Dios en esta época.

La *Biblia* enseña que es mejor sacar la paja del propio ojo antes que intentar sacar la paja del ojo de tu hermano (*Mateo* 7: 3-5). Cuando lee el *Evangelio* y reflexiona a partir de él, ¿qué tal le va? El estudio intelectual de las *Escrituras* es gratificante, pero la verdadera riqueza de la *Biblia* está en su aplicación práctica. No hay mejor ejemplo que Cristo en la narración porque Él representa el cumplimiento de todas las leyes y profecías. Por lo tanto, cuando se mida a sí mismo, Jesús debe ser el punto de referencia. Aunque siempre se quedará corto, razón por la cual fue necesario el sacrificio de Cristo, la vida de un creyente se construye en torno al esfuerzo por seguir el ejemplo de Jesús.

Actividad 2

¿Cómo se pueden aplicar en la era moderna las enseñanzas de Jesús de amar al prójimo, amar a los enemigos y amar a Dios por encima de todo? ¿Qué se entiende por amor según la interpretación bíblica? Para responder a esta pregunta, tenga en cuenta los acontecimientos mundiales que aparecen en las noticias y su vida personal.

Capítulo 7: El libro de los *Hechos*: el crecimiento de la Iglesia

El período inmediatamente posterior a la resurrección y ascensión de Cristo fue el más animado en el desarrollo de la Iglesia. El entusiasmo y la preocupación en torno a esta nueva religión causaron muchas controversias. Además, como ocurre con cualquier movimiento en sus inicios, lo que creían y practicaban aún estaba en desarrollo. El texto bíblico *Hechos de los Apóstoles* cubre este período vibrante y cambiante de la Iglesia primitiva. Los *Hechos* esbozan cómo se estableció la Iglesia bajo el liderazgo de Pedro y las actividades misioneras de Pablo.

En este atractivo libro se tratan algunos temas principales, como la función del Espíritu Santo, la persecución de los cristianos y la expansión de la Iglesia a todas las naciones. Mientras que el *Antiguo Testamento* trata principalmente de la historia de la relación de Israel con Dios, los *Evangelios* revelan cómo Dios es soberano sobre todo. Por lo tanto, la salvación se abrió a las naciones gentiles a través de la muerte y resurrección de Cristo. En un momento en que las visiones de los dioses estaban ligadas a naciones e imperios, la idea revolucionaria de un Dios trascendiendo la geografía, la cultura y la política era radical. El libro de los *Hechos* contextualiza cómo se difundió esta idea nueva y extrema y cómo la gente abrazó esta nueva fe revolucionaria.

Autoría y contexto histórico del libro de los *Hechos*

El mismo individuo que escribió el *Evangelio de Lucas* fue responsable de la autoría de los *Hechos de los Apóstoles*. Algunos sostienen que fue Lucas. Otros afirman que el autor del *Evangelio* utilizó un seudónimo. En cualquier caso, el análisis textual vincula ambos libros al mismo autor. Los *Hechos* se escribieron después del *Evangelio de Lucas*, entre el 75 d. C. y el 95 d. C. Muchos creen que, junto con Pablo, Lucas escribió la mayor parte del *Nuevo Testamento*.

Aunque Lucas no fue testigo ocular del ministerio de Cristo, era un hombre culto que investigó exhaustivamente entrevistando a testigos de los hechos. Viajó con Pablo y probablemente se reunió con muchos otros apóstoles durante su viaje. Lucas era médico, por lo que pertenecía a la clase más culta de su época. Por su forma sistemática y detallada de escribir, se le considera uno de los mejores historiadores de la época.

Los *Hechos* abarcan una gran parte del desarrollo de la Iglesia primitiva, más de treinta años. El libro describe los cuarenta días posteriores a la resurrección hasta la ascensión de Cristo. Destaca la conversión de Pablo y cómo las creencias de la Iglesia se solidificaron desde el principio. Los *Hechos de los Apóstoles* destacan la función del Espíritu Santo, la tercera entidad de la Trinidad en la mayoría de las doctrinas cristianas dominantes. *Juan* 14:26 dice: «Pero el abogado, el Espíritu Santo, a quien el Padre enviará en mi nombre, les enseñará todas las cosas y les recordará todo lo que yo les he dicho». En los *Hechos*, se encuentra al Espíritu Santo moviéndose de diversas maneras para guiar a la Iglesia correctamente en su nacimiento.

El escenario geográfico, político y social de los *Hechos* es el Imperio romano. La Iglesia se extiende desde el Oriente Próximo, en Israel, a otras partes mediterráneas del mundo grecorromano en ciudades metropolitanas como Corinto, Antioquía y Roma. El libro describe además cómo la religión se extendió por el norte de África y otras rutas de viaje que convirtieron el cristianismo en una fe global. Aunque se menciona a varios misioneros, *Hechos* se centra principalmente en Pedro en la primera mitad y en la labor de Pablo en la segunda.

Los *Hechos* ponen de relieve los triunfos y las tensiones de la fe primitiva. Trata temas como el bautismo de los gentiles, si debían guardar la misma ley de pureza que los judíos y las luchas de los primeros cristianos contra la autoridad judía y romana. El libro enlaza con el tema bíblico de la soberanía de Dios plasmada en el anuncio de Pedro según el cual los creyentes deben seguir los mandatos de Dios en lugar de la autoridad de los hombres.

Los apóstoles y cómo hicieron crecer la Iglesia católica

Al acercarse a la palabra católico, es fácil dejarse llevar por el pensamiento confesional. Lo primero que viene a la mente es la Iglesia católica romana o la práctica del catolicismo. Sin embargo, esta es una visión estrecha del concepto y de la historia de la Iglesia.

El establecimiento de la Iglesia católica es la institución del catolicismo como una iglesia global[65]

La raíz lingüística de «católico» viene del griego «*kata*», que significa «según» y «*holos*», que significa «el todo». Una forma sencilla de entenderlo es que católico significa «universal». Por lo tanto, el establecimiento de la Iglesia católica no es la institución del catolicismo romano tal y como se entiende hoy en día, sino la creación de una iglesia global. En los primeros días de la fe, existían grupos de culto cristianos que estudiaban todo lo que encontraban a su alcance y tenían creencias muy diversas. El establecimiento de la iglesia universal bajo la operación del Espíritu Santo esbozado en *Hechos* es la historia de cómo se unificó la Iglesia.

Cuando la Iglesia estaba en sus etapas iniciales, había confusión. Cristo había ascendido, por lo que los discípulos que lo habían seguido durante los últimos años se quedaron casi sin dirección. Sin embargo, antes de su partida, Jesús les dio instrucciones de salir al mundo y dar testimonio de Él. El inicio de la Iglesia fue en Jerusalén, cuando muchos sacerdotes se convirtieron y abandonaron el servicio del templo para convertirse en discípulos de Cristo. Cuando la gente vio que el liderazgo de Dios ahora se transmitía por los apóstoles, muchos se unieron y la Iglesia creció exponencialmente. El catolicismo llegó a Chipre y al sur de Galacia partiendo desde Jerusalén. A continuación, la Iglesia se extendió a Grecia y Éfeso. Finalmente, los testigos llegaron a Cesarea y, por último, a Roma.

Según la narración bíblica, el Espíritu Santo fue el responsable de la capacidad milagrosa de los pequeños grupos de culto cristianos para extenderse hasta convertir su fe en una religión mundial. El inicio de la obra del Espíritu Santo para propagar la fe en el libro de los *Hechos* comenzó con el Pentecostés o la Fiesta de las Semanas, una celebración judía cincuenta días después de la Pascua. *Hechos* 2:1-3 describe los acontecimientos milagrosos que ocurrieron cuando los apóstoles estaban reunidos en la celebración. La *Escritura* describe una ráfaga de viento, un estruendo y la extraña aparición de lenguas de fuego que se posaron sobre ellos. Se produjo un milagro porque todos los presentes podían entenderse entre sí a pesar de hablar lenguas diferentes.

Este acontecimiento puede relacionarse con la historia del *Antiguo Testamento* de la torre de Babel, cuando se confundieron las lenguas de las naciones. El movimiento del Espíritu Santo ahora reunió las lenguas, pero no para satisfacer los deseos de la humanidad, sino para promover el reino de Dios. El Espíritu Santo manifestándose a los apóstoles y dándoles el entendimiento de diferentes lenguas para que la gente entendiera lo que ellos decían los hizo testigos efectivos para ir a todas las naciones. Se discute si este versículo debe interpretarse literalmente o en sentido figurado. En cualquier caso, a partir de ese momento se consolidó la descentralización del *Evangelio* y el Dios de Israel se convirtió en el Dios del mundo.

Actividad 1

Elabore un mapa de cómo se extendió la Iglesia primitiva desde un pequeño rincón de Jerusalén hasta Roma. Trace los puntos clave según los *Hechos* y explique qué sucesos significativos ocurrieron.

De Jerusalén a Roma: Cómo la fe conquistó el mundo

Antes del ministerio, muerte, resurrección y ascensión de Cristo, las *Escrituras* centran la creencia en Dios en torno a Israel. Desde la época de Moisés, miran hacia la Tierra Prometida. Curiosamente, aunque Moisés desempeñó un papel fundamental en la entrega de la ley, nunca entró en esta tierra. Llevó a los hebreos hasta las puertas de Canaán, pero Josué fue elegido para guiarlos tras pasar cuarenta años en el desierto.

Había un mensaje clave que el pueblo no entendió, pero Moisés sí. Nunca se trató de la Tierra Prometida, sino de habitar en presencia del Señor. Por eso, un viaje que debía durar unas semanas se prolongó durante décadas. Incluso en el desierto, las necesidades de los israelitas se satisfacían porque estaban cerca de Dios. Cuando caían, Dios abría un camino de redención.

En el relato del *Génesis*, los progenitores de la humanidad fueron engañados por la serpiente, lo que provocó la caída. En la *Torá*, hay un relato en el que Israel fue atacado por serpientes y, para poder sobrevivir, tenía que mirar a una serpiente de bronce elevada sobre un bastón. Esta serpiente de bronce era la precursora de Cristo; en el nuevo pacto, la humanidad tuvo que mirar hacia la redención. Al igual que Cristo se reflejaba en la serpiente de bronce, también el Espíritu Santo se reflejaba en el relato de la torre de Babel, que confundía las lenguas de las naciones, hasta el Pentecostés, cuando se restableció la unidad de las lenguas para difundir el *Evangelio* de Cristo.

Por lo tanto, según el paradigma cristiano, la única razón por la que la Iglesia pudo extenderse desde Jerusalén hasta Roma fue la presencia de Dios o que el Espíritu Santo estaba con los apóstoles y los primeros discípulos. La división de naciones que Dios había causado como castigo fue restaurada a través de la bandera de unidad de la Iglesia. Bajo el mandato de Cristo, ya no había judíos ni gentiles, sino una sola nación.

La declaración de que el cristianismo puso a la humanidad bajo una única bandera fue controvertida en el mundo antiguo, especialmente en el Imperio romano. El cristianismo se extendió rápidamente, por lo que finalmente, las masas declararon que el verdadero rey era Jesús. La sociedad romana estaba bien conformada y reconocer a un rey por encima del emperador amenazaba la estabilidad del Imperio. De ahí que los primeros cristianos se enfrentaran a las persecuciones. Además, el cristianismo amenazaba al sistema rabínico judío, porque una de sus enseñanzas fundamentales es que se puede acceder directamente al Padre. Por lo tanto, las clases eruditas y sacerdotales fueron desafiadas, causando más fricciones.

Estos conflictos dieron lugar a muchos arrestos y martirios. En lugar de obstaculizar el crecimiento de la Iglesia, los primeros mártires ayudaron a su expansión. Dado que la gente estaba dispuesta a morir por esta creencia, se creó una mística que atrajo a muchos nuevos seguidores. Por lo tanto, la persecución de los cristianos tuvo el efecto contrario del que buscaban las autoridades judías y romanas. Esta transformación de la maldad en metas justas es un tema general que se repite en el *Antiguo Testamento*, como la desobediencia de Jonás, que llevó a los paganos a invocar al Dios de Israel.

Actividad 2

Reflexione sobre la importancia de que los apóstoles recibieran al Espíritu Santo en Pentecostés para difundir el *Evangelio* a todas las naciones. Escriba sobre las diferencias en cómo los primeros israelitas veían la salvación como algo nacional y cómo el nuevo pacto de Cristo abrió la redención a todas las naciones, incluidos los gentiles.

_____

_____

_____

_____

_____

_____

_____

_____

_____

Los viajes misioneros de Pablo

La vida completa de Pablo es uno de los ejemplos más drásticos de un individuo que cambia su camino por Dios. Como Saulo, un fariseo, Pablo se dirigía a Damasco para arrestar y matar cristianos. Antes de convertirse en Pablo, Saulo nació en Tarso, de padres religiosos estrictos que se adherían a la ley de Moisés. Saulo creció y se convirtió en un líder religioso. Estaba empeñado en erradicar a todos los cristianos, creyendo que actuaba según la voluntad de Dios. Pablo, cegado por la convicción religiosa, sacaba a hombres y mujeres de sus casas y los arrojaba violentamente a la cárcel.

Pablo[66]

En el camino a Damasco, Saulo tuvo una visión de Jesús preguntándole por qué lo perseguía. La luz del Señor cegó a Saulo, que más tarde pasó a llamarse Pablo por su nombre romano, para que los gentiles a los que llevaba el mensaje lo recibieran más abiertamente. En su estado vulnerable, incapaz de ver, Pablo siguió las instrucciones de Jesús y continuó hacia Damasco para encontrarse con Ananías. Al principio, Ananías tuvo miedo, porque conocía la reputación despiadada de Pablo.

Sin embargo, fiel a Dios, puso sus manos sobre Pablo, que le contó su encuentro con Cristo. Después de que Ananías orara por Pablo, éste recibió el Espíritu Santo y fue bautizado.

Pablo, que antes era el principal condenador de los cristianos, fue inmediatamente a las sinagogas a proclamar a Cristo como rey. Pasó de ser un despiadado asesino y encarcelador de cristianos a uno de los creyentes más famosos de todos los tiempos. A medida que crecía su audacia, Pablo predicaba la fe más ampliamente. Predicó en Damasco, Siria, y su provincia natal, Cilicia. Después de que Bernabé le pidiera que le acompañara, fueron a Antioquía.

El principal objetivo de Pablo era predicar la fe a las naciones gentiles, por lo que pasó mucho tiempo entre ellas. Fue arrestado en Macedonia tras ser acusado falsamente de incitar disturbios después de expulsar demonios de una muchacha. Ella no paraba de decirle que era un mercader de Dios diciendo a la gente cómo salvarse. El demonio dentro de esta esclava le otorgaba habilidades sobrenaturales de adivinación que eran muy rentables para sus dueños. Por lo tanto, después de que ella perdiera el don, la ira de los amos los impulsó a buscar venganza contra Pablo, por lo que él y Silas fueron a la cárcel. Las alabanzas de Pablo facilitaron un milagro en la prisión cuando un terremoto hizo que se abrieran todas las puertas, pero ninguno de los prisioneros escapó.

La segunda vez que Pablo fue arrestado fue en Jerusalén. Pablo predicaba fielmente el *Evangelio* dondequiera que iba. Sin embargo, como le enseñaba la palabra a los gentiles y les decía que no tenían que circuncidarse ni cumplir las leyes de purificación judías, las autoridades religiosas volvieron a acusarlo falsamente de obligar a los judíos a abandonar sus tradiciones. Para demostrar que los líderes religiosos estaban equivocados, acompañó a los israelitas a cumplir los rituales de purificación, pero fue arrestado por llevar a los gentiles al templo y alejar a los judíos de sus costumbres. Estas acusaciones eran falsas.

Mientras era juzgado en Jerusalén, los líderes religiosos se volvieron excesivamente violentos, lo que llevó a las autoridades romanas a trasladar a Pablo a Cesarea. Finalmente, Pablo quedó bajo arresto domiciliario en Roma, donde escribió epístolas a las distintas iglesias. Su ministerio terminó con el martirio de Pablo en Roma, pero su obra ya había difundido la fe por todas partes.

Actividad 3

A menudo, el *Antiguo Testamento* habla de corazones endurecidos. A través de Cristo, la *Biblia* ofrece un camino para recibir un corazón de carne que sustituya al corazón de piedra. La transformación de Saulo en Pablo encarna perfectamente este intercambio. Comente las diferencias en el carácter y la mentalidad de Pablo después de encontrar a Cristo.

Actividad 4

Elabore un mapa del viaje misionero de Pablo, incluyendo cuando estuvo en prisión. Destaque los acontecimientos significativos que ayudaron a difundir la fe cristiana.

La Iglesia antigua y la Iglesia moderna

El cristianismo es la religión más practicada en el mundo[67]

El cristianismo es la religión más practicada en el mundo, aunque en algunas partes los cristianos sufren una fuerte persecución. Sin embargo, la fe se ha convertido en la corriente dominante en muchas naciones. Ser cristiano en el mundo antiguo era una sentencia de muerte, pero la gente no podía esconderse porque las *Escrituras* ordenaban predicar el *Evangelio*. Esto significaba que muchos de los primeros seguidores de lo que entonces se llamaba «el Camino» estaban firmando sus propias sentencias de muerte. Este martirio fue una de las razones por las que el cristianismo se extendió tan rápidamente, porque una vez que las masas vieron que la gente creía en esta idea con tanta fuerza que estaba dispuesta a morir por ella, muchos se convirtieron.

Al igual que en la Iglesia moderna, hubo desacuerdos durante los inicios del cristianismo. La fe comenzó en Jerusalén y al principio estaba formada principalmente por judíos. Sin embargo, Pablo y Bernabé se ganaron a un número creciente de creyentes gentiles. Se discutía si era obligatorio circuncidarse y llegaron a la conclusión de que los gentiles no tenían que circuncidarse ni cumplir las leyes de purificación judías para ser cristianos.

El principio que permitía a los gentiles conservar algunas de sus costumbres y a los judíos conversos seguir practicando sus propias tradiciones demostraba que la fe cristiana debía estar abierta para que todas las naciones se unieran alrededor de Cristo. La prueba de este fundamento multicultural sigue viva hoy en día cuando se ven nacionalidades que practican un cristianismo propio de su identidad cultural. Por ejemplo, la Iglesia ortodoxa etíope tiene una forma de culto africana en su iconografía y en los ritmos de tambor que utiliza durante las misas, y el brillo y el glamour de muchas iglesias carismáticas tienen un aire estadounidense moderno.

La Iglesia primitiva reunía muchos de sus recursos y funcionaba como una comunidad. Era muy diferente de las iglesias modernas, que reúnen dinero para actividades y para mantener los edificios, pero no viven en comunidad como lo hacían los primeros creyentes. La iglesia primitiva era una comunidad, mientras que las iglesias actuales forman parte de comunidades más amplias. Había más unidad en la Iglesia primitiva porque la idea de una Iglesia católica o universal estaba más profundamente arraigada. La evolución posterior trajo consigo muchos cismas y conflictos que dieron lugar a las denominaciones actuales.

Actividad 5

Ahora que estudió los *Hechos* y la expansión de la Iglesia primitiva, ¿hay diferencias significativas entre la Iglesia de entonces y la actual? En caso afirmativo, ¿cuáles son?

¿Cómo cree que la Iglesia moderna puede reformarse para alinearse más con la Iglesia original después de la aparición del Espíritu Santo en Pentecostés?

_____

_____

_____

_____

_____

_____

_____

_____

_____

_____

¿Cuáles son las similitudes entre la Iglesia antigua y la Iglesia contemporánea? ¿Cuáles son los aspectos positivos y negativos de esas similitudes cuando se sopesan bajo el criterio de producir creyentes comprometidos?

_____

_____

_____

_____

_____

_____

_____

_____

_____

_____

¿Cómo se pueden potenciar los aspectos positivos y disminuir los negativos?

_____

_____

_____

_____

_____

_____

_____

_____

_____

Capítulo 8: La sabiduría de las epístolas

Epístola es otro nombre para una carta que los apóstoles escribían a la Iglesia para corregirla, aclararla o animarla. En los primeros días de la Iglesia, el movimiento estaba creciendo, y se necesitaba mucha orientación de los apóstoles, a quienes Jesús había confiado la edificación de su congregación. Los dolores de crecimiento de la Iglesia y la naturaleza multicultural de los conversos crearon confusión y discusiones. Por lo tanto, los apóstoles tenían la tarea de definir claramente el mensaje del *Evangelio* y la forma de practicar correctamente la fe. Estas cartas abordan las dificultades de la fe primitiva, que la Iglesia moderna todavía experimenta hoy en día. Por lo tanto, el estudio de estas cartas proporciona una visión profunda de los entresijos prácticos del cristianismo y revela cómo se estableció históricamente la Iglesia.

Las epístolas paulinas

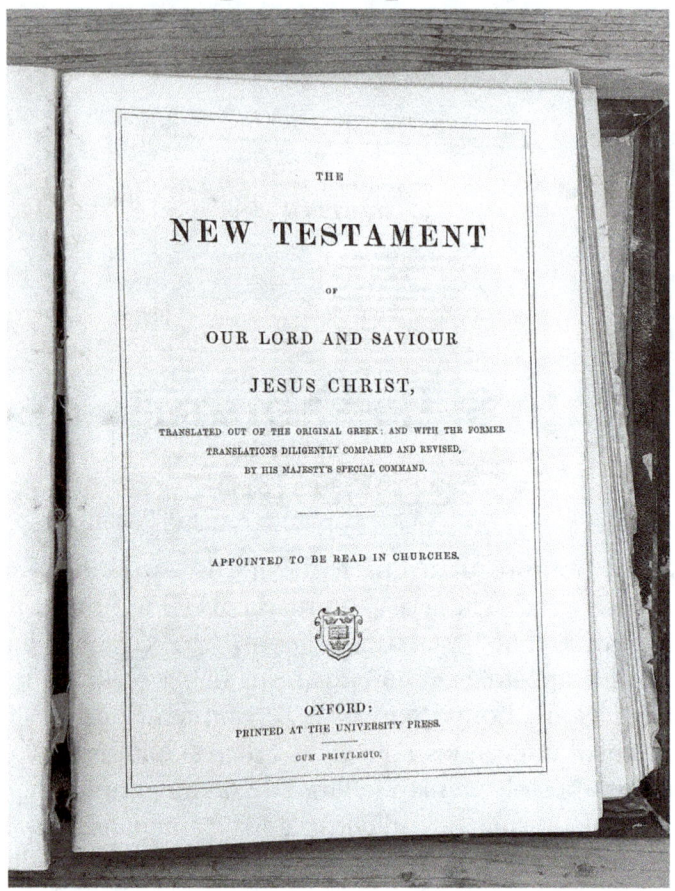

El *Nuevo Testamento* incluye las epístolas paulinas[68]

Como su nombre indica, las epístolas paulinas son las cartas incluidas en el *Nuevo Testamento* escritas por Pablo. Algunos de estos textos no fueron escritos por el apóstol, sino que los autores utilizaron su nombre como seudónimo para dar más autoridad a los textos. Esto puede parecer extraño hoy en día, pero era una práctica común en Medio Oriente y el Mediterráneo en aquella época. Las epístolas de Pablo se dividen en cuatro grupos: las auténticas paulinas, las deuteropaulinas, las epístolas pastorales y un sermón anónimo que algunos atribuyen al apóstol. Lo que hace únicas a las epístolas paulinas es que la mayoría iban dirigidas a regiones y personas concretas y no a la Iglesia en general. Fueron las cartas que Pablo escribió en sus misiones por todo el mundo y cuando estaba bajo arresto domiciliario en Roma.

Epístolas paulinas auténticas

La primera de las epístolas paulinas auténticas es *Romanos*. El tema principal del apóstol en esta carta a la Iglesia romana es la salvación. Pablo describe que la salvación se obtiene por la fe en Jesucristo, lo que significa que no se gana con buenas obras. Pablo explica que cuando alguien cree en Cristo, es reformado y exhibe dones para edificar la comunidad cristiana. La Iglesia romana era étnicamente diversa porque estaba en el centro del Imperio. Por lo tanto, es probable que esta carta fuera escuchada por conversos gentiles y judíos en Roma. Teniendo en cuenta la diversidad dentro de la Iglesia romana, Pablo hizo hincapié en una identidad unificada para conseguir que la gran metrópoli trabajara unida a través de la fuerza unificadora de Cristo a pesar de sus diferencias.

Pablo se enteró de que la Iglesia de Corinto iba por mal camino, así que compuso la epístola *1 Corintios* para ofrecer orientación y corrección. El apóstol estaba de viaje misionero en Éfeso cuando recibió una carta de la Iglesia de Corinto que le preocupó. Un miembro llamado Cloe escribió a Pablo informándole de peleas en la Iglesia y explicando otros detalles sobre lo que estaba sucediendo. La carta fue escrita alrededor del año 55 d. C. y dirigida a la Iglesia de la ciudad que Pablo había fundado. Los congregantes se habían vuelto orgullosos y justificaban la inmoralidad sexual. En *1 Corintios* 13:4-7 Pablo ofrece la definición bíblica más exhaustiva del amor, explicando a los miembros de la Iglesia que actuaban mundanamente con sus luchas internas y su comportamiento. Pablo describe el cuerpo como un templo y dice que la conducta de la Iglesia debe reflejar su naturaleza renacida. El mensaje principal de esta carta es que todo lo que hace la Iglesia debe ser para la gloria de Dios.

La segunda epístola de Corintios es una continuación de la primera. Después de oír cómo se había corroído la iglesia de Corinto, el apóstol hizo un viaje a la ciudad. Después de visitar la iglesia, Pablo volvió a Éfeso y les escribió de nuevo, expresándoles su pesar. Sin embargo, esta carta se perdió con el paso del tiempo; *2 Corintios* fue una carta escrita por Pablo desde Macedonia, después de que Tito le enviara un informe de buenas noticias sobre mejoras en la Iglesia, alrededor del año 56 d. C. En esta segunda epístola, Pablo refuerza la idea de la unidad después de que muchos en la Iglesia de Corinto se arrepintieran de sus malos caminos. Sin embargo, a algunos congregantes les preocupaba la naturaleza humilde de Pablo, por lo que dudaban de su autoridad. Por ello, Pablo refuerza su papel, subrayando que es tan importante como los demás apóstoles, y da algunos detalles sobre su vida. El apóstol subraya que el perdón y la reconciliación son las piedras angulares del mantenimiento de la Iglesia.

En el año 51 d. C., Pablo funda una iglesia en Galacia, que hoy forma parte de Turquía. Pablo escribe a la Iglesia de Galacia porque habían surgido numerosos falsos maestros que afirmaban que, para ser cristianos, los creyentes debían observar las leyes de pureza dadas a Israel en el *Antiguo Testamento*. El mensaje de Pablo a esta iglesia es que deben centrarse en la gracia salvadora de Cristo a través de la fe en Él en lugar de ser víctimas de falsos maestros legalistas. La mezcla de judíos y gentiles en la Iglesia creó un problema teológico sobre la importancia de la Ley mosaica. Un grupo insistía en que, para ser salvos, los conversos gentiles debían circuncidarse. Pablo rechaza estas afirmaciones en la carta, subrayando que la fe en Cristo es el único camino hacia la redención.

Pablo estuvo encarcelado en una celda romana mientras escribía *Filipenses*. Las condiciones en las cárceles modernas son como las de un hotel de cinco estrellas comparadas con las de las prisiones antiguas. Por lo tanto, se puede imaginar lo mucho que sufrieron los apóstoles encarcelados. Paradójicamente, Pablo escribió a la iglesia en *Filipenses* para enfatizar en la alegría en medio de estas penurias. Pablo destaca que hay mucha alegría en ser discípulo de Cristo y que independientemente de lo que la gente pase, el servicio al Señor es edificante. Este mensaje es especialmente profundo e inspirador, teniendo en cuenta las terribles circunstancias de Pablo.

La primera carta de *Tesalonicenses* es la más antigua de las cartas de Pablo y se remonta al año 51 de nuestra era. Pablo escribió a *Tesalónica* pocos meses después de establecer la iglesia en la región. Cuando el apóstol escribió a la Iglesia de Tesalónica, se encontraba en una misión en Corinto. De todas las cartas de Pablo, esta es la que habla más claramente del fin de los tiempos. Destaca el regreso de Cristo y que los creyentes estarán unidos a Él. Pablo ofrece palabras de aliento porque los tesalonicenses permanecieron fieles a pesar de la persecución. Pudo haber mencionado el regreso de Cristo en esta carta para dar a la Iglesia que luchaba bajo la opresión algo de esperanza.

Pablo dirige esta carta a Filemón, un líder de la Iglesia de Colosas, en lugar de dirigirse a la Iglesia en general. De la carta se desprende que Pablo y Filemón tenían una estrecha amistad. Filemón era un cristiano primitivo propietario de esclavos que albergaba una iglesia en su casa. Uno de los aspectos más controvertidos de la *Biblia*, a menudo subrayado por los críticos, es que no hay ninguna condena rotunda de la esclavitud ni en el *Nuevo* ni en el *Antiguo Testamento*. Sin embargo, la práctica era común en la época, por lo que no estaba tan mal vista como hoy. Pablo envió a Onésimo, un esclavo fugitivo, de vuelta a Filemón, pidiendo a su amigo que lo recibiera con gracia porque ahora era creyente. La carta subraya que, incluso en una relación amo-esclavo, debe mostrarse amor entre creyentes.

Epístolas deuteropaulinas

Las epístolas deuteropaulinas están en consonancia con la antigua tradición de la Iglesia primitiva, en la que se utilizaban seudónimos para dar mayor autoridad a los textos. Aunque Pablo no es el autor de las cartas deuteropaulinas y algunos las califican de falsificaciones, forman parte del canon bíblico. Las epístolas deuteropaulinas comparten temas con las cartas auténticas de Pablo y probablemente se inspiraron en ellas. Entre ellas están *Efesios, Colosenses* y *2 Tesalonicenses*. Además, las epístolas pastorales de *1 Timoteo, 2 Timoteo* y *Tito* forman parte de este grupo porque el consenso académico es que Pablo tampoco las escribió (Ehrman, 2009). Aunque es probable que estas cartas no fueran escritas por el apóstol, pueden haber sido compuestas por sus seguidores, por lo que sus enseñanzas se consideran valiosas, de modo que se incluyen en el canon bíblico.

Aunque el consenso de los eruditos modernos es que las cartas deuteropaulinas no fueron escritas por Pablo, están construidas de forma que parecen escritas por sus seguidores. Muchos creen que estas cartas fueron escritas por uno de los aprendices de Pablo después de su muerte. La epístola de *Efesios* fue escrita probablemente en algún momento de los años 60 d. C. Escrita bajo el seudónimo de Pablo, vuelve a hacer un llamamiento a la unidad de la Iglesia, afirmando que los creyentes deben comprometerse con Dios en primer lugar y también entre sí. La carta anima a los creyentes a permanecer firmes en su fe a pesar de sus luchas.

2 Tesalonicenses es otra carta que puede no haber sido escrita por Pablo, pero que contiene las mismas enseñanzas. Habla del temor de la Iglesia de que el regreso de Cristo ya se hubiera producido. El escritor asegura a la Iglesia que Cristo aún no ha regresado y menciona señales a las que hay que estar atentos para identificar la segunda venida. El autor escribe sobre una gran caída de la fe que ocurrirá e introduce el concepto del anticristo o, como dice en la carta, «hombre de pecado» e «hijo de perdición». La gente discute si esto se refiere a un sistema o a un individuo. *2 Tesalonicenses* se ocupa mucho de los signos del final de los tiempos.

Colosenses es la última de las epístolas deuteropaulinas que no pertenece a la categoría pastoral. Se centra en la suficiencia de Jesús para la redención y la salvación. Algunos creen que Pablo escribió esta carta desde la cárcel, pero el consenso de los eruditos afirma que probablemente fue uno de los seguidores de Pablo quien la compuso después de su muerte. La Iglesia de Colosas sufría una plaga de falsas enseñanzas, como el legalismo judío y el misticismo. Por ello, la carta subraya que la muerte, resurrección y ascensión de Cristo son el centro de la fe y que cualquier otra cosa que se añada es innecesaria. El autor anima a los colosenses a confiar en su fe en Cristo en lugar de intentar ganarse la salvación por otros medios.

Epístolas pastorales

Las epístolas pastorales se dirigen a los líderes de la Iglesia primitiva. Se ocupan principalmente de las estructuras, la organización y la sana doctrina. Estas cartas instruyen sobre cómo debe funcionar una iglesia, su funcionamiento y lo que se espera de sus miembros y dirigentes. Las epístolas pastorales incluyen la primera y segunda de *Timoteo* y *Tito*. Estos libros forman parte de la tradición deuteropaulina porque utilizan al apóstol como seudónimo. Sin embargo, muchos eruditos modernos han determinado que los libros fueron escritos por seguidores de Pablo y no por él mismo. Si se tiene en cuenta cómo vivían comunitariamente los miembros de la Iglesia primitiva, es casi como si las epístolas pastorales fueran documentos de gobierno más que textos de autor.

Según los versículos iniciales de *1 Timoteo*, fue escrita por Pablo a Timoteo mientras se encontraba en Macedonia. Sin embargo, hay indicios en el texto de que fue elaborada posteriormente. Por ejemplo, la estructura lingüística de la carta se ajusta más a la escritura del siglo II que a la época de la que pretende ser, por lo que es probable que fuera escrita bajo seudónimo. La obra tiene algunos elementos gnósticos y pone mucho énfasis en las partes ascéticas de la fe. Menciona diferentes cargos en la Iglesia, como obispo, diácono y anciano. Habla de las viudas y de cómo deben recibir ayuda económica de los feligreses, subrayando de nuevo una actitud colectivista entre los fieles. Una parte más controvertida de la carta afirma que las mujeres deben permanecer en silencio en la iglesia, lo que ha provocado un debate moderno sobre si las mujeres deben asumir cargos.

2 Timoteo reitera las ideas expuestas en la primera epístola. Una vez más, se anima al líder a mantenerse firme en las verdaderas enseñanzas de Cristo, evitando todo lo inmoral. Los falsos maestros que rechazan a Cristo son comparados con los individuos que fabricaron el becerro de oro en tiempos de Moisés. La carta destaca cómo murieron estos adoradores de ídolos y afirma que quienes rechazan a Cristo correrán una suerte similar. Aunque la carta está escrita bajo seudónimo, se presenta como las últimas palabras de Pablo, que era consciente de que pronto moriría en la prisión romana. En lugar de expresar preocupación por su situación, se centra en la Iglesia, reforzando la actitud desinteresada y colectivista que deben adoptar los creyentes.

La epístola a Tito está escrita como si fueran las palabras de Pablo, pero los eruditos modernos rechazan la idea, afirmando que se trata de una obra producida después de su muerte. Sin embargo, están presentes las mismas ideas de las cartas indiscutibles. En esta carta, el autor se dirige a Tito, uno de los compañeros de Pablo en Creta. El escritor hace hincapié en que, aunque los cristianos viven en una cultura sin Dios, pueden resistir las tentaciones y dificultades si se reforman creyendo en Cristo. A Tito se le encomienda la tarea de eliminar a los falsos maestros y sustituirlos por personas piadosas que dirijan a la Iglesia en la dirección correcta.

Sermón anónimo

Aunque algunos atribuyen la carta de *Hebreos* a Pablo, el texto no menciona explícitamente al autor. El consenso de los eruditos es que no pertenece a Pablo, sino a otro autor desconocido, por lo que se considera un sermón anónimo. Una teoría es que se trata de un sermón predicado por Pablo, que posteriormente fue recogido en este texto. El mensaje principal de la carta es que los seguidores judíos de Cristo se aferren a la nueva alianza bajo el Mesías en lugar de volver a las costumbres del *Antiguo Testamento*.

Actividad 1

Forme grupos de tres o cuatro personas. Asigne una epístola a cada grupo. Discutan el mensaje principal de la epístola elegida y presenten la información mediante un juego de rol poniéndose en el lugar de la comunidad eclesial que recibe la carta.

Epístolas católicas o generales

La mayoría de las cartas del *Nuevo Testamento* fueron escritas por Pablo, o al menos se le atribuyen nominalmente al apóstol. Las epístolas generales son cartas escritas por otros líderes eclesiásticos de la época. Las epístolas generales o católicas no suelen ir dirigidas a una persona o grupo concreto, sino que se distribuyen en toda la Iglesia. Las cartas hablan de la ortodoxia de cómo debe funcionar una iglesia y los principios o estructuras que debe adoptar el cuerpo de Cristo. Reflejan muchos mensajes similares a los de las epístolas paulinas, lo que demuestra que desde muy pronto había un entendimiento común de la fe.

Epístola de Santiago

La carta de Santiago se escribió poco antes del concilio de los líderes de la Iglesia celebrado en Jerusalén en el año 49 d. C., en el que se determinó que el *Evangelio* debía extenderse a las naciones gentiles. Esta carta se asemeja a la literatura sapiencial del *Antiguo Testamento,* que se centra en los aspectos más prácticos de la vida cristiana. Esta conexión con el *Antiguo Testamento* tiene sentido porque gran parte del público de Santiago era judío. El mensaje principal de la carta es que la fe debe impregnar toda la vida de los creyentes.

Primera y segunda epístola de Pedro

Pedro fue uno de los apóstoles más importantes porque Cristo le encargó personalmente que fuera la roca sobre la que se construyera la Iglesia. Pedro es considerado el primer papa en la tradición católica romana. Las epístolas de Pedro se escribieron probablemente después de la muerte de Pablo. Las cartas de Pedro promueven la idea de que los cristianos dispersos por el mundo son el pueblo elegido de Dios, reforzando el concepto de que el cristianismo no es una fe nacionalista, como otras religiones anteriores. Pedro animó a los cristianos a mantenerse firmes en sus luchas, vivir vidas virtuosas y evitar a los falsos maestros.

Primera, segunda y tercera epístola de Juan

Las epístolas de Juan fueron escritas entre el 85 d. C. y el 100 d. C., por lo que condujeron a la Iglesia hasta el siglo II. Como en esta época se estaban formando muchos cultos cristianos con creencias contradictorias, Juan se preocupó por establecer la ortodoxia entre la Iglesia católica. Juan condenó a los maestros que negaban la resurrección corporal de Cristo y rechazó a los que, como Diótrefes, negaban la autoridad apostólica. Juan estableció un orden piadoso que la iglesia debía seguir para la unidad de creencias y estructura.

Epístola de Judas

Judas, que era un líder de la iglesia en Jerusalén, era probablemente medio hermano del Mesías. La carta no se centra en una región específica, sino que se dirige a todos los creyentes. Esta carta fue escrita entre el 65 d. C. y el 80 d. C. El propósito principal de Judas era advertir a los cristianos sobre los falsos maestros que penetraban en la iglesia para promover doctrinas perversas. Al igual que las otras epístolas, Judas anima a los creyentes a perseverar mientras se abstienen de los falsos maestros que exhiben comportamientos impíos, como perseguir estatus, quejarse constantemente y seguir sus deseos en lugar de las instrucciones de Dios.

Epístolas no canónicas y perdidas

Algunas cartas escritas por apóstoles a la iglesia se perdieron. Pablo hace referencia a cartas anteriores en *Corintios*, pero estas epístolas no se han encontrado y no forman parte del canon bíblico. Hay otras cartas que datan aproximadamente de la misma época que muchas de las obras de la *Biblia*, pero no entraron en el canon por diversas razones. La práctica de escribir cartas anónimas y correcciones a la Iglesia no terminó con los primeros apóstoles. Los padres de la Iglesia de los siglos I y II escribieron muchas cartas a diversas iglesias, que ayudaron a configurar la visión actual del cristianismo y a definir algunas de las doctrinas fundamentales de la fe.

Actividad 2

Utilizando el estilo y el tono de las epístolas del *Nuevo Testamento*, escriba una carta a una comunidad eclesial moderna en la que aborde algunos de los temas tratados en estas cartas.

_____

_____

_____

_____

_____

_____

_____

_____

_____

_____

_____

Actividad 3

Elabore un cuadro para comparar y contrastar las enseñanzas de cada apóstol sobre la fe, el liderazgo y el perdón. Observe las similitudes y diferencias para desvelar los distintos enfoques de cada apóstol.

APÓSTOL	SIMILITUDES	DIFERENCIAS

Capítulo 9: Comprender el *Apocalipsis*

El libro del *Apocalipsis* es la escritura más simbólica y esotérica de la *Biblia*. Aunque las profecías del *Antiguo Testamento* de Isaías y Ezequiel utilizan el mismo lenguaje codificado, el misterio del *Apocalipsis* captó el interés y la imaginación de muchos en todo el mundo. Los seres humanos de diversas culturas a lo largo de los tiempos siempre han estado obsesionados con el fin del mundo. Se han creado muchos mitos e historias sobre cómo se producirá finalmente la destrucción de la creación. El libro del *Apocalipsis* se alinea con la antigua intriga de la humanidad por su propio fin. Teniendo en cuenta la persecución a la que se enfrentó la Iglesia primitiva y la opresión de los israelitas bajo el dominio romano, es fácil entender por qué muchos en esta época querían conocer los signos del fin. El *Apocalipsis* describe literal y simbólicamente lo que sucederá en los últimos días, lo que los creyentes pueden esperar y para lo que deben prepararse.

El libro del *Apocalipsis* se alinea con la antigua intriga de la humanidad por su propio fin[69]

Historia y estructura literaria del Apocalipsis

El *Apocalipsis* fue escrito después de la destrucción de Jerusalén por los romanos en el año 70 d. C. Por lo tanto, la comunidad judía y el cristianismo, esencialmente una secta apocalíptica del judaísmo, se convirtieron en una preocupación real. Fue escrito entre los años 90 y 100 d. C. La mayoría de los eruditos lo sitúan en torno al año 96 d. C. El libro fue escrito por Juan el Viejo, conocido como *Juan de Patmos*, porque fue allí donde tuvo la visión. No hay ninguna indicación en los textos de que este Juan sea la misma persona que el apóstol Juan. Es probable que fueran dos personas diferentes debido al marco temporal. Además, Juan era un nombre común.

Es difícil entender el significado del *Apocalipsis* porque la gente moderna está muy alejada del contexto cultural en el que fue escrito. Juan escribía a un público específico de creyentes que probablemente eran capaces de entender y descifrar los símbolos del libro mucho mejor que la gente hoy en día. Muchos leen el *Apocalipsis* juntando las profecías del pasado para crear una imagen más amplia. Sin embargo, este ejercicio es muy especulativo. Es mejor estudiar el texto como una unidad autónoma para obtener la imagen más clara de sus significados.

El *Apocalipsis* se dirige a siete iglesias de la región de Asia Menor controlada por los romanos, lo que hoy se conoce como Turquía. Juan tuvo visiones en la isla de Patmos, frente a la costa de Turquía. Es probable que el escritor fuera exiliado a la isla por su labor de difusión del mensaje del *Evangelio*, que el Imperio romano habría considerado perturbadora. El texto está escrito en griego, lengua muy hablada en la comunidad cristiana.

La Iglesia atravesaba un período difícil, que Juan destaca en los primeros capítulos del libro. Los cristianos de Esmirna y Filadelfia eran rechazados socialmente y ampliamente denunciados, lo que los ponía en peligro de muerte o prisión. Las comunidades eclesiásticas de Éfeso, Tiatira y Pérgamo tuvieron problemas para integrarse y asimilarse a las culturas paganas que las rodeaban. Por ejemplo, tuvieron que cuestionar la moralidad de comer alimentos sacrificados a los ídolos. Las últimas iglesias a las que se dirigió Juan fueron las de Sardis y Laodicea. Estas congregaciones eran prósperas y florecientes. Sin embargo, el autor se refirió a ellas como muertas espiritualmente. Su fe había disminuido, por lo que el autor intentó revitalizar su celo por el Señor.

Los cristianos del Imperio romano se enfrentaban a las fuerzas imperiales porque no podían ajustarse a las exigencias del Imperio. En el mundo romano se permitía practicar la religión que cada uno eligiera. Sin embargo, como Roma era una cultura de unidad, debían participar en las prácticas más amplias del Imperio. El emperador era adorado como un dios en la Tierra y había muchos templos dedicados a él. Aunque el público podía adorar a los dioses de su elección, tenía que participar en los rituales religiosos del Imperio para crear una identidad unificada. A los cristianos no se les permitía porque veían a Cristo como el verdadero rey y seguían la prescripción del *Antiguo Testamento* de no adorar a ningún otro dios que no fuera YHWH, la misma razón por la que el pueblo judío chocó con el Imperio. Judíos y cristianos se negaron a inclinarse ante el emperador como Dios. Por lo tanto, se produjeron muchos conflictos y persecuciones debido a este principio de la religión.

Para muchos en el mundo cristiano y judío, esto se pareció el fin, como si el juicio de Dios cayera sobre ellos. Por lo tanto, aunque el simbolismo del *Apocalipsis* puede parecer aterrador y violento, el libro encierra un mensaje de esperanza, en consonancia con la tradición bíblica de animar a la gente en tiempos difíciles. En el texto se hace eco de la tradición iniciada en el *Antiguo Testamento* de mantener la fe confiando en la soberanía de Dios.

El *Apocalipsis* se escribió cuando muchos cristianos eran asesinados por sus creencias y prácticas. Circulaban rumores y se extendía la propaganda de que los cristianos eran malvados rebeldes que buscaban derrocar al Imperio. Por ello, Juan enfatiza en el martirio en el texto, no para empujar a los creyentes a morir por su fe, sino para animarlos a perseverar a pesar de la persecución política.

El *Apocalipsis* vincula de forma tangible la espiritualidad, la profecía, la religión y la política mediante el uso de un lenguaje simbólico. Es más fácil captar una narración que seguir una lista de instrucciones anodinas. Aunque la estructura de la historia del *Apocalipsis* no es lineal, es lo suficientemente cautivadora como para mantener la atención. Los poderosos símbolos utilizados para describir el mundo y el futuro del cristianismo son la razón por la que el *Apocalipsis* es uno de los textos más estudiados del canon bíblico. Las *Escrituras* se compusieron para que la gente de la época siguiera adelante y mirara hacia el futuro, pero el mensaje resuena en muchas personas de hoy que esperan que muchas de las profecías se cumplan y ven los escritos como un reflejo del mundo moderno.

Actividad 1

Elabore una cronología de las visiones proféticas del *Apocalipsis*. Investigue y especule sobre lo que pueden significar estas visiones del final de los tiempos y si estos signos están presentes en la actualidad.

_____

_____

_____

_____

_____

_____

_____

_____

_____

_____

Simbología e interpretaciones

Los símbolos del *Apocalipsis* atraen la atención de muchos. El texto hace un trabajo asombroso al crear un mundo codificado y simbólico, desde aterradores líderes espirituales y políticos hasta monstruos y personificaciones femeninas. Algunos especulan que el lenguaje codificado tenía por objeto que los cristianos lo entendieran, ocultando al mismo tiempo su verdadero significado a las fuerzas romanas que intentarían detener su difusión. Existen controversias en torno a cómo debe interpretarse el *Apocalipsis* debido a su escritura profunda y esotérica. Algunos asumen que el libro puede entenderse como una descripción del mundo romano de entonces. Según esta interpretación del texto, las profecías se refieren a acontecimientos que Juan creía que ocurrirían durante su vida. Otros interpretan el *Apocalipsis* como la narración de sucesos que ocurrirán en un futuro lejano.

El *Apocalipsis* no está escrito con una estructura lógica. El texto es como un sueño, salta ilógicamente de una visión a la siguiente de forma no lineal. Las imágenes surrealistas son cautivadoras, pero resulta difícil seguirlas en forma de relato. Por ello, es necesario unir las explicaciones del *Apocalipsis* y situarlas en el contexto histórico. De este modo se puede descifrar la simbología del texto.

Una exploración interesante del significado del *Apocalipsis* es el uso que hace de los números para comunicar diversos mensajes. Por ejemplo, el texto menciona siete iglesias. Bíblicamente, el número siete representa la santidad y la plenitud. Por lo tanto, aunque el escrito puede haber sido dirigido a siete iglesias, puede indicar simbólicamente que Juan pretendía que fuera para todo el cuerpo de Cristo. El siete se repite, como en los siete espíritus que ardían ante el trono de Dios y los siete ojos del cordero que representan a Cristo. Por lo tanto, el *Apocalipsis* se posiciona como una representación completa de la profecía con múltiples usos del siete en el texto.

Otro número que se repite es el doce, que representa a los seguidores de Dios. Los doce discípulos y las doce tribus de Israel son elegidos por el Señor. El número se repite en el texto, con 144000 representando al pueblo de Dios que entrará por las doce puertas de la Nueva Jerusalén. Cuando se divide 144000 por doce, es igual a 12000, que es una repetición del número que enfatiza el mensaje de que estamos bajo el dominio de Dios. El número 666 en *Apocalipsis* es descrito como el número de la bestia que engañará al mundo. Algunos creen que no es el número de los anticristos profetizados en el futuro, sino que representa a Nerón, el emperador de la época.

Es difícil trazar una línea temporal del *Apocalipsis*, por lo que muchos teólogos y eruditos desarrollan narrativas contradictorias. La fluidez del tiempo en las visiones oníricas de Juan, casi de pesadilla, crea una sensación difusa, que hace difícil captar un hilo conductor. El texto da saltos confusos, lo que indica que Juan escribía lo que veía en lugar de crear una estructura narrativa sólida.

El *Apocalipsis* utiliza animales y monstruos como símbolos. Se compara a Cristo con un cordero por su sacrificio y la blancura de la lana representa la pureza. Satanás y el sistema malvado son representados como bestias devoradoras que vienen a aterrorizar y destruir. El clímax de esta imaginería es Cristo pasando del vulnerable sacrificio del cordero a alguien que destruirá los poderes malvados del mundo. Describe una espada afilada que sale de la boca del Mesías para destruir a las naciones. Esto probablemente indica que se harán decretos políticos para liberar a los cristianos antes de establecer el Reino de Dios en la Tierra.

La controvertida referencia a la «sinagoga de Satanás» en el *Apocalipsis* se ha utilizado a lo largo de la historia para perseguir al pueblo judío alimentando tópicos antisemitas. Sin embargo, el autor no pretendía demonizar a la comunidad judía, porque muchos cristianos eran judíos conversos. Probablemente lo hizo para poner de relieve la colaboración de los dirigentes judíos con las autoridades romanas, porque el incipiente movimiento cristiano suponía un desafío a su poder y ponía en peligro a algunos de los que estaban bajo su dominio al atraer la atención romana.

El *Apocalipsis*, con toda su profunda simbología, es una compleja comparación entre los poderes del mundo y un manual sobre cómo deben comportarse los creyentes. La persecución que sufrían los cristianos en esa época podía desanimarlos fácilmente, por lo que el *Apocalipsis* les ofrece la esperanza de un futuro mejor y justicia para quienes los mataban y oprimían. La comparación se plasma mejor en el contraste de la puta de Babilonia, que representa los poderes malignos, y las hijas de Jerusalén o la esposa de Cristo, que representan a los creyentes. El contraste entre una novia fiel y una ramera blasfema y adúltera representa vívidamente cuán lejos está la conducta cristiana de la maldad de las naciones que los oprimen.

Actividad 2

Interprete los siguientes símbolos del *Apocalipsis*:

- La ramera de Babilonia.
- La bestia del mar.
- La bestia de la tierra.
- Imagen de la bestia.
- 666.
- Esposa de Cristo.
- Siete sellos.
- Siete trompetas.

_____

_____

_____

_____

_____

_____

_____

_____

_____

La interpretación cristiana primitiva del libro

Teniendo en cuenta lo que ocurrió, no es de extrañar que un devoto de las *Escrituras* escribiera un texto apocalíptico. Poco antes de que se escribiera el *Apocalipsis*, el Vesubio había entrado en erupción, Jerusalén había caído y las autoridades romanas perseguían a los cristianos. El fin del mundo parecía estar muy cerca para los antiguos creyentes. La literatura apocalíptica no es ajena a la conciencia bíblica porque Israel había establecido una larga tradición de escritos proféticos en el *Antiguo Testamento* y las epístolas. Por lo tanto, los escritos de Juan no habrían sido vistos como extraños, sino que ofrecían un salvavidas a los creyentes en tiempos inciertos.

Aunque el *Apocalipsis* hablaba de la derrota de las fuerzas del mal, nunca fueron los cristianos los agresores. Juan estableció una comparación entre la violencia y agresividad del comportamiento mundano y la paz que encarnan los cristianos. La instrucción a los cristianos no era rebelarse ni hacer la guerra, sino perseverar y creer en Dios, confiando en que Él aligerará la carga. Era un mensaje lógico para la Iglesia primitiva. El cristianismo aún estaba creciendo y distaba mucho de ser una gran potencia en el mundo. La fuerza militar del Imperio romano era inigualable, por lo que animar a los cristianos a luchar habría sido una sentencia de muerte. Los romanos eran quirúrgicos a la hora de detener rebeliones en todo el Imperio. Sin embargo, correr y esconderse sin proclamar la verdad iba en contra de las enseñanzas de la fe. Por lo tanto, el *Apocalipsis* era un recordatorio para ser audaces y un estímulo.

Era desalentador haber soportado el dolor por el que pasaron los primeros cristianos. Las visiones de Juan ponen de relieve la soberanía de Dios para que los creyentes puedan confiar en que se hará justicia. El *Apocalipsis* habla de plagas que caerán sobre las naciones, explotando y matando a los cristianos. Tradicionalmente, las plagas en la *Biblia* facilitan el arrepentimiento de las naciones malvadas. Las naciones no se arrepentían de sus pecados, por lo que el *Apocalipsis* explicaba cómo serían destruidas.

Como la Iglesia primitiva tenía pocos medios para defenderse, tuvo que aceptar las injusticias que se le imponían a diario. Escuchar el mensaje de que algún día llegaría la justicia era la esperanza que necesitaban para vivir bajo el sistema opresivo sin abandonar su fe. El *Apocalipsis* se escribió en tiempos de guerra, cuando cayó Jerusalén y el Imperio romano estaba en plena expansión. Teniendo en cuenta su inmenso poder, criticar al Imperio no era una opción inteligente para nadie. Juan tuvo que velar sus críticas políticas para no enfrentarse a la fuerza del Imperio si alguien lo encontraba enseñando o leyendo el texto. Otra forma de leer el *Apocalipsis* es como un conjunto de profecías para un futuro lejano. Sin embargo, los primeros cristianos probablemente lo entendían como una crítica al gobierno y a las autoridades, al tiempo que mantenían la esperanza de que el malvado sistema recibiría su merecido algún día.

El cristianismo es una fe evangélica o misionera, lo que significa que sus doctrinas animan a la gente a difundir el mensaje. El martirio era común en el cristianismo primitivo porque la gente predicaba abiertamente una religión condenada por las autoridades. Además, destacaban a un rey celestial por encima del emperador, que debía ser visto como un Dios por los ciudadanos del Imperio. Por lo tanto, la literatura apocalíptica dio a los primeros cristianos razones para seguir aferrándose a su fe a pesar de las claras consecuencias negativas que eran una realidad en su vida cotidiana.

Temas del libro profético del *Apocalipsis*

El primer tema del texto es la corrupción, la opulencia, la codicia, la inmoralidad y la maldad de la clase dirigente. La personificación de estos vicios y actitudes que utiliza el *Apocalipsis* es la ramera de Babilonia. Babilonia era el entorno perfecto para dirigirse a un público judío o a cualquier persona familiarizada con las *Escrituras*. La maldad y la idolatría de Babilonia eran bien conocidas entre el público de los cristianos del primer siglo porque formaban una parte importante de la narrativa israelita en relación con su juicio y redención a través del cautiverio babilónico. La imagen de una prostituta comunica imprudencia y profunda inmoralidad. Enlaza con la simbología del *Antiguo Testamento*, donde se describía a Israel como adúltero cuando se apartaba de los caminos de Dios.

La lengua es un punto temático central del *Apocalipsis*. La imagen de Jesús regresando con la lengua como una espada para destruir a las naciones malvadas pone de relieve el poder de la palabra. Juan subraya la importancia de difundir el mensaje del *Evangelio* hablando de él. Entendía que las ideas se propagan a través de la palabra, y en la situación de indigencia en la que se encontraban muchos cristianos, el único poder que podían utilizar eran sus palabras. Destaca cómo el reino de Satanás utiliza el poder de la palabra para difundir su propaganda y sus blasfemias.

Otro tema central del *Apocalipsis* es la visión antimaterialista del cristianismo. Describiendo la visión que recibió, Juan enfatizó que la fe debilitada de la iglesia de Laodicea estaba ligada a la riqueza que obtenían a través de la explotación, lo que les hacía aceptar más las costumbres paganas. Reiteró el mensaje antimaterialista estableciendo paralelismos con Babilonia y el sistema romano obsesionado con el lujo. Juan se dio cuenta de que la riqueza excesiva alejaba a la gente de Dios. Por ello, el Apocalipsis anima a los cristianos a adquirir riqueza espiritual en lugar de sobrevalorar las riquezas mundanas.

El *Apocalipsis* muestra la diferencia entre los mensajeros de Satanás, que conducen a la muerte y engañan a las masas, y los fieles seguidores o testigos de Cristo, que enseñan la verdad para heredar la vida abundante. Por lo tanto, como muchas de las epístolas y *Evangelios* enfatizan, ser consciente de los falsos maestros y doctrinas que suenan agradables al oído era esencial. Los cristianos deben estar arraigados en su fe en Cristo para evitar la influencia del diablo.

El *Apocalipsis* afirma que todos adoran algo. El culto del *Apocalipsis* señala a los creyentes a Dios y a Cristo, que entregó su vida por la redención de los pecadores. La otra opción de adoración que propone Juan es a la bestia o al dragón, que representan el sistema romano o mundano. Sin embargo, la adoración de este último llevaría a la destrucción, porque el engaño es todo lo que tienen para ofrecer.

En el mismo sentido que la adoración, el *Apocalipsis* utiliza a menudo la simbología de un trono para mostrar a los lectores a qué se están sometiendo. El trono de las autoridades malignas se erigió para oprimir a la gente, por lo que los cristianos deben adorar al verdadero rey, Jesucristo, que les ayudará a prosperar y traerá la liberación. El mensaje de esperanza del *Apocalipsis* se centra en que Dios está por encima de los poderes del mundo que oprimían a los primeros cristianos. Por lo tanto, a pesar de la tentación de los cristianos de negar su fe, el libro les anima a confiar en aquel que tiene el verdadero poder, incluso por encima de los emperadores romanos.

Actividad 3

Elija un pasaje del *Apocalipsis* y exprese artísticamente la simbología y su significado. Puede ser un dibujo, un poema, una canción u otra expresión artística.

_____

_____

_____

_____

_____

_____

_____

_____

_____

Capítulo 10: Aplicación de los principios bíblicos: lecciones para la vida moderna

Ahora que estudió todos los aspectos de las *Escrituras*, incluida la Ley de Moisés, la literatura sapiencial, los escritos proféticos, los *Evangelios* y las epístolas, está preparado para considerar en profundidad cómo aplicar la Biblia a su vida. Las *Escrituras* no están pensadas simplemente para ser estudiadas. Del análisis erudito del texto solo surge un nivel de comprensión. Debe aplicar los principios en un contexto moderno para descubrir la capa más profunda.

El texto bíblico contiene sabiduría y principios atemporales que pueden mejorar su vida de múltiples maneras[70]

No es fácil ver cómo un libro antiguo es relevante en un contexto contemporáneo. Sin embargo, el texto bíblico contiene sabiduría y principios atemporales que pueden mejorar su vida de múltiples maneras. Además, la *Biblia* puede sacarlo del contexto material para revelarle profundas verdades espirituales que trascienden la materia y el tiempo. Para acceder a esta realidad espiritual, debe comprender la historia de las *Escrituras* en su vida moderna y revelar las verdades eternas.

La *Biblia* es mucho más que un libro para creyentes. Es el texto que conecta con un Dios amoroso y un Salvador que se sacrificó por el perdón de sus pecados. Debe recorrer los principios de la *Biblia* para comprender el carácter de Dios y el papel que desempeña en su vida; entonces, entenderá por qué fue necesario ese sacrificio y todo el poder que hay detrás de él. Esta sección de la guía de trabajo se centra en la aplicación de la *Biblia* para acercarse a Dios y captar los misterios espirituales más profundos que encierra el texto. De este modo, la *Biblia* no es un libro frío y estéril, sino que se transforma en una escritura viva que desata abundancia de amor, paz y perdón en su existencia cotidiana.

Principios y temas bíblicos clave

Aunque la *Biblia* fue escrita por muchos autores a lo largo de los siglos, el milagro de los 66 libros es que presenta una narrativa coherente. La relación de Dios con la humanidad no es la de un tirano agresivo que oprime a las masas, sino la de un padre amoroso que guía a sus hijos a través de su rebelión, desobediencia y confusión. *Hebreos* 12:6 dice: «El Señor disciplina al que ama, y castiga a todo el que acepta como hijo». Este versículo resume por qué el Señor permitió que muchas dificultades cayeran sobre su pueblo. Un padre amoroso no disciplina a su hijo para hacerle daño, sino para que aprenda una lección, aunque no lo entienda.

La sabiduría de Dios está más allá de los caminos de la humanidad. Es posible que las personas nunca comprendan del todo las motivaciones y el funcionamiento del Señor en esta vida o en la próxima. Sin embargo, el viaje espiritual aumenta su confianza en que está completo en las manos de Dios. La pulsión humana por controlarlo todo está profundamente arraigada en la psique colectiva. Es comprensible que sentirse en control genere seguridad y protección. La práctica espiritual consiste en soltar la parte de sí mismo que quiere aferrarse a lo que es imposible agarrar y relajarse con la seguridad de que Dios sabe lo que es mejor.

La revelación de Cristo es darse cuenta de que no puede hacer nada solo con sus fuerzas. Someterse a la voluntad de Dios significa seguir los principios bíblicos que Él reveló y comprender que el amor de Dios y la fe en Él conducen a la prosperidad abundante. Poner su vida en las manos de Dios no significa sentarse y no hacer nada, sino todo lo contrario, porque significa que toma todas sus decisiones considerando lo que Dios quiere que haga. Cuando falle en alinearse con los principios de Dios y tropiece, se debe comprometer a volver al Señor continuamente, viviendo una vida de arrepentimiento y demostrando su fe en Cristo a través de su trabajo.

Amor

La *Biblia* dice que Dios es amor. Esta es una afirmación profunda, porque va más allá de decir que Dios tiene o posee amor. Describe el amor como la esencia del Señor. Si Dios es amor, entonces sus acciones e interacciones con la humanidad deben verse a través de esta lente. A través de la narración bíblica de las *Escrituras*, Dios demuestra que Su amor es desinteresado e inquebrantable. Cuando los discípulos preguntan a Jesús cuál es el mayor de todos los mandamientos, el Mesías respondió en *Marcos* 12:30-31: «Ama al Señor tu Dios con todo tu corazón, con toda tu alma, con toda tu mente y con todas tus fuerzas. El segundo es este: Ama a tu prójimo como a ti mismo. No hay mandamiento más grande que estos». Esto demuestra que el amor es el componente central de la fe. Así como Dios ama incondicionalmente, la humanidad creada a su imagen debe mostrar el mismo amor a los demás.

El corazón de la humanidad se ha vuelto perverso, es decir, está lleno de odio. De ahí que sea tan fácil envidiar, hablar mal y abrazar el egoísmo. Sin embargo, a través de la sumisión a Cristo, su corazón de piedra se convierte en un corazón de carne. Cuanto más se oriente a amar a Dios, más brilla su amor por el prójimo y los enemigos. La clave de la autorrealización es amar desinteresadamente, como lo hizo el Mesías cuando murió en la cruz por nuestros pecados. En medio de la tortura, Jesús imploró la misericordia de Dios para los perpetradores porque, en su divinidad, comprendía que las acciones eran malintencionadas. Esta es la norma de amor que debe perseguir un creyente: que incluso quienes planean hacerle daño no reciban de usted más que amor.

Este amor inquebrantable es difícil de conseguir. Por eso, la transformación espiritual requiere un esfuerzo constante. Una buena manera de entenderlo es que si da un paso hacia Dios, Él dará tres hacia usted. Cuando practica el amor consistentemente a través de sus palabras, pensamientos y acciones, Dios multiplica ese espíritu en usted. En cambio, si consciente y continuamente cae en el egoísmo, Dios multiplica el mismo espíritu en usted. La belleza del Señor es que sus brazos siempre están abiertos y usted puede acudir a Él sin importar cuán profundo haya caído.

Perdón y misericordia

Los seres humanos no son perfectos. Desde la caída de Adán y Eva del Jardín del Edén, la humanidad se ha inclinado hacia una naturaleza perversa. La relación de Dios con los israelitas en el *Antiguo Testamento* muestra que, aunque un castigo justo debe tener lugar, en su infinita misericordia, Él siempre tuvo un plan para que su pueblo fuera redimido y volviera a Él. Esta naturaleza misericordiosa y de perdón culmina en la encarnación, muerte y resurrección de Cristo.

La metáfora de un matrimonio describe la relación de Dios con la humanidad. La Iglesia es llamada la esposa de Cristo (*Efesios* 5:22-23). En el *Antiguo Testamento* se utilizó un simbolismo similar para los israelitas. Dios subraya cómo su pueblo es como una novia adúltera, porque abraza la maldad y la idolatría. Sin embargo, Dios es fiel, por lo que siempre crea un plan para la redención. Al sacrificar a su hijo, según la interpretación cristiana, Dios paga el precio final para que la humanidad encuentre un camino de regreso a Él, razón por la cual la *Biblia* afirma que nadie llega al Padre si no es a través de Cristo.

Como imagen de Dios, la humanidad debe reflejar su naturaleza perdonadora. El Padre Nuestro dice que Él debe perdonarnos como nosotros perdonamos a los que nos ofenden. Por lo tanto, Dios espera que la humanidad muestre misericordia hacia los demás. Cristo enseñó esta lección cuando la gente quiso apedrear a la mujer adúltera de acuerdo con la Ley mosaica, pero Jesús dijo que solo quien estuviera libre de pecado debía lanzar la primera piedra (*Juan* 8 7-11). Otra analogía que utiliza Cristo es que debe preferir sacar la paja del ojo propio que el de su hermano. En esencia, la Biblia enseña que debe reconocer sus imperfecciones y que necesita perdón para perdonar libremente a los demás.

Justicia

Dios es misericordioso, pero también es justo. Por lo tanto, todo pecado que se cometa contra Él debe ser castigado. La crucifixión puede entenderse como un equilibrio entre la misericordia y la justicia de Dios. Imagine que está ante Dios en un juicio. El fiscal lee en voz alta todos sus pecados y anuncia su sentencia. Dios, como el juez, dice: aunque es culpable, alguien ya ha pagado su fianza, así que es libre de irse. La muerte de Cristo representa el pago de la deuda del pecado.

Encarnar la justicia bíblica en su vida significa que no debe centrarse en la venganza cuando alguien le hace daño, sino andar el camino del perdón y la misericordia. Si se pesa en la balanza de la justicia y rastrea a cuántas personas ha agraviado y cuántas veces ha pecado contra Dios, la misericordia que Él le mostrará al permitirle respirar no tiene parangón. Por mucho que Dios castigara a las naciones, incluida Israel, en las *Escrituras* siempre había una oportunidad para la redención.

La *Biblia* dice que la ira del Señor es lenta, así que cuando su iracunda justicia finalmente aparece, había pasado mucho tiempo y oportunidades para que la gente ajustara sus acciones. Del mismo modo, si refleja el espíritu de Dios, su ira no debe ser temeraria e incontrolada. Las emociones son humanas y puede perder los estribos. Sin embargo, como creyente fiel, no puede permitir que sus emociones lo controlen y siempre debe esforzarse por alinear su conducta con la naturaleza paciente del Señor.

La fidelidad y la soberanía de Dios

Quizás usted ha logrado cosas grandes en su vida. Mira sus logros y cree que su duro trabajo lo ha llevado hasta allí. Sin embargo, en cualquier momento, todo puede desaparecer de muchas maneras que están fuera de su control. La fe se trata de entender que todo en la vida está en manos de Dios. Aumentar su fe significa confiar en el Señor.

En la cosmovisión cristiana, no son sus obras las que lo salvan, sino su fe en Cristo, porque solo la fe en un Dios soberano lo pone a Él en el centro. Dios tiene planes para que prospere, así que las dificultades que experimenta son para su beneficio en esta vida o en la eternidad. Por lo tanto, su confianza en el Señor debe permanecer sólida. La fe en Cristo es lo que lo justifica ante Dios. Sus obras no son justas por el esfuerzo que haga, sino porque su fe lo impulsa para transformar su corazón.

Fe significa confiar totalmente en Dios. Cuando los israelitas estaban en el desierto, en un punto querían volver a Egipto porque al menos sabían lo que les esperaba en el cautiverio. Sin embargo, no se daban cuenta de que creer en lo invisible y confiar en Dios, que proveía constantemente, era mucho mejor, porque delante estaba la Tierra Prometida. Que algo no esté delante de sus ojos no significa que no sea real. Confiar en el Señor, incluso en la adversidad, es una enseñanza central de la *Biblia*. Puede aplicarla en su vida cuando se encuentre entre la espada y la pared y no tenga más remedio que recurrir al Creador. A veces, el Señor pone a la gente en situaciones incómodas para que lo busquen a Él.

Cómo encajan estos principios en el mundo moderno

El amor desinteresado que alienta la *Biblia* es más necesario ahora que nunca. Todas las doctrinas del mundo predican el amor propio, el autodesarrollo y la autoimagen, lo que significa que el egoísmo es un valor fundamental de la sociedad. Las redes sociales aumentan este fenómeno, ya que la gente constantemente promueve sus ideas, compite por la atención, y trata de eclipsar a los demás. El amor de Cristo es desinteresado. El *Nuevo Testamento* le enseña que debe amar a su hermano más que a usted mismo. Esto es casi inimaginable en el mundo moderno, que considera que el amor sin límites es *autodestructivo*.

Aplicar los principios de la *Biblia* en la era contemporánea significa atender primero a Dios[71]

Aplicar los principios de la *Biblia* en la era contemporánea significa atender primero a Dios y dejar que su amor llene todo. Cuando pone a Dios como el punto de foco, su voluntad disminuye y Dios toma el control. El mundo predica que debemos encontrarnos a nosotros mismos, mientras la *Biblia* predica que debemos negarnos. Cuando se somete plenamente a Dios, su percepción se transforma radicalmente. En lugar de preguntarse cómo lo afectan sus acciones y las de los demás, considera a quienes lo rodean y se da cuenta de que son tan dignos de amor como usted.

Adoptar los principios bíblicos en el mundo moderno es un acto revolucionario. Así como Jesús condenó a muchos de los líderes judíos en el *Antiguo Testamento* porque habían perdido el espíritu de la ley, muchos líderes de la iglesia están en el mismo camino hoy en día. No tiene sentido que un predicador tenga riquezas excesivas y se siente entre celebridades mientras la gente de su congregación sufre. Abrazar el espíritu de Dios a través de las enseñanzas de la *Biblia* significa alienación en muchos casos, pero al igual que la Iglesia primitiva, que sufrió persecución, una abundancia de luz y transformación espiritual es la recompensa por mostrar firmeza en la fe.

Aplicar la *Biblia* a su vida

Personal

Los seres humanos somos criaturas sociales. Así que, en esencia, su vida personal comprende relaciones, incluyendo amistades, familia y vínculos románticos. Las *Escrituras* enseñan el amor desinteresado, por lo que este es el valor fundamental que debe impregnar sus relaciones. El amor debe ser la fuerza que impulsa su comportamiento en sus relaciones. El amor que Dios le muestra es lo que debe transmitir al mundo. Ser indulgente, paciente, ecuánime, desinteresado y alentador debe reemplazar el impulso de destruir a los otros sin sentido. El mundo promueve la competencia y la envidia, pero en la *Biblia* la colaboración es la guía, porque las *Escrituras* ordenan amar al prójimo como a sí mismo.

Profesional

La literatura de la sabiduría enseña la importancia del trabajo duro. No es probable que una persona perezosa gane tanto como una trabajadora. Por eso, en su vida profesional, es aconsejable darlo todo. Sin embargo, las enseñanzas de la Sabiduría se basan en la probabilidad. Por lo tanto, trabajar duro no es garantía de conseguir riquezas. Haciendo lo mejor que pueda, pero reconociendo que todo está en manos de Dios, es como reconoce la soberanía del Señor en su vida profesional.

La enseñanza central de las *Escrituras*, que es el amor a Dios y al prójimo, debe aflorar en su lugar de trabajo. Esto no significa que deba predicar a la hora del trabajo, pero en la mesa del almuerzo, un poco de evangelismo podría ser útil si es creyente. Además, sembrando el amor en su conducta con sus colegas es como construye relaciones profesionales bíblicas. Las traiciones y las actitudes insidiosas no son lo que enseñan las *Escrituras*. Recuerde que el sistema económico está bajo el control del diablo, por lo que es fácil caer en formas perversas en el trabajo. Mantenerse enfocado en Dios y confiar en su guía le permite manifestar su justicia, misericordia y amor en el lugar de trabajo.

La conducta honesta como profesional es esencial. El juicio por explotación en la *Biblia* es duro. Si tiene un negocio o trabaja para alguien, recuerde que el Señor no ve con buenos ojos a quienes se aprovechan de los demás. Por mucho que necesite ganar dinero para sobrevivir en el mundo, no debe centrarse tanto en el lujo y las posesiones materiales, que erosionan su carácter moral. Cristo enseñó que es más fácil para los ricos pasar por el ojo de una aguja que entrar en el cielo. Esto no era una condena a la riqueza, sino una advertencia de que el materialismo corrompe fácilmente. Un cristiano debe trabajar para vivir, no vivir para trabajar, porque entonces su trabajo se convierte en un ídolo.

La sociedad

La sociedad se basa en los principios darwinianos de la supervivencia del más fuerte. El mito de la meritocracia ya no es sostenible y cada vez son más las personas que se desilusionan con el sistema mundial. La *Biblia* llama a Satanás el dios de este siglo y gobernante del mundo. Eso no significa que Satanás sea equivalente a Dios. Tampoco quiere decir que Satanás comparta el poder de Dios como creador del universo. Sin embargo, pone de relieve la realidad de que las instituciones y estructuras del mundo cayeron en el mal, incluidos los medios de comunicación, la educación, los gobiernos y la economía.

Piense en un objeto tan sencillo como su celular. Miles de personas fueron explotadas para crear ese producto. Les pagan mal y las condiciones de las minas donde trabajan para obtener los materiales son peligrosas. Muchas de las fábricas que ensamblan y construyen teléfonos son explotadoras. Se puede trazar una ruta similar de opresión para casi todos los bienes que poseemos. Por lo tanto, las estructuras del mundo son perversas. Las naciones del *Antiguo Testamento* recibieron el mayor castigo cuando maltrataron a los vulnerables. En el mercado económico mundial, los pobres son los más vulnerables y el sistema se desmoronaría sin su explotación.

Actuar como cristiano exige que socialmente eleve a los vulnerables, como los pobres, los huérfanos, los drogadictos y los explotados del mundo. Por lo tanto, sus acciones deben estar orientadas a garantizar que se atienda a quienes más necesitan amor. Usted solo no puede cambiar la sociedad ni el mal funcionamiento del mundo, pero eso no significa que deba quedarse estancado. Jesús dijo que, con una fe del tamaño de un grano de mostaza, se pueden mover montañas (*Mateo* 17: 20-21), por lo que es importante recordar el poder transformador que hay en usted si se aferra a la voluntad del Altísimo.

Actividad

Reflexione sobre los temas y principios de la *Biblia*. Destaque algunas enseñanzas clave. Escriba cómo puede aplicar estos principios en las distintas áreas de su vida, incluyendo la familia, las finanzas, las relaciones y cualquier otra cosa que desee incluir. Piense en sus triunfos y luchas y en cómo utilizar los principios bíblicos para sortear estas complejidades.

Conclusión

Al leer y trabajar con esta guía, desmitificó la *Biblia*. Ahora tiene los conocimientos básicos para sobresalir en el descubrimiento continuo de la verdad de las *Escrituras*. Es posible que no todas las lecciones hayan resonado con usted ahora, pero a medida que la vida pasa, verá que algunas partes del libro se vuelven más relevantes si vuelve a repasarlas. Por tanto, no dude en repasar los ejercicios tantas veces como necesite y revisar las explicaciones teóricas a medida que profundiza en sus conocimientos.

Estudiar la *Biblia* no es una actividad de un día. Como está vivo, el texto revela nuevas capas cada vez que lo explora. Esta guía de trabajo es una plataforma de lanzamiento desde la que puede partir para explorar nuevos territorios. Explorar resulta más fácil cuando se sabe dónde mirar y se dispone de un mapa. Sin embargo, es solo durante el viaje que realmente accede a todas las posibilidades de la aventura. La diferencia entre leer la *Biblia* y vivir sus principios es igual a la de ver una maravilla natural en la televisión o en una foto y verla en la vida real. Si ve una foto, puede describirla con detalle, pero cuando está en medio de un milagro, lo experimenta y se transforma profundamente.

Este libro fue concebido para vincular la visión erudita de la *Biblia* con los aspectos prácticos y espirituales del texto. La diferencia entre el conocimiento y la sabiduría es la experiencia. Puede leer un millón de libros sobre los detalles de las cirugías cardíacas, pero nunca tendrá la experiencia necesaria si no entra al quirófano y empieza a operar. Lo mismo se aplica a la comprensión de la *Biblia*. Algunas de las lecciones más profundas solo se encuentran poniendo en práctica el trabajo.

Aunque llegó al final de este libro, el viaje apenas empieza. Hay personas que han dedicado su vida entera a estudiar y vivir las *Escrituras*. A medida que siga los hilos entretejidos en estas actividades, su camino continuará hacia nuevas maravillas. Dios es perfecto, y a medida que estudia la *Biblia* para acercarse a Él, recorre el viaje de la vida para perfeccionarse a través de la gracia de Cristo. Este libro es una herramienta que le ayuda a fortalecer su relación con el Altísimo y a seguir los principios bíblicos bajo la guía soberana del Señor. La justicia, la misericordia y la gracia del Señor gobiernan todo, así que, al conectarse con su poder a través del estudio y la aplicación de las *Escrituras*, puede descansar en su amorosa presencia.

Mira otro libro de la serie

Referencias

Adam and Eve in the Garden of Eden - Bible Story. (2020, October 12). Bible Study Tools; Salem Web Network. https://www.Biblestudytools.com/Bible-stories/adam-and-eve-in-the-garden.html

Bible Summary - Genesis. (n.d.). Biblesummary.Info. https://Biblesummary.info/genesis

Guzik, D. (2015, June 19). Enduring Word Bible Commentary Genesis Chapter 1. Enduring Word. https://enduringword.com/Bible-commentary/genesis-1/

Duncan, L. (2001, April 1). The Third and Fourth Plagues: Gnats and Flies. Reformed Theological Seminary. https://rts.edu/resources/the-third-and-fourth-plagues-gnats-and-flies/

The Tenth Plague: the Sound of the Final Note. (n.d.). Reformedfellowship.net. https://outlook.reformedfellowship.net/sermons/the-tenth-plague-the-sound-of-the-final-note/?hilite=tenth+plague

What Was the Meaning and Purpose of the Ten Plagues of Egypt? (2013, December 31). Gotquestions.org. https://www.gotquestions.org/ten-plagues-Egypt.html

Hu, W. (2012). Unsupervised Learning of Two Bible Books: Proverbs and Psalms. Sociology Mind, 02(03), 325–334. https://doi.org/10.4236/sm.2012.23043

Mcleod, J. (2010, September 27). Wisdom in Adversity. Sermon Central. https://www.sermoncentral.com/sermons/wisdom-in-adversity-jonathan-mcleod-sermon-on-wisdom-150400

Psalms. (n.d.). Insight.org. https://insight.org/resources/ Bible/the-wisdom-books/psalms

Psalms Versus Proverbs Compare and Contrast - Free Comparison Essay Example, Compare and Contrast Paper. (2020, June 2). StudyMoose. https://studymoose.com/psalms-verses-proverbs-compare-contrast-new-essay

Turning Point. (2020, January 15). 15 Benefits to Reading Psalms and Proverbs. David Jeremiah Blog. https://davidjeremiah.blog/15-benefits-to-reading-psalms-and-proverbs/

Davisson, M. (2023, February 22). A Life-Changing Encounter for the Woman with the Issue of Blood. Cups to Crowns. https://www.cupstocrowns.com/blog/woman-with-issue-of-blood

Life of Christ - Events, Miracles, Teachings, and Purpose. (2015, April 17). NeverThirsty; Like the Master Ministries. https://www.neverthirsty.org/about-christ/life-of-christ/

The Life of Jesus: A Chronological Study. (n.d.). FaithGateway Store. https://faithgateway.com/blogs/christian-books/life-of-jesus-chronological-study

The Parable of the Sower of Seed - The Kingdom of God - Ccea - Gcse Religious Studies Revision - CCEA. (n.d.). BBC. https://www.bbc.co.uk/bitesize/guides/zd76rj6/revision/2

Understanding the Good Samaritan Parable. (2023, December 27). Biblical Archaeology Society. https://www.biblicalarchaeology.org/daily/archaeology-today/archaeologists-biblical-scholars-works/understanding-the-good-samaritan-parable/

What Is the Meaning of the Story of the Woman with the Issue of Blood? (2013, September 4). Gotquestions.org. https://www.gotquestions.org/woman-issue-blood.html

Aaron. (2017, February 22). Acts 10: Understanding the Meaning of Peter's Vision –. Path of Obedience. https://www.pathofobedience.com/scripture/acts/understanding-peters-vision/

Anderson, D. (2015, November 13). What Acts Teaches Us about Advancing the Gospel. Open the Bible. https://opentheBible.org/article/what-acts-teaches-us-about-advancing-the-gospel/

Carter, E. (n.d.). Acts: Lessons from the Early Church. Fervr.net. https://fervr.net/ Bible/acts-lessons-from-the-early-church

Ministries, R. (2024, February 22). Daily Devotional Library —. Today's Daily Devotional. https://todaydevotional.com/daily-devotional-library

Study 7 The Meaning of Pentecost. (2013, April 6). Words of Life Ministries CIO. https://www.wordsoflife.co.uk/ Bible-studies/study-7-the-meaning-of-pentecost/

Introduction to Colossians. (n.d.). ESV Bible. https://www.esv.org/resources/esv-global-study- Bible/introduction-to-colossians/

Ma, C. (2021, May 18). What is The Book of Romans About? Alabaster Co. https://www.alabasterco.com/blogs/education/what-is-the-book-of-romans-about

Willems, K. (2017, April 8). Who was the Apostle Paul? - a Brief Biography (what he did and wrote) —. Kurt Willems. https://www.kurtwillems.com/blog/apostle-paul-brief-biography

Ephesus - The Loveless Church. (n.d.). Lineage Journey. https://lineagejourney.com/read/ephesus-the-loveless-church/

Guthrie, N. (2022, May 11). 10 Things You Should Know about the Book of Revelation. Crossway. https://www.crossway.org/articles/10-things-you-should-know-about-the-book-of-revelation/

Hall, E. (1992). Revelation. Journal for the Study of the New Testament, 15, 125–125. https://doi.org/10.1177/0142064x9201504814

Laodicea — The Lukewarm Church Is Neither Hot nor Cold. (2020, August 23). NeverThirsty; Like the Master Ministries. https://www.neverthirsty.org/ Bible-studies/evaluating-health-your-church/the-lukewarm-church-is-neither-hot-nor-cold/

Pergamos: The Compromised Church. (n.d.). Lineage Journey. https://lineagejourney.com/read/pergamos-the-compromised-church/

Revelation, Apocalypse, John, Patmos, Nero, Domitian. (n.d.). Ccel.org. https://www.ccel.org/ Bible/phillips/CPn27Revelation.htm

Townsend, A., Doubiago, S., Laux, D., & Scates, M. (1991). Books of Revelation. 8, 34. https://doi.org/10.2307/4021065

What does Revelation 1:20 Mean? (n.d.). Bibleref.com. https://www.Bibleref.com/Revelation/1/Revelation-1-20.html

(N.d.). Godversusreligion.com. https://godversusreligion.com/the-letter-to-the-corrupt-church-in-thyatira-revelation/

az Bible.com. (n.d.). List of Bible Prophets. Az Bible.com. https://www.az Bible.com/prophets-in-the- Bible.html

Kranz, J. (2019, October 3). The Beginner's Guide to the Prophets in the Bible.Overview Bible. https://overviewBible.com/prophets/

Talk, F. (2023, November 15). The Prophets of the Old Testament. Hopelify Media - Share The Good News. Christian. Hopeful. Relevant. https://hopelify.org/the-prophets-of-the-old-testament/

Theology of Work. (2012, September 29). Introduction to the Prophets. Theology of Work. https://www.theologyofwork.org/old-testament/introduction-to-the-prophets/

Fairchild, M. (2011, January 28). Historical Books. Learn Religions. https://www.learnreligions.com/historical-books-of-the- Bible-700269

Howard, D. M. (2022, December 21). Introduction to the Old Testament Historical Books. The Gospel Coalition. https://www.thegospelcoalition.org/essay/historical-books/

IF:Gathering. (2021, April 26). IF:Gathering. https://www.ifgathering.com/ifequip/studies/how-to-read-your- Bible/the-historical-books-of-the-old-testament/

The Historical Books in the Old Testament. (2021, January 1). Churchofjesuschrist.org. https://www.churchofjesuschrist.org/study/manual/come-follow-me-for-individuals-and-families-old-testament-2022/22-thoughts?lang=eng

The Old Testament Historical Books (Joshua through Esther): An outline. (n.d.). Bible.org. https://Bible.org/series/old-testament-historical-books-joshua-through-esther-outline

Connecting the Old & New Testament —. (n.d.). The Chara Project. https://www.thecharaproject.com/old-and-new-testament

Old and New Testament Connection. (n.d.). Bibleone.net. http://Bibleone.net/Old-and-New-Testament-Connection.htm

Schrock, D. (2020, September 10). The Relation of the Old and New Testaments. The Gospel Coalition. https://www.thegospelcoalition.org/essay/the-relation-of-the-old-and-new-testaments/

Theology of Work. (2013, December 6). Discovering a Link between the Old and New Testaments. Theology of Work. https://www.theologyofwork.org/the-high-calling/discovering-link-between-old-and-new-testaments/

Kapp, Tristán. (2020). *Hacia una tierra prometida: Rastreando los orígenes de Israel y la colonización de Canaán desde Josué 1-12 hasta Jueces 1-2.* 10.13140/RG.2.2.16111.87209.

Hágase Dios: Cómo Yahvé se convirtió en «Dios Todopoderoso». (2022, 22 de junio). Big Think. https://bigthink.com/the-past/yahweh-god-origins-israel/

Norman, J. (s.f.). *El calendario Gezer, Uno de los primeros ejemplos conservados de hebreo escrito*: History of Information. Historyofinformation.com. https://www.historyofinformation.com/detail.php?id=1280

Smith, M. S. (2004). *Las memorias de Dios: Historia, memoria y la experiencia de lo divino en el antiguo Israel.* Fortress Press.

Smith, M. S., y Miller, P. D. (2002). *La historia primitiva de Dios: Yahvé y las otras deidades en el antiguo Israel.* William B. Eerdmans Publishing Company.

¿Cuál era el significado de los mandamientos contra la mezcla con tribus diferentes en Deuteronomio 22:9-11? (s.f.). GotQuestions.org. https://www.gotquestions.org/commands-against-mixing.html

Nueva Versión Internacional. (2011). BibleGateway.com.
http://www.biblegateway.com/versions/

qdroach. (2013, 21 de marzo). *Otra razón para aprender la historia global de la Biblia.* BibleMesh. https://biblemesh.com/blog/another-reason-to-learn-the-bibles-overarching-story/

Isaacs, R. H. (s.f.). *Un resumen de la Torá.* My Jewish Learning. https://www.myjewishlearning.com/article/a-summary-of-the-torah/

Ondich, J. (2022). *La Torá.* Minnstate.pressbooks.pub. https://minnstate.pressbooks.pub/bible/part/the-torah/

Vaillancourt, I. J. (2022, 6 de noviembre). *Diez cosas que debe saber sobre el Pentateuco.* Crossway. https://www.crossway.org/articles/10-things-you-should-know-about-the-pentateuch/

Berger, B. (2019, 5 de diciembre). *Jueves de teología: ¿Qué son los pactos bíblicos?* GCU. https://www.gcu.edu/blog/theology-ministry/theology-thursday-what-are-biblical-covenants

George, J. (2023, 22 de junio). *Estructura literaria de la Biblia: Libros del Antiguo y Nuevo Testamento.* Christianity.com. https://www.christianity.com/wiki/bible/literary-structure-of-the-bible-11528149.html

Resumen rápido - *Historia de la Biblia.* (s.f.). Bible-History.com. https://bible-history.com/old-testament/quicksummary

Schochet, D. (s.f.). *La historia del rey David en la Biblia.* Jabad.org. https://www.chabad.org/library/article_cdo/aid/520477/jewish/The-Story-of-King-David-in-the-Bible.htm#Davids

Su Amigo Adventista. (2022, 29 de abril). *¿Quiénes fueron los jueces de Israel en el Antiguo Testamento?* AskAnAdventistFriend.com. https://www.askanadventistfriend.com/understanding-the-bible/old-testament/judges-of-israel/

Introducción al libro de Proverbios | Bible.org. (s.f.). Bible.org. https://bible.org/article/introduction-book-proverbs

Libro de los Proverbios - Leer, estudiar versículos de la Biblia online. (s.f.). Herramientas de Estudio de la Biblia. https://www.biblestudytools.com/proverbs/

Libro de Proverbios - Insight for Living Ministries. (s.f.). Insight.org. https://insight.org/resources/bible/the-wisdom-books/proverbs

Gaiser, F. (s.f.). *Resumen de los Salmos.* Enter the Bible. https://enterthebible.org/courses/psalms/lessons/summary-of-psalms

Guía del libro de los Salmos: Información clave y recursos útiles. (s.f.). BibleProject. https://bibleproject.com/guides/book-of-psalms/

Limburg, J. (s.f.). *Temas teológicos en Proverbios.* Enter the Bible. https://enterthebible.org/courses/proverbs/lessons/theological-themes-in-proverbs

Temas principales del Eclesiastés | Agua en tierra sedienta. (2021, 19 de mayo). Agua en tierra sedienta. https://www.wateronthirstyland.com/ecclesiastes-bible-book-overview/

Parábolas en el Antiguo Testamento - Historia de la Biblia. (s.f.). Bible-History.com. https://bible-history.com/old-testament/parables

Resumen del libro de los Salmos - Estudio Bíblico. (s.f.). GotQuestions.org. https://www.gotquestions.org/Book-of-Psalms.html

Las parábolas del Antiguo Testamento. (2019, 20 de febrero). Livingwithfaith.org. http://www.livingwithfaith.org/blog/the-parables-of-the-old-testament

¿Cuál es el trasfondo de Proverbios? (s.f.). Bibles.net. https://www.bibles.net/book-background/background-of-proverbs/

Baxter, M. (1988). *La formación de las Escrituras cristianas.* Westminster John Knox Press. Cline, A. (2019, 25 de junio). *Tres Evangelios sinópticos* - Comparación y contraste. Learn Religions. https://www.learnreligions.com/synoptic-gospel-problem-248782

Ford, C. (s.f.). *Controversias cristológicas en la Iglesia primitiva.* The Gospel Coalition. https://www.thegospelcoalition.org/essay/christological-controversies-in-the-early-church/

Long, K. (2022, 8 de septiembre). *Los Evangelios sinópticos comparados con el Evangelio de Juan.* Bart D. Ehrman - New Testament Scholar, Speaker, and Consultant. https://www.bartehrman.com/the-synoptic-gospels/

Mackie, T., & Sullivan, A. (2017, 26 de mayo). *Viejos rituales y nuevas realidades: El Día de la Expiación y la muerte de Jesús.* BibleProject. https://bibleproject.com/articles/old-rituals-new-realities/

Orr, P. (2023, 10 de enero). ¿Qué distingue a la teología de Marcos? Crossway. https://www.crossway.org/articles/what-is-distinct-about-the-theology-of-mark/

Parton, C. (2012, 9 de noviembre). *¿Por qué rechazaron los primeros cristianos los «Evangelios alternativos»?* Exploring the Faith. https://exploringthefaith.com/2012/11/09/alternative-gospels/

Personal de BibleStudyTools. (2019, 23 de enero). *Pablo en la Biblia. Herramientas de estudio de la Biblia;* Red Web de Salem. https://www.biblestudytools.com/topical-verses/paul-in-the-bible/

Curtis, D. B. (2008, 30 de marzo). *De Jerusalén a Roma - Hechos 1:6-8:* Iglesia Bíblica Berea. Www.bereanbiblechurch.org. https://www.bereanbiblechurch.org/transcripts/acts/1_6-8.htm

Fairchild, M. (2019, 6 de mayo). *Descubra de qué trata el libro bíblico de los Hechos.* Learn Religions. https://www.learnreligions.com/book-of-acts-701031

Henrich, S. (s.f.). *Antecedentes de los Hechos.* Enter the Bible. https://enterthebible.org/courses/acts/lessons/background-of-acts

Jakes, M. (2023, 10 de marzo). *¿Quién escribió el libro de los Hechos?* Biblestudytools.com. https://www.biblestudytools.com/bible-study/topical-studies/who-wrote-the-book-of-acts.html

Nelson, R. (2019, 29 de marzo). *¿Quién fue san Lucas? Guía para principiantes.* OverviewBible. https://overviewbible.com/saint-luke/

Stam, K. (2014). *Hechos 6:7 - La palabra que crece* | Biblioteca cristiana. Christianstudylibrary.org. https://www.christianstudylibrary.org/article/acts-67-%E2%80%93-growing-word

Vickers, B. (2019, 30 de septiembre). *¿Qué son las lenguas de fuego?* (Hechos 2). Crossway. https://www.crossway.org/articles/what-are-the-tongues-of-fire-acts-2/

Lo que significa «católico». (2018, 19 de noviembre). Catholic Answers. https://www.catholic.com/tract/what-catholic-means

¿Qué es el día de Pentecostés? (s.f.). GotQuestions.org. https://www.gotquestions.org/day-Pentecost.html

¿Cuál es la definición de la palabra católico? | GotQuestions.org. (2010, 13 de noviembre). GotQuestions.org. https://www.gotquestions.org/Catholic-meaning-definition.html

¿Quién era Pablo en la Biblia? (2009, 12 de diciembre). GotQuestions.org. https://www.gotquestions.org/life-Paul.html

¿Por qué estuvo Pablo en prisión? (s.f.). GotQuestions.org. https://www.gotquestions.org/why-was-Paul-in-prison.html

Guía rápida de las epístolas paulinas | PanoramaBiblia. (2018). OverviewBible. https://overviewbible.com/pauline-epistles/Libro de Hebreos | Guía con información clave y recursos. (s.f.). BibleProject. https://bibleproject.com/guides/book-of-hebrews/

Libro deuteropaulino. (s.f.). Entre en la Biblia. https://enterthebible.org/glossary/deutero-pauline-book

Ehrman, B. D. (2009). *Breve introducción al Nuevo Testamento.* Oxford University Press, EE.UU.GotQuestions.org. (2006, 16 de mayo).

¿Quién escribió el Libro de Hebreos? | GotQuestions.org. GotQuestions.org. https://www.gotquestions.org/author-Hebrews.html

Guzik, D. (2015, 7 de diciembre). *Comentario bíblico de 2 Tesalonicenses capítulo 2.* Enduring Word. https://enduringword.com/bible-commentary/2-thessalonians-2/

Hultgren, A. J. (s.f.). *Cuestiones introductorias en 1 Timoteo.* Enter the Bible. https://enterthebible.org/courses/1-timothy/lessons/introductory-issues-in-1-timothy

Judas - Capítulos y resumen del libro de la Biblia - Nueva Versión Internacional. (s.f.). Www.christianity.com. https://www.christianity.com/bible/niv/jude/

Just, F. (s.f.). *Epístolas deuteropaulinas*. Catholic-Resources.org. https://catholic-resources.org/Bible/Paul-Disputed.htm

Just, F. (s.f.). *Epístolas de Pedro*. Catholic-Resources.org. https://catholic-resources.org/Bible/Epistles-Peter.htm

O'Neal, S. (2018, 22 de julio). *Estudio de las epístolas paulinas*. Learn Religions. https://www.learnreligions.com/overview-the-epistles-of-the-new-testament-363407

Resumen del libro de 1 Corintios - Estudio bíblico. (s.f.). GotQuestions.org. https://www.gotquestions.org/Book-of-1-Corinthians.html

Resumen del libro de 2 Timoteo - Estudio bíblico. (s.f.). GotQuestions.org. https://www.gotquestions.org/Book-of-2-Timothy.html

Resumen del Libro de Efesios - Estudio Bíblico. (s.f.). GotQuestions.org. https://www.gotquestions.org/Book-of-Ephesians.html

Resumen del Libro de Gálatas - Estudio Bíblico. (s.f.). GotQuestions.org. https://www.gotquestions.org/Book-of-Galatians.html

Swindoll, C. (s.f.). *Revisión del libro 1 Tesalonicenses* - Insight for Living Ministries. Insight.org. https://insight.org/resources/bible/the-pauline-epistles/first-thessalonians

Swindoll, C. (s.f.). *Revisión de la epístola de Santiago* - Insight for Living Ministries. Insight.org. https://insight.org/resources/bible/the-general-epistles/james

Swindoll, C. (2020). *Revisión de 2 Corintios* - Insight for Living Ministries. Insight.org. https://insight.org/resources/bible/the-pauline-epistles/second-corinthians

Teología del trabajo. (s.f.). *Resumen y conclusión de Romanos*. Teología del trabajo. https://www.theologyofwork.org/new-testament/romans-and-work/conclusions-romans/

Teología del trabajo. (s.f.). *Las epístolas pastorales y el trabajo*. Teología del trabajo. https://www.theologyofwork.org/new-testament/pastoral-epistles/

¿Qué son las Epístolas Generales? (s.f.). GotQuestions.org. https://www.gotquestions.org/general-epistles.html

Whittaker, J. (2022, 2 de agosto). *Resumen de Colosenses: Entendiendo lo básico de Colosenses en la Biblia*. Renew.org. https://renew.org/summary-of-colossians-understanding-the-basics-of-colossians-in-the-bible/

¿Quién era Filemón en la Biblia? (s.f.). GotQuestions.org. https://www.gotquestions.org/Philemon-in-the-Bible.html

Koester, C. R. (s.f.). *Resumen del Apocalipsis*. Enter the Bible. https://enterthebible.org/courses/revelation/lessons/summary-of-revelation

Pagels, E. (2012, 7 de marzo). *Libro del Apocalipsis:* «Visiones, profecía y política». Npr.org. https://www.npr.org/2012/03/07/148125942/the-book-of-revelation-visions-prophecy-politics

Apocalipsis: No es ningún misterio. (s.f.). Archivo GCI. https://archive.gci.org/articles/revelation-its-no-mystery/

White, L. M. (s.f.). *¡Libro de la revelación | Apocalipsis!* FRONTLINE | PBS. Www.pbs.org. https://www.pbs.org/wgbh/pages/frontline/shows/apocalypse/revelation/white.html

¿Debemos soltar y dejar a Dios? (s.f.). GotQuestions.org. https://www.gotquestions.org/let-go-and-let-God.html

Seminario Teológico Grace. (2022, 27 de mayo). *¿Qué significa la fe?* Seminario Teológico Grace. https://seminary.grace.edu/what-does-faith-mean/

Hanegraaff, H. (2023, 2 de mayo). *¿Por qué se llama a Satanás «el dios de este siglo»?* Christian Research Institute. https://www.equip.org/bible_answers/why-is-satan-called-the-god-of-this-age/

El amor en la Biblia | Guía de recursos | BibleProjectTM. (s.f.). BibleProject. https://bibleproject.com/guides/love-in-the-bible/

Teología del trabajo. (s.f.). *Diez puntos clave sobre el trabajo en la biblia que todos los cristianos deben conocer.* Theology of Work. https://www.theologyofwork.org/resources/what-does-the-bible-say-about-work/

Fuentes de imágenes

1 https://www.pexels.com/photo/close-up-photo-of-Bible-4654082/

2 https://www.pexels.com/photo/sun-eclipse-9647389/

3 https://www.pexels.com/photo/monochrome-photo-of-flock-of-flying-birds-1386454/

4 Attribution-NoDerivs 2.0 Generic, CC BY-ND 2.0
  <https://creativecommons.org/licenses/by-nd/2.0/>
  https://www.flickr.com/photos/44534236@N00/16895519109

5 https://www.pexels.com/photo/close-up-shot-of- Biblia-versículo-5025563/

6 Attribution-NonCommercial-NoDerivs 2.0 Generic, CC BY-NC-ND 2.0,
  <https://creativecommons.org/licenses/by-nc-nd/2.0/>
  https://www.flickr.com/photos/paullew/9304183235

7 https://www.pexels.com/photo/ancient-temple-by-the-river-in-egypt-18934581/

8 Philip De Vere, CC BY-SA 3.0 https://creativecommons.org/licenses/by-sa/3.0, vía
  Wikimedia Commons.
  https://commons.wikimedia.org/wiki/File:The_Phillip_Medhurst_Picture_Torah_345.
  _The_plague_of_locusts._Exodus_cap_10_vv_13-15._Jan_Luyken.jpg

9 Véase la página del autor, CC0, vía Wikimedia Commons.
  https://commons.wikimedia.org/wiki/File:The_Sacred_Books_and_Early_Literature_
  of_the_East,_vol._2,_pg._208-209,_Anubis.jpg

10 https://www.pexels.com/photo/text-on-a-white-paper-11506033/

11 https://www.pexels.com/photo/close-up-shot-of-book-of-proverbs-11877603/

12 https://unsplash.com/photos/man-kneeling-down-near-shore-bEbqpPeHEM4

13 https://www.pexels.com/photo/delicious-honeycomb-filled-with-honey-8105066/

14 https://www.pexels.com/photo/holy-family-figurines-6244101/

15 Attribution-NonCommercial-NoDerivs 2.0 Generic, CC BY-NC-ND 2.0 <
https://creativecommons.org/licenses/by-nc-nd/2.0/>
https://www.flickr.com/photos/paullew/48112995663

16 https://www.pexels.com/photo/wine-glass-with-red-wine-391213/

17 https://www.pexels.com/photo/crucifix-illustration-208216/

18 https://www.pexels.com/photo/man-and-people-in-jesus-christ-and-apostles-costumes-8958075/

19 https://www.pexels.com/photo/newtestament-book-2565227/

20 Dnalor 01, CC BY-SA 3.0 AT https://creativecommons.org/licenses/by-sa/3.0/at/deed.en, vía Wikimedia Commons.
https://commons.wikimedia.org/wiki/File:Rom,_Vatikan,_Basilika_St._Peter,_Die_Taube_des_Heiligen_Geistes_(Cathedra_Petri,_Bernini).jpg

21 Attribution-NonCommercial-NoDerivs 2.0 Generic, CC BY-NC-ND 2.0
<https://creativecommons.org/licenses/by-nc-nd/2.0/>
https://www.flickr.com/photos/paullew/7203069100

22 https://commons.wikimedia.org/wiki/File:Bartolomeo_Montagna_-_Saint_Paul_-_Google_Art_Project.jpg

23 https://commons.wikimedia.org/wiki/File:Rembrandt_-_Apostle_Paul_-_WGA19120.jpg

24 https://commons.wikimedia.org/wiki/File:Lavinia_Fontana_Christ_and_the_Samaritan_Woman_at_the_Well.jpg

25 https://www.pexels.com/photo/person-writing-on-white-paper-6860815/

26 cjh1452000, CC0, vía Wikimedia Commons.
https://commons.wikimedia.org/wiki/File:Nero-black.png

27 Rodhullandemu, CC BY-SA 4.0 https://creativecommons.org/licenses/by-sa/4.0, vía Wikimedia Commons.
https://commons.wikimedia.org/wiki/File:15_Angel_with_long_trumpet_window,_St_Nicholas,_Halewood.jpg

28 https://www.pexels.com/photo/the-old-testament-in-the- Biblia-2565226/

29 https://www.pexels.com/photo/a-book-with-a-page-open-to-a-page-with-text-19030919/

30 https://www.pexels.com/photo/page-of-the-bible-20430380/

31 https://www.pexels.com/photo/paintings-on-the-church-indoor-walls-8349022/

32 https://www.pexels.com/photo/texts-on-a- Bible-in-close-up-photography-6241862/

33 https://www.pexels.com/photo/grayscale-photo-of-a-person-reading-a- Bible-5206035/

34 https://www.pexels.com/photo/a-person-holding-a-bible-5199801/

35 https://www.pexels.com/photo/jesus-christ-stained-glass-46154/

36 LMP 2001, CC BY-SA 4.0 https://creativecommons.org/licenses/by-sa/4.0, vía Wikimedia Commons.
https://commons.wikimedia.org/wiki/File:Holy_Spirit_Manila_Cathedral_2024-05-19.jpg

37 NYC Wanderer (Kevin Eng), CC BY-SA 2.0 https://creativecommons.org/licenses/by-sa/2.0, vía Wikimedia Commons: https://commons.wikimedia.org/wiki/File:Gutenberg_Bible,_Lenox_Copy,_New_York_Public_Library,_2009._Pic_01.jpg

38 https://pixabay.com/illustrations/sunset-island-sea-silhouette-girl-485016/

39 HOWI - Horsch, Willy, CC BY-SA 4.0 https://creativecommons.org/licenses/by-sa/4.0, vía Wikimedia Commons: https://commons.wikimedia.org/wiki/File:K%C3%B6ln-Tora-und-Innenansicht-Synagoge-Glockengasse-040.JPG

40 John Snyder, CC BY-SA 3.0 https://creativecommons.org/licenses/by-sa/3.0, vía Wikimedia Commons https://commons.wikimedia.org/wiki/File:The_Book_of_Genesis.jpg

41 https://commons.wikimedia.org/wiki/File:Edward_Hicks,_American_-_Noah%27s_Ark_-_Google_Art_Project.jpg

42 Distant Shores Media/Sweet Publishing, CC BY-SA 3.0 https://creativecommons.org/licenses/by-sa/3.0, vía Wikimedia Commons https://commons.wikimedia.org/wiki/File:Book_of_Exodus_Chapter_15-7_%28Bible_Illustrations_by_Sweet_Media%29.jpg

43 Distant Shores Media/Sweet Publishing, CC BY-SA 3.0 https://creativecommons.org/licenses/by-sa/3.0, vía Wikimedia Commons https://commons.wikimedia.org/wiki/File:Book_of_Deuteronomy_Chapter_32-4_%28Bible_Illustrations_by_Sweet_Media%29.jpg

44 https://pixabay.com/illustrations/grateful-thankful-appreciation-1988951/

45 https://www.pexels.com/photo/close-up-of-book-in-jewish-15126093/

46 Henk Monster, CC BY 3.0 https://creativecommons.org/licenses/by/3.0, vía Wikimedia Commons https://commons.wikimedia.org/wiki/File:King_David_playing_at_his_harp_in_the_St_Bavochurch_Haarlem_-_panoramio.jpg

47 https://www.pexels.com/photo/text-on-a-white-paper-11506033/

48 https://www.pexels.com/photo/writing-typography-blur-business-14274670/

49 Véase la página del autor, CC BY 4.0 https://creativecommons.org/licenses/by/4.0, vía Wikimedia Commons https://commons.wikimedia.org/wiki/File:Death,_symbolism;_three_skeletons_with_roundel_of_corpses,_Wellcome_L0000680.jpg

50 https://pixabay.com/illustrations/bible-prophecy-cross-christianity-2062081/

51 Voluntario Misionero, CC BY-SA 2.0 https://creativecommons.org/licenses/by-sa/2.0, vía Wikimedia Commons https://commons.wikimedia.org/wiki/File:Isaiah_%281%29.jpg

52 Giorgio Ghisi, CC0, vía Wikimedia Commons https://commons.wikimedia.org/wiki/File:The_Prophet_Jeremiah,_from_the_series_of_Prophets_and_Sibyls_in_the_Sistine_Chapel_MET_DP821566.jpg

53 Giorgio Ghisi, CC0, vía Wikimedia Commons
https://commons.wikimedia.org/wiki/File:The_Prophet_Ezekiel;_from_the_series_of_
Prophets_and_Sibyls_in_the_Sistine_Chapel_MET_DP821561.jpg

54 Ted, Atribución-CompartirIgual 2.0 Genérico, CC BY-SA 2.0 DEED
https://creativecommons.org/licenses/by-sa/2.0/
https://www.flickr.com/photos/frted/5692055059

55 Hans Bernhard (Schnobby), CC BY-SA 3.0 https://creativecommons.org/licenses/by-
sa/3.0, vía Wikimedia Commons
https://commons.wikimedia.org/wiki/File:Prophet_Hosea_in_Augsburg_Cathedral.jpg

56 Giorgio Ghisi, CC0, vía Wikimedia Commons
https://commons.wikimedia.org/wiki/File:The_Prophet_Joel;_from_the_series_of_Pr
ophets_and_Sibyls_in_the_Sistine_Chapel_MET_DP821553.jpg

57 Ted, Reconocimiento-CompartirIgual 2.0 Genérico CC BY-SA 2.0 DEED
https://creativecommons.org/licenses/by-sa/2.0/
https://www.flickr.com/photos/frted/6995565615

58 Sailko, CC BY 3.0 https://creativecommons.org/licenses/by/3.0, vía Wikimedia
Commons
https://commons.wikimedia.org/wiki/File:Melozzo_da_forl%C3%AC,_angeli_coi_sim
boli_della_passione_e_profeti,_1477_ca.,_profeta_abdia_01.jpg

59 PravoslavnyChristianin, CC0, через Викисклад
https://commons.wikimedia.org/wiki/File:Prophet_Nahum.webp?uselang=ru

60 Ted, Reconocimiento-CompartirIgual 2.0 Genérico CC BY-SA 2.0 DEED
https://creativecommons.org/licenses/by-sa/2.0/
https://www.flickr.com/photos/frted/5692625836

61 George E. Koronaios, CC BY-SA 4.0 https://creativecommons.org/licenses/by-sa/4.0,
vía Wikimedia Commons
https://commons.wikimedia.org/wiki/File:Mural_depicting_the_Prophet_Zephaniah_
%28Sophonias%29_at_the_Cathedral_of_Athens_on_June_4,_2022.jpg

62 Jojojoe, CC BY-SA 3.0 https://creativecommons.org/licenses/by-sa/3.0, vía Wikimedia
Commons https://commons.wikimedia.org/wiki/File:Zechariah_Hajdudorog.JPG

63 Véase la página del autor, CC BY 4.0 https://creativecommons.org/licenses/by/4.0, vía
Wikimedia Commons
https://commons.wikimedia.org/wiki/File:The_Four_Gospels,_1495,_Gospel_of_St_J
ohn_4;_43-46,_s_Wellcome_L0031113.jpg

64 User: Murphnspud101, CC BY-SA 3.0 https://creativecommons.org/licenses/by-
sa/3.0, vía Wikimedia Commons
https://commons.wikimedia.org/wiki/File:Jesus_Christ_2014-05-19_10-06.jpg

65 Farragutful, CC BY-SA 4.0 https://creativecommons.org/licenses/by-sa/4.0, vía
Wikimedia Commons https://commons.wikimedia.org/wiki/File:Saint_Andrew_-
_Roanoke_interior_01.jpg

66 Ted, Reconocimiento-CompartirIgual 2.0 Genérico CC BY-SA 2.0 DEED
https://creativecommons.org/licenses/by-sa/2.0/
https://www.flickr.com/photos/frted/5692052863

67 https://www.pexels.com/photo/close-up-shot-of-a-person-reading-a-book-with-rosary-5206844/

68 FlippyFlink, CC BY-SA 4.0 https://creativecommons.org/licenses/by-sa/4.0, vía
Wikimedia Commons: https://commons.wikimedia.org/wiki/File:King_James_Bible-New_Testament.jpg

69 https://pixabay.com/vectors/end-hourglass-the-end-mysterious-4109186/

70 https://www.pexels.com/photo/scriptures-from-a-bible-5247486/

71 https://pixabay.com/vectors/business-idea-style-concept-goals-1753098/

www.ingramcontent.com/pod-product-compliance
Lightning Source LLC
Chambersburg PA
CBHW061610120626
46550CB00004B/1678